总　序

京津冀地区是我国北方经济规模最大、吸纳人口最多、开放程度最高、发展最具活力的地区，濒临渤海、携揽“三北”，坐拥全国政治中心、全国科创中心、北方航运中心，既承担着引领我国经济创新发展的重大使命，又肩负着深化改革、扩大开放的重要任务，战略地位重要，发展意义重大。推动京津冀协同发展，是以习近平同志为核心的党中央在新时代的历史条件下作出的重大决策部署。自2014年京津冀协同发展上升为重大国家战略以来，习近平总书记先后多次对京津冀协同发展作出重要指示，高屋建瓴地对京津冀协同发展从目标愿景、重大任务、实施路径等方面作了全方位、系统性战略谋划。在习近平总书记亲自谋划、亲自部署、亲自推动下，凝聚政府、企业、智库等多方合力，以新发展理念为指引、以践行国家战略为目标，京津冀协同发展取得了丰硕成果。十年来，北京向外疏解与内部重组相互促进的发展格局有序建立，交通一体化网络基本形成，环境治理和生态建设取得积极进展，产业协作、创新协同加速对接，北京城市副中心建设日臻完善，“千年大计”雄安新区也从蓝图走向实景，京津冀协同发展呈现出前所未有的活力与生机，迈入高质量发展的关键时期。

党的二十大报告提出“以中国式现代化全面推进中华民族伟大复兴”的宏伟命题，强调要“深入实施区域协调发展战略”，“推进京津冀协同发展”，将京津冀协同发展作为未来五年甚至更长一段时间内的重要发展支点。2023年5月，习近平总书记主持召开深入推进京津冀协

同发展座谈会，强调要坚定信心，保持定力，增强抓机遇、应挑战、化危机、育先机的能力，统筹发展和安全，以更加奋发有为的精神状态推进各项工作，推动京津冀协同发展不断迈上新台阶，努力使京津冀成为中国式现代化建设的先行区、示范区，进一步为京津冀协同发展把脉定向、引路领航。

中国人民大学首都发展与战略研究院（以下简称“首发院”）是首批首都高端智库试点建设单位之一，一直把推进国家治理体系和治理能力现代化作为研究旨向，汇聚了中国人民大学“独树一帜”的人文社会科学师资力量和学科力量，构建起研究团队实力雄厚、体制机制创新突出、咨政成果丰硕、智库功能齐全、报送渠道畅通、网络支撑强大的新型智库。首发院以首都北京为场景，牢牢抓住疏解北京非首都功能“牛鼻子”这一研究切入点，主动融入国家战略大局，构建了首都发展高端论坛、京津冀协同发展论坛、首都治理季度论坛等多个高水平的平台，进行了一系列研究，取得了一系列成效。

为更好地研究阐释习近平总书记关于京津冀协同发展的重要论述，深刻领会和把握京津冀协同发展的新成效、新形势、新目标、新要求，用好习近平新时代中国特色社会主义思想的世界观、方法论，以及贯穿其中的立场、观点和方法，更加奋发有为地推动京津冀协同发展迈上新台阶，首发院汇聚一批专家学者，策划组织了“京津冀协同发展研究丛书”。

丛书主旨鲜明，以党的创新理论为引领，对京津冀协同发展战略进行理论化阐释、全景式描述与系统化论证。我们的研究以高质量发展为战略目标，以实现中国式现代化为战略使命，以数字化、高端化、绿色化为导向，通过科技创新驱动、新兴产业牵动、区域发展联动，助力京津冀协同发展。我们希望通过丛书总结好、阐释好京津冀协同发展的历史性成就、开创性实践、制度性成果，成为习近平新时代中国特色社会主义思想在京华

大地落地生根、开花结果并形成生动实践的具体展现。

丛书主题突出，以回答好中国之问、世界之问、人民之问、时代之问为己任，旨在成为推动区域协调高质量发展可资参考、可供借鉴的“研究答卷”。深度研究国内外发达区域、世界级城市群、都市圈发展阶段和发展经验，不仅着眼于京津冀协同发展在国家战略中的精准定位、疏解非首都功能等关键环节，也聚焦于交通共建、产业互联、创新协同、服务共享、治理协同等具体方面。我们希望通过丛书为京津冀协同发展提供理论基础雄厚、符合经济社会发展规律、可操作性强的政策性建议，为全国各区域协调高质量发展提供可复制、可推广的经验。

丛书主线清晰，着力探索构建以自主知识体系为内核的中国特色哲学社会科学学科体系、学术体系、话语体系。充分发挥核心研究团队跨学科、多领域、多学者的研究优势，汇集了理论经济学、应用经济学、公共管理学、法学、政治学、社会学等多个领域的专家研究成果。我们希望通过丛书推动有组织、平台化的科学研究，在知识创新、理论创新、方法创新上取得新突破，在立足中国实际、解决中国问题上展现新作为，服务于构建中国自主的知识体系。

渤海之滨，澎湃发展动力；燕赵大地，劲吹一体东风。从擘画协同发展，到引领高质量发展，再到示范建设中国式现代化，行进中的京津冀，正在描绘中华民族伟大复兴新图景。中国人民大学将继续集全校之力支持首发院的发展，切实发挥咨政高地、学术高地、人才高地的作用，在推动京津冀协同发展上作出新贡献、取得新成绩，坚决把习近平总书记擘画的京津冀协同发展宏伟蓝图变成生动实景。

是为序。

中国人民大学党委书记
首都发展与战略研究院院长　张东刚

2024年5月

目　录

导言 高质量、高标准推动雄安新区建设的重大战略

设立雄安新区，是以习近平同志为核心的党中央作出的一项具有重大现实意义和深远历史意义的重大战略决策。从雄安新区设立的重大意义、历史价值和对京津冀协同发展的作用等方面来研究高质量高标准推动雄安新区建设的重大战略，是本书的主要出发点。

一

雄安新区是继深圳经济特区和上海浦东新区之后又一具有全国意义的新区。深入理解设立雄安新区的重大现实意义和深远历史意义，需要从雄安新区对全国发展的作用层面和京津冀区域发展的层面来考察。

建设雄安新区是“千年大计、国家大事”。2017 年 2 月，习近平总书记在河北省安新县实地考察时指出：建设雄安新区是一项历史性工程，一定要保持历史耐心，有“功成不必在我”的精神境界。2019 年 1 月，习近平总书记再赴雄安，将其作为考察京津冀三省市的第一站。在党的二十大报告中，习近平总书记提出要高质量、高标准建设雄安新区。2023 年 5 月 10 日，习近平总书记第三次赴雄安考察，并主持召开高标准高质量推进雄安新区建设座谈会，指出要贯彻“绿水青山就是金山银山”的理念，把雄安新区建设成为绿色发展城市的典范。

为什么说雄安新区是继深圳经济特区和上海浦东新区之后又一具有全国意义的新区？首先，深圳经济特区的建立，在改革开放初期为全国的改革开放和现代化建设积累了宝贵经验，为探索中国特色社会主义道路做出了重要贡献，为其他地区走向国际经济舞台搭建了“桥头堡”。所以，深圳经济特区

做的是“筚路蓝缕”的开拓伟业。

其次，上海浦东新区的建立，在中国的经济改革和对外开放从区域性试验转向全面展开和深化的阶段，探索了新的发展道路。这是以开发开放为契机，探索中国特色市场经济的发展规律，带动中国制造业的腾飞与聚集，塑造了一个代表中国参与国际竞争的超级基地。因此，上海浦东新区完成的是“开路先锋”的开放大业。

在中国实现两个百年目标的关键时期，雄安新区的建立承担起引领中国发展的新的历史使命。其重大的现实与历史意义在于以下几点：一是中国改革已经进入深水区，迫切需要探索新的、适合广大地区复制的改革开放的经验；二是中国城市化进程正处于迅速推进阶段，迫切需要探索人口密集区域实现城市化的新途径，包括特大城市的人口疏解与农村人口城市化的最佳结合路径；三是中国的产业发展已进入结构转型时期，发展高端高新技术产业是立国之本，探索适合发展高端高新技术产业的区域与城市模式是当务之急；四是中国的资源环境问题已经十分突出，对我国经济社会的负面影响日益加重，在雾霾严重的华北区域开辟一条新的道路，建设一座生态环境优美的智慧城市，将为我国众多的人口密集地区树立典范。所以，雄安新区将奠定中国全面发展千年大计的基础。

二

根据中央对雄安新区的战略定位，规划建设河北雄安新区，是尊重城市建设规律、解决北京“大城市病”问题的关键一招，是创新区域发展路径、打造新的经济增长极的点睛之笔。

雄安新区首先是疏解北京非首都功能的集中承载地。京津冀协同发展十年来[①]，疏解北京非首都功能一直是其核心任务之一。然而，疏解北京非首都功能碰到的困难，是解决人口与功能从哪里来到哪里去的问题，十年的实践经验告诉我们，建设集中承载区是一条必由之路。雄安新区的设立，体现出中央对疏解北京非首都功能这个京津冀协同发展战略核心任务的新思维，也是考虑到现有资源环境约束对北京非首都功能疏解的制约，寻找解决北京“大城市病”现实途径的探索。北京城市发展的难题是在最近几十年城市发展中逐步形成的，不是搬迁几个农贸市场、几个“动批”就能够解决的。

---

① 本书完稿于2024年。

从国际城市百年发展的经验与教训中可以看到，建设集中承载区是城市发展的一般规律，也是区域创新的成功经验。自从20世纪末英国学者霍华德提出“田园城市”的概念之后，卫星城的建设就成为一条城市发展的普遍规律，迄今为止已经发展到第四代卫星城。但对于城市问题严重、卫星城不能完全予以解决的特大城市，建设大型的“反磁力中心城市”就成为首选，如法国巴黎在戴高乐年代的做法。我们可以将雄安新区看作北京城的一个巨大的反磁力中心，与北京形成向心力与离心力的博弈，经过一段较长时间的发展，实现北京与河北的协同与优化。

雄安新区在城市发展上的创新之处，在于它与北京中心城区和通州城市副中心在功能上的分工和错位发展。雄安新区将充分发挥京津冀各自的比较优势，形成京津冀目标同向、措施一体、优势互补、互利共赢的协同发展新格局。北京城市功能的特点是行政功能和公共服务功能叠加性聚集。对行政功能以及部分对集聚发展要求较高的产业，可采用集中疏解的方式，有效发挥规模效应，起到市场起不到的作用。

三

建设雄安新区是一项千年大计的历史性工程。约750年前，元世祖忽必烈定都北京，100多年后，明成祖朱棣迁都北京，奠定了北京城的千年基业。一座城市延续千年是很正常的，关键是在城市建设的初期就要打好基础，塑造城市的千年灵魂。习近平总书记针对雄安新区提出了七个方面的重点任务：一是建设绿色智慧新城，建成国际一流、绿色、现代、智慧城市；二是打造优美生态环境，构建蓝绿交织、清新明亮、水城共融的生态城市；三是发展高端高新产业，积极吸纳和集聚创新要素资源，培育新动能；四是提供优质公共服务，建设优质公共设施，创建城市管理新样板；五是构建快捷高效交通网，打造绿色交通体系；六是推进体制机制改革，发挥市场在资源配置中的决定性作用和更好发挥政府作用，激发市场活力；七是扩大全方位对外开放，打造扩大开放新高地和对外合作新平台。落实好以上七个方面的任务将为雄安新区的千年大计奠定坚实基础。

目前，雄安新区已进入大规模建设与承接北京非首都功能疏解并重阶段，工作重心已转向高质量建设、高水平管理、高质量疏解发展并举。对于雄安新区的建设，笔者提出以下四点具体建议。

第一，城市公共服务品质提升是基础。

优质共享的公共服务是雄安新区承接高端产业、集聚高层次人才、实现高质量发展的基础，也是提升城市品质、增强居民迁入动机、形成城市磁场效应的关键。雄安新区应将公共服务建设作为实现高质量发展的重点，在全国率先打造多层次、多主体、网格化、人性化的公共服务合作网络，为全国高质量公共服务发展提供“雄安经验”，也为人口集聚和产业发展提供动力源。按照规划，雄安新区远期将承载200万～250万人口，人口大量集中会增加对基础设施和公共服务的需求。因此，要顺应人口增长趋势适度超前布局基础设施和公共服务，探索公共服务的多元供给模式，增加公共服务供给数量，提升公共服务供给质量。对于雄安新区来说，要加大对公共服务的财政支持力度，使城市基本公共服务水平与京津相当，增强迁入人口对雄安新区的认同感和归属感。应在产业引进来之前提前布局基础设施，完善公共服务，使得非首都功能疏解随迁人口的教育、医疗、住房、就业有所保障。

第二，城市产业发展要有新思路。

雄安新区应当建成具有可持续发展能力的生态城市。一张白纸好画最新最美的图画。从可持续发展的理念出发，雄安新区要着重发展绿色产业，修建绿色建筑，提高城市生态环境质量，实现城市生态环境安全，率先建成环境优美的生态新城的全国样板。

从雄安新区发展的七大任务出发，制定城市建设、产业引进和聚集、经济发展和社会治理等方面的政策。要吸引大城市的人口，需要建设一座经济发展程度更高、吸引力更大的新城。根据经济社会发展的需要和城镇建设条件，需要明确新城的区位、职能、性质、分工协作和发展方向，通过优化城市布局和生态环境，从而克服大城市的人口向心力。

对雄安新区城市规划和产业发展的设想有以下几点看法。一是多中心的城市空间规划。目前，北京出现“大城市病”的主要原因是城市的单中心空间结构。雄安新区的城市规划需要从根本上改变这种单中心的规划思路，以建设组团式多中心的组合型城市为目标，规划建设3～5个组团，每个组团30万～50万人口，以快速交通工具联结各个组团，形成组团间的互联互通。二是创新驱动的产业发展区。京津冀地区产业发展存在的主要问题是京津与河北的产业发展水平落差过大。雄安新区的产业发展应当以缩小产业发展差距为目标，通过集聚科研院所和发展高端高新技术产业，打造一批高水平的创新创业载体，吸引高新技术企业集聚，建设集技术研发和转移交易、成果孵化转化、产城融合于一体的创新引领区和综合改革试验区。其中，中关村科技创新的产业化基地应当作为雄安新区产业发展规划的出发点。三是传承历

史的现代新城。从历史的视角看，雄县、容城县、安新县都具有上千年建制历史，且一直是京畿要地。作为国家级新区，雄安新区城市建设要采燕赵文化之长、扬首都气势之壮，弘扬历史，开创未来。文化是雄安新区规划建设的基本内核，在城市建设中要将其充分融入进去。

第三，城市治理要上新台阶。

雄安新区除了要在技术上创新之外，在制度、思维、经济、政治、文化、社会、生态等各领域都要创新，其中也涉及生产、消费、分配各个环节。绿色、智慧、高端是雄安新区城市发展的主要思路。雄安新区作为“国家大计”，在长期建设发展过程中除了要采纳国际一流标准之外，更应遵循中国的城市发展规律——“先城后市，城市结合”，应在政府规划之下，充分发挥市场在城市建设和管理上配置资源的决定性作用，将政府规划和市场力量相结合，共同打造高质量发展的全国样板。雄安新区在规划中应将中国北方的水资源约束问题考虑在内，防止城市运营过程中再次遭遇水资源约束和人口膨胀的困扰。依据新区特殊的地理环境和区域条件，研究制定产业准入、污染排放、用水用地、拆迁补偿等方面的具体标准。

总之，雄安新区的“新”在于管理体制上的革故鼎新、发展模式上的推陈出新以及城市规划上的焕然一新，“特”在于功能规划上的专门性、行政地位上的独特性以及发展潜力的无限性。我们正处在一个伟大的时代，中华民族的复兴需要伟大的地标。

第四，精准承接新一轮非首都功能疏解。

目前，北京非首都功能疏解已进入 2.0 阶段，未来一段时间内，雄安新区的主要任务仍然是精准承接北京的产业转移，这也是集聚优势资源、培育现代化产业体系的必然路径。新一轮疏解重点是在京企业总部及二、三级子公司，金融机构，科研院所和事业单位，与第一轮疏解相比较，产业层次更高，疏解难度更大，需要统筹考虑、协同推进。雄安新区要基于自身发展定位和功能需求，制定承接产业清单和配套政策，做到精准有序承接。一是严格产业准入标准，重点承接先进制造业、现代服务业及符合雄安新区功能定位和发展需要的高校、医疗机构、企业总部、金融机构、事业单位等。二是建立新型疏解承接模式路径。充分考虑疏解企业的现实需求和落地成长规律，树立“带土移植”和“以人为中心”的新疏解理念，全面提升承接地的生产生活服务配套水平，打造“类北京”生态环境，引导北京优质资源向承接地配置。同时，要综合使用现代化疏解手段，采取行政手段、市场手段、法治手段与信息手段相结合的疏解方法，推动各类要素在疏解承接中实现功能重组和优化升级，构建高质量发展的产业体系。

第一章 新时期京津冀协同发展与雄安新区设立背景

京津冀协同发展的核心是京津冀三地作为一个整体实现协同发展。《京津冀协同发展规划纲要》提出，要以疏解北京非首都核心功能、解决北京“大城市病”为基本出发点，调整优化城市布局和空间结构，构建现代化交通网络，扩大环境容量和生态空间，推进产业转型升级，促进公共服务共建共享，加快市场一体化进程，打造现代化新型首都圈，努力形成京津冀目标同向、措施一体、优势互补、互利共赢的协同发展新格局。

一、协同发展的成效

京津冀协同发展战略实施十年以来，京津冀三地逐步实现了产业、交通、生态环境及公共服务等领域的协同发展，非首都功能疏解取得阶段性成效。除了发展协同外，还实现了功能协同和治理协同，京津冀三地的利益协同也取得一定进展。

（一）总体发展概况

自 2014 年京津冀协同发展战略实施以来，京津冀经济规模逐渐扩大，产业结构逐渐优化，就业形势好转，人民生活水平稳步提升，新兴产业加快发展，创新驱动成效显著。从经济规模来看，京津冀经济规模逐渐扩大，综合实力不断增强，已成为引领区域发展的重要一极。2023 年，京津冀地区生产总值合计 10.44 万亿元，按可比价计算，是 2013 年的 1.9 倍。其中，北京 4.38 万亿元，与 2013 年相比，年均增长 8.4%；天津 1.67 万亿元，与 2013 年

相比，年均增长 1.5%；河北 4.39 万亿元，与 2013 年相比，年均增长 4.45%。由此可见，自京津冀协同发展战略实施以来，京津冀三地持续加强协同联动，经济规模逐渐扩大，高质量发展稳步推进，已成为带动环渤海地区经济发展的增长极。

从产业结构来看，京津冀“Ⅲ＞Ⅱ＞Ⅰ”的产业结构持续巩固。2013—2023 年，京津冀三次产业结构由 6.2∶35.7∶58.1 演变为 4.6∶27.7∶67.7。第一产业和第二产业比重持续下降，第三产业比重上升 9.6 个百分点，说明第三产业已成为京津冀发展的动力源。从就业来看，就业规模逐渐扩大且就业结构逐渐优化。2013—2023 年，京津冀地区城镇新增就业累计 1 595.6 万人，北京、天津、河北分别新增就业 316.2 万人、441.1 万人和 838.3 万人，河北城镇新增就业最多。第三产业从业人员比重增加，就业结构不断优化。2022 年，北京法人单位从业人员中，第三产业从业人员比重为 55.0%，较 2013 年提高 12.8 个百分点，其中信息传输、软件和信息技术服务业，租赁和商务服务业，科学研究和技术服务占比达 36.0%，较 2013 年提高 8.7 个百分点；天津和河北第一产业从业人员分别较 2013 年下降 50.0%和 63.5%，租赁和商务服务业增长较快，占比逐渐上升[①]。城乡居民收入差距逐步缩小，人民生活水平得到改善。2023 年，京津冀三地全体居民人均可支配收入分别为 81 752 元、51 271 元和 32 903 元，与 2013 年相比，年均名义增长率分别为 7.4%、6.9%和 8.0%。其中，京津冀三地城镇居民人均可支配收入分别增长 7.3%、6.9%和 7.1%，农村居民人均可支配收入分别增长 7.1%、6.7%和 7.0%[②]，农村居民人均可支配收入年均增速略慢于城镇居民。从区域创新引领来看，京津冀持续加大创新投入，以更高标准提升发展质量，以高端产业引领发展，创新主体发展壮大，新业态新模式展现活力，高质量发展迈出坚实步伐。2022 年，京津冀共投入研究与试验发展（R&D）经费 4 260.9 亿元，是 2013 年的 2.2 倍，占全国比重为 13.8%。区域 R&D 投入强度达到 4.28%，较 2013 年提高 0.85 个百分点，持续高于全国平均水平[③]。从新兴经

① 北京市统计局．协同发展十年路 京畿大地启新章：数说京津冀协同发展十年成效系列之综合篇［EB/OL］．（2024-02-18）［2024-02-25］．https：//tjj.beijing.gov.cn/bwtt_31461/202402/t20240218_3564334.html.

② 北京市统计局．协同发展十年路 京畿大地启新章：数说京津冀协同发展十年成效系列之综合篇［EB/OL］．（2024-02-18）［2024-02-25］．https：//tjj.beijing.gov.cn/bwtt_31461/202402/t20240218_3564334.html.

③ 北京市统计局．协同发展十年路 京畿大地启新章：数说京津冀协同发展十年成效系列之综合篇［EB/OL］．（2024-02-18）［2024-02-25］．https：//tjj.beijing.gov.cn/bwtt_31461/202402/t20240218_3564334.html.

济的发展来看，2015—2023年，北京数字经济增加值从8 719.4亿元增加至18 766.7亿元，占地区生产总值的比重由38.0%提高至42.9%，提高了4.9个百分点①，新兴经济发展迅速，已成为经济增长的主动力源。创新主体成长壮大，为经济发展注入新动力。2023年，第五批专精特新"小巨人"企业中，京津冀地区共有365家，占全国的9.9%，主要分布在制造业，科学研究和技术服务业，信息传输、软件和信息技术服务业②。京津冀生命健康集群和保定市电力及新能源高端设备集群入选国家先进制造业集群，其中北京大兴区、天津经开区和河北石家庄市共同申报的京津冀生命健康集群是目前国内唯一一家跨省联合的先进制造业产业集群。

（二）协同发展的进展

1. 发展协调

促进京津冀三地的区域合作，实现京津冀协同发展，既是学术界的共识，也是社会大众的共识。从历史视角来看，京津冀自古以来相伴相生、相辅相成，地理和历史上的紧密联系为三地的协同发展提供了基础，也为新时代构建京津冀区域经济体系提供了指引。从当前全国整体的区域空间格局来看，京津冀地区总面积约占全国总面积的2.3%，总人口占全国总人口的7.8%左右，聚集了大量优质的生产要素，已成为北方经济规模最大、最具活力的经济区域，也是中国乃至全世界最活跃的区域经济中心之一。

2015年4月，中央正式通过了《京津冀协同发展规划纲要》，旨在通过制度设计协调三地关系，推动京津冀协同发展。在规划纲要的引领下，三地各级政府均出台了一系列不同层次、不同领域的专项规划，将京津冀三地按照统一目标整合起来，以保证京津冀协同发展战略的健康有序落实。

2. 功能协同

自京津冀协同发展战略实施以来，京津冀三地出台了一系列政策，不断强化功能协同，三地从差距巨大变为功能互补。三地的功能定位服从于区域整体定位，明确三地的区域功能定位，方能有效提高区域内核心地区的力量

① 北京市统计局．协同发展十年路 京畿大地启新章：数说京津冀协同发展十年成效系列之综合篇［EB/OL］.（2024-02-18）［2024-02-25］. https：//tjj.beijing.gov.cn/bwtt_31461/202402/t20240218_3564334.html.

② 北京市统计局．协同发展十年路 京畿大地启新章：数说京津冀协同发展十年成效系列之综合篇［EB/OL］.（2024-02-18）［2024-02-25］. https：//tjj.beijing.gov.cn/bwtt_31461/202402/t20240218_3564334.html.

及各地区之间的协同能力，进而实现京津冀协同发展。

十年来，京津冀地区坚持生态优先、绿色发展的理念，逐步推进产业结构调整优化，建设绿色、可持续的人居环境；坚持区域一体、协同发展的原则，谋求城镇体系、区域空间、重大基础设施的协同发展与布局；破除阻碍区域人口和要素自由流动的体制壁垒和制度障碍，促进多种形式的跨地区合作；建立跨区域规划编制与实施工作的新体制、新机制，实现地区之间的功能协同发展，并取得了良好成效。

从人口规模来看，2014 年以来，北京市常住人口数量由增到减，并在 2020 年实现了将常住人口控制在 2 300 万人以内的目标，其中，城六区常住人口下降明显。第七次全国人口普查结果显示，截至 2020 年，北京市中心城区常住人口为 1 098.8 万人，较 2010 年减少 72.8 万人，较 2014 年下降 15.0%。在控制人口规模之余，城乡建设用地已连续四年减量，2017—2020 年，城乡建设用地净减量约 110 平方公里。从产业布局来看，2014—2023 年，京津冀第三产业比重从 53.3%上升至 67.7%，上升了 14.4 个百分点，第三产业发展迅速，产业结构不断优化。北京产业升级步伐加快，2023 年北京市高技术制造业增加值较上年增长 110.0%，战略性新兴产业增加值比上年增长 90.0%。河北省承接先进制造业和现代服务业对自身经济质量提升效果明显，截至 2023 年底，河北省累计承接京津转入基本单位 4.3 万家，吸纳京津技术合同成交额达 810 亿元，是 2014 年的 12 倍①。

3. 治理协作

由于行政分割，京津冀三地地方政府间各自为政的现象比较突出，尤其涉及交通、环境等需要跨区域解决的重点领域。京津冀协同发展战略实施之前，2014 年、2015 年全国空气质量最差的十个城市中京津冀地区分别占 8 个和 7 个，生态环境协同治理意识薄弱。从交通方面看，三地之间交通联系较弱。2014 年之前河北与京津对接的高速公路、国道、省道存在 2 300 多公里的“断头路”和“瓶颈路”。交通和环境具有外部性，仅仅依靠单个地方政府无法解决问题，这就需要区域内各地方政府打破彼此间的行政壁垒，联合起来跨区域协同治理，从而改善区域内的环境质量和交通状况，提升区域一体化发展水平。

近年来，京津冀区域协同治理取得显著成效。京津冀协同发展战略启动

① 河北已累计承接京津转入基本单位 4.3 万家，去年吸纳京津技术合同成交额达 810 亿元 [EB/OL].（2024-04-29）[2024-05-03]. https://baijiahao.baidu.com/s?id=1797650446984138284&wfr=spider&for=pc.

之后，京津冀三地快速推进交通、生态和公共服务方面的一体化发展，三地在规划、建设、治理、执法等方面深度合作，区域协作治理取得显著成效。交通方面，京津冀三地交通运输规划同图、建设同步、运输一体、管理协同，区域一体化运输效率得到极大提升。截至 2022 年，京津冀三地累计打通拓宽“断头路”和“瓶颈路”超过 2 000 公里，北京市域内国家高速公路“断头路”全部消除，交通网络格局持续优化[①]。2020 年以来，以“北京—天津—石家庄”为核心的“1 小时交通圈”基本形成，对周边地区的辐射带动作用逐渐增强。生态方面，通过统一制定规划、互通工作信息、环境联动执法等一系列协同治理措施，京津冀生态环境联建联防联治成效显著。2023 年，京津冀及周边地区“2+26”城市平均空气优良天数比例为 63.1%，较 2019 年同期上升 10.0 个百分点。污染物浓度呈下降趋势，$PM_{2.5}$平均浓度为 43 微克/立方米，较 2019 年同期下降 24.6%；O_3平均浓度为 181 微克/立方米，较 2019 年同期下降 7.7%[②]。

（三）利益协调的进展

《京津冀协同发展规划纲要》指出，要探索人口经济密集地区优化开发与利益共享的新模式。近年来，在顶层设计的指导下，京津冀三地在不同尺度上均进行了一系列探索。首先，作为国家调控经济的重要手段，税收分配在协调地方政府利益上发挥了重要作用。2014 年以来，京津冀税收服务便利化程度不断提高，三地税务部门统一办税平台，加强信息化建设，实现信息互通、资质互认、征管互助。2015 年，财政部、国家税务总局印发《京津冀协同发展产业转移对接企业税收收入分享办法》，规定企业迁入地和迁出地之间在三大税种的税收收入上实施五五分成。此举在京津冀税收横向分配上迈出了重要一步，在一定程度上解决了三地政府间的利益分配问题。2021 年 6 月，三地税务部门提出了 19 项跨区域协同便利化的举措，进一步推进了税收征管的一体化和便利化发展。

除了税收分享这一重要措施外，京津冀三地在产业转移、创新合作、土地管理等方面也做了一系列尝试（见表 1-1）。目前，京津冀产业转移合作利

---

① 卫星新闻丨打通京津冀干线“断头路”[EB/OL].（2022-03-03）[2022-04-13]. https://baijiahao.baidu.com/s?id=1726268931167392474&wfr=spider&for=pc.

② 中华人民共和国生态环境部．生态环境部公布 2023 年 12 月和 1—12 月全国环境空气质量状况[EB/OL].（2024-01-25）[2024-02-08]. https://www.mee.gov.cn/ywdt/xwfb/202401/t20240125_1064784.shtml.

益分享机制初步建成，三地协同水平不断提升。2013—2022 年，京津冀协同创新指数从 100 上升到 297.6，年均增速 12.9%，京津冀协同创新水平显著提高，协同创新指数增长迅速[①]。

表 1-1　京津冀构建利益协调机制的探索

重点领域	利益冲突问题的来源	利益协调措施
产业转移	京津冀三地产业结构错位、梯度差异大	打造产业转移承接平台、建立产业转移合作利益分享机制
创新合作	创新资源高度集中于北京	成立京津冀科技资源创新服务平台、建设人才交流服务平台、建立自贸试验区制度进行创新合作对接
土地管理	三地土地管理挂钩难度大，部分涉及地区的土地财政，统筹区域土地利用难度较大	发布京津冀协同发展土地利用的总体规划

资料来源：根据相关资料整理得到。

二、协同发展的新特征

党的二十大之后，中央对区域重大战略进行了新的表述。就京津冀地区而言，一方面，京津冀协同发展战略将继续作为国家的区域重大战略；另一方面，雄安新区首次被列入区域重大战略，并且提出要高标准、高质量建设雄安新区，同时也对京津冀协同发展提出了新任务和新要求。

（一）北京非首都功能进入集中疏解的新阶段

2014—2019 年是北京非首都功能疏解 1.0 阶段，疏解对象主要包括一般性产业特别是高消耗产业，区域性物流基地、区域性专业市场等部分第三产业，部分教育、医疗、培训机构等社会公共服务功能，部分行政性、事业性服务机构和企业总部等。疏解方向相对比较分散，天津和河北承接产业的占比较低，疏解产业主要流向长三角地区和珠三角地区。例如，2015—2017 年，北京对外投资额中，天津占 5.0%，河北占 4.5%，并且河北承接的非首都功

① 王红茹．京津冀协同创新指数年均增速 12.9%，北京增幅最大［EB/OL］.（2024-01-17）［2024-03-05］. https://finance.eastmoney.com/a/202401172964546262.html.

能以劳动密集型和资金密集型的制造业为主，技术密集型的制造业和服务业比重较低。非首都功能疏解活动虽然进行得如火如荼，但周边地级市承接的企业相对较少，对河北的辐射带动作用较小，以上是第一轮非首都功能疏解的基本特点。

当前，北京非首都功能疏解已进入 2.0 阶段。重点疏解对象是部分教育、医疗、培训等社会公共服务功能，部分行政性、事业性服务机构和企业总部。从这些部门本身的特点和产业结构来看，宜采用集中疏解的方法，较好的配套设施、较高的管理效率、良好的生活环境等是这些机构对承接地的要求。因此，这些部门和机构需要进行集中疏解，而不是分散疏解。而新一轮北京非首都功能疏解的集中承接地是雄安新区，因此，雄安新区应配备较好的配套设施、提升管理效率、优化生活环境，满足疏解机构对发展环境的要求，使得疏解产业“留得住、能发展”。

（二）确立高端国际消费中心城市的新定位

2021 年，经国务院批准，北京、上海、广州、天津、重庆五个城市被列入首批国际消费中心城市培育建设名单。国际消费中心城市建设是北京融入新发展格局的重要方面，已被纳入北京“十四五”规划的重点任务。与国际消费中心城市建设相关联的是北京自贸区建设。北京自贸区涵盖科技创新、国际商务服务、高端产业三个片区，其中国际商务服务片区总面积为 48.34 平方公里，包括北京 CBD（4.96 平方公里）、金盏国际合作服务区（2.96 平方公里）、城市副中心运河商务区和张家湾设计小镇周边可利用产业空间（10.87 平方公里）、首都国际机场周边可利用产业空间（28.50 平方公里）。这些地区将是北京高端消费产业的聚集之地。

北京国际消费中心城市建设启动之后，高端消费产业向北京聚集的趋势会更加强烈。北京周边地区在消费产业发展过程中，应该和北京错位发展，比如雄安新区以前也有做高端消费产业的设想。但是，目前从北京国际消费中心城市的定位来看，特别是北京城市副中心在科技创新、国际商务服务、高端产业等方面的发展，使得其优势地位逐步确立，未来，北京周边地区（包括雄安新区）在高端消费产业发展方面应该参考北京，走错位发展、互相补充、共同推进的发展道路。

（三）北京金融中心地位进一步巩固

中国各大金融机构的总部几乎都集中在北京，且所有的资金调度也在北

京完成。据估计，中国银行业资金总量的约 80.0%集中在北京，如此庞大的资金调度总量，在东亚地区也是数一数二的。中国保险业 2/3 以上的资金统一运作也在北京完成，北京已成为中国最大的金融结算中心。此外，国有资产总量的一半以上，由总部在北京的国有大企业所控制，中国石油化工集团有限公司、中国石油天然气股份有限公司、中国海洋石油集团有限公司、中国移动通信集团有限公司、中国联合网络通信集团有限公司、中国华能集团有限公司、中国远洋运输集团总公司等所带来的庞大的资金流，也是对北京金融中心的有力支撑。

尽管北京金融中心建设刚刚起步，但其在金融领域的地位已得到巩固。北京的金融管理中心、金融业务结算中心、行业标准中心、金融批发中心等原有的功能不断得到巩固，新的金融运营中心进一步加强。比如，北京证券交易所的设立使得北京的证券交易将在全国占有重要地位，北京金融中心将对周边地区的金融发展起到更加重要的支撑作用，特别是雄安新区目前正处于大规模建设的关键时期，资金短缺是雄安新区面临的一大难题，北京金融中心将进一步加强与雄安新区的金融合作，拓宽融资渠道，缓解雄安新区的资金短缺难题。

（四）北京城市副中心建设形成新的增长极

建设北京城市副中心，不仅是调整北京空间格局、治理大城市病、拓展发展新空间的需要，也是推动京津冀协同发展、探索人口经济密集地区优化开发模式的需要。北京城市副中心的规划范围为原通州新城规划建设区，总面积约 155 平方公里，外围控制区（即通州全区）约 906 平方公里，可以辐射带动廊坊北三县地区协同发展。

近年来，北京城市副中心建设加快推进，在原先规划的 155 平方公里和外围控制的 906 平方公里的范围内，正在形成辐射带动廊坊北三县发展的态势。未来五年是北京城市副中心基本成型的关键期，需要加快规划的实施，推动城市副中心建设框架基本成型、主体功能基本稳定、现代化产业体系加快构建、城市品质快速提升、区域协同发展取得新突破。因此，促进区域协同，辐射带动廊坊北三县发展，使北三县共同支撑城市副中心发展，是未来城市副中心发展的重要着力点。

（五）雄安新区建设进入全面推进的新阶段

雄安新区对外交通网络已基本建设完成，（北）京雄（安）高速河北段、

（北）京德（州）高速京冀界至（天）津石（家庄）高速段、荣（成）乌（海）高速公路新线（北）京台（北）高速至（北）京（香）港澳（门）高速段等三条高速公路项目顺利交工验收，已通车运行。根据规划，雄安新区城市道路系统将与固安—雄安新区—保定城际、北京—雄安新区—石家庄城际、（北）京九（龙）高铁、（北）京（雄）安高速公路及周边机场和干线公路网相衔接，形成京津冀核心区域“1小时交通圈”和区域内部通勤交通网。

雄安新区内部道路系统由主干路、次干路和支路三级组成。城市主干路网呈“四纵三横”的布局，总长约45公里，次干路网总长约87公里，支路交通总长约148公里。按照“先地下，后地上”的原则，启动区建设了“干线—支线”两级综合管廊系统，总长度约50公里，为雄安新区基础设施运行提供良好保障。截至2024年4月，启动区重点市政基础设施已基本建成，骨干路网全面通车，对外高速公路骨干路网全面形成，雄安体育中心等一批标志性项目基本完工，城区雏形初步显现。

目前，雄安新区已进入大规模建设与承接北京非首都功能疏解并重的阶段，各项基础性工程、公共服务设施、生活居住配套等项目全面启动，一批高端高新企业陆续入驻，域内生态环境持续改善，为先行承接北京非首都功能疏解、探索创新城市开发建设新模式创造了有利条件。容东片区位于雄安新区容城县东北部，其规划面积为12.7平方公里，是率先启动居民住房和基础设施建设的区域。雄安站枢纽片区位于雄安新区东北区域，规划面积为4.9平方公里，是交通特色鲜明、功能协同的创新发展示范区。

三、进一步推进京津冀协同发展的政策建议

为推进京津冀协同发展，未来应进一步巩固和发展北京、天津、石家庄三大中心城市；以北京中关村为核心，进一步优化产业结构，助推数字经济发展；做好北京证券交易所，强化北京作为消费中心的带动作用；重点建设雄安新区、通州城市副中心和天津滨海新区三大增长极。

（一）巩固和发展北京、天津、石家庄三大中心城市

充分利用中心城市的集聚优势，进一步巩固和强化中心城市的辐射带动作用。北京、天津、石家庄作为京津冀城市群的三大中心城市，在经济、政治、产业等方面均具有一定优势。北京拥有高端服务业和高新技术产业，天

津是现代制造业中心，且拥有北方最大的港口天津港，石家庄拥有比较雄厚的工业基础和便利的交通条件。以上三大中心城市凭借自身的经济实力、区位优势和便利条件，可吸引周边地区的人才、资金、信息、产业、项目等优质生产要素聚集，增强发展的内生动力，全面提升经济活力和发展质量。三大中心城市的发展和城市能级的全面提升，会通过扩散效应增强对周边地区的辐射带动作用，进而促进京津冀区域内的中小城市和小城镇协同发展。

强化北京、天津、石家庄三大中心城市在京津冀城市群中的核心地位，拓展中心城市与新城新区、周边地区的合作范围。从中心城市层面来看，要充分利用国家中心城市、区域性中心城市和节点城市培育的良好机遇，充分发挥北京在科技、金融方面的优势，促进与周边地区的协同发展；加快天津产业优化升级，进一步提升产业发展质量；以数字经济赋能工业发展，推动石家庄工业高质量发展。从都市圈层面来看，在北京、天津、石家庄三大都市圈的发展过程中，要依托中心城市的发展，重视和推进都市圈的形成与耦合，形成三圈耦合的发展格局，增强发展动能，进而优化京津冀地区的空间结构。

主要途径包括以下三条：一是加快构建高标准市场体系。加强京津冀区域内轨道交通、公路网、信息网、物流网的建设，促进基础设施一体化发展，打破要素流动壁垒，畅通要素流通渠道。推进户籍、土地、金融、科技等关键领域的配套改革，促进市场一体化发展，为要素流动营造良好环境。二是加快培育区域发展的地域性新增长极。京津冀三大都市圈是随着中心城市的发展逐渐形成的，从中也反映出中心城市对周边地区的引领和辐射带动作用。可考虑在现有的三个中心城市的基础上培育新的增长极，如保定、唐山、邯郸、张家口等，形成对中心城市的支撑，优化京津冀城市体系。三是进一步完善基础设施和公共服务体系。加大在教育、医疗、社会保障、社会治理等领域的财政投入力度，提升公共服务供给质量，促进基本公共服务一体化发展，为人口自由流动提供保障。补齐京津冀都市圈在交通、电信、能源等领域的网络型基础设施缺口以及在港口、机场等领域的节点型基础设施建设短板，使人员、物资、信息和资金的流动更加高效便捷。

（二）以北京中关村为核心，优化产业结构，助推数字经济发展

自京津冀协同发展战略实施以来，三地的产业结构逐渐优化，已演化为以服务业为主。2023 年，京津冀三次产业结构为 4.6∶27.7∶67.7，第一产业比重下降到 5.0%以下，第三产业比重超过 65.0%，已进入以服务业为主

的阶段，三次产业结构对经济发展的约束问题已经解决，产业结构对协同发展的约束已经从表层向深层次转移。

未来，京津冀要以数字经济为核心，围绕数字经济推进京津冀产业结构优化。中关村是北京数字经济发展的中心，要推动中关村与京津冀其他城市间的产业协同发展。京津冀数字经济基础较好，应依托自身比较优势发展数字产业，利用数字经济赋能产业发展，逐步夯实数字经济发展基础，促进区域协同发展。2021 年，天津发布了《天津市加快数字化发展三年行动方案（2021—2023 年）》，旨在推进全市的数字化发展，提升城市的核心竞争力。2022 年，北京出台了《北京市数字经济全产业链开放发展行动方案》，该方案的实施将推动北京的数字经济发展。2023 年河北省印发了《加快建设数字河北行动方案（2023—2027 年）》。京津冀三地都出台了相应的行动方案以跟上数字经济发展的步伐，推动数字技术与实体经济深度融合，最终形成京津冀全域数字经济发展新形势。

（三）做好北京证券交易所，强化北京作为消费中心的带动作用

京津冀城市群是参与“双循环”的重要载体，既在国内价值链中占据高附加值的地位，又在交通、商业等领域承担着对外枢纽的角色。一方面，在畅通国内大循环的背景下，消费升级、扩大内需至关重要。因此，要强化北京作为消费中心的带动作用，驱动京津冀消费增长，推动京津冀经济结构优化调整。在加快北京国际消费中心城市建设过程中，应当打造开放包容的消费环境，赋予北京新的城市功能。通过构建国际消费中心城市，助推京津冀创建高端消费城市链条，深入参与国内大循环的生产、分配、交换、消费各个环节，带动华北、东北等区域的价值链转型升级。另一方面，应当做好北京证券交易所，降低中小企业的融资成本，推动中小企业普惠发展，构建良性市场生态。通过引入市场力量，完善区域内资源配置机制，提高资源配置效率，缩小金融资源配置的南北差距，促进要素在京津冀之间高效自由流动，进而带动华北、东北和西北地区的经济发展。

（四）重点建设雄安新区、通州城市副中心和天津滨海新区三大增长极

中国改革进入深水区，需要加快新增长极的培育与强化，进而带动和引领所在区域整体发展。经过多年的规划和前期准备，雄安新区、通州城市副

中心和天津滨海新区已经进入全面建设新阶段。经历了初期的要素资源快速集聚后，促进新城、新区的长期可持续发展，使得生产要素自发地向新城、新区集聚，是当前京津冀协同发展面临的重点任务之一。

通州城市副中心、河北雄安新区、天津滨海新区可以充分利用京津冀协同发展的政策优势，增强与北京、天津中心城区的连接，密切区域间的合作，与北京、天津形成分工合理、优势互补的发展格局。

对于雄安新区和通州城市副中心来说，在承接北京非首都功能、解决北京“大城市病”的过程中，应从自身实际出发，选择性地承接产业，重点承接符合自身发展定位、与已有产业形成互补、能够延长产业链、体现特色分工的产业，最终形成核心竞争力。

对于天津滨海新区来说，应进一步加大改革创新的力度，利用天津自贸试验区的优势，进一步扩大对外开放，充分利用对外开放窗口的优势，加强与我国周边国家的贸易合作，使滨海新区成为天津及京津冀城市群发展的重要引擎。

四、河北省的经济发展及其对雄安新区的支撑作用

近年来，河北省经济发展取得长足进步，为雄安新区的建设提供了支撑，而雄安新区的建设又进一步促进了河北省的经济发展。未来，二者的发展将共同支撑京津冀建设世界级城市群。

（一）河北省的经济发展与雄安新区建设

2023 年，河北省实现地区生产总值 43 944.1 亿元，比上年增长 5.5%，分产业来看，第一产业增加值 4 466.2 亿元，增长 2.6%；第二产业增加值 16 435.3 亿元，增长 6.2%；第三产业增加值 23 042.6 亿元，增长 5.5%。从协同发展的效果来看，伴随国家重大战略的实施，京津冀协同发展向纵深推进，京津产业转移承接取得明显成效。截至 2024 年，河北省累计承接京津转入基本单位 4.3 万家，非首都功能疏解成效显著。北京通州区与廊坊北三县一体化高质量发展示范区获批建设，廊坊临空经济区固定资产投资增长 18.4%。2022 年，雄安新区、廊坊临空经济区、唐山市曹妃甸区和沧州市渤海新区共完成固定资产投资 3 276.5 亿元，比上年增长 19.1%，拉动河北全省固定资产投资增长 2.4 个百分点。其中，雄安新区拉动 1.4 个百分点，廊

坊临空经济区拉动0.3个百分点，唐山市曹妃甸区拉动0.4个百分点，沧州市渤海新区拉动0.3个百分点①。

雄安新区建设迈出坚实步伐。截至2024年6月，雄安新区累计实施重点项目383个，完成投资6 712.0亿元，4 000多栋楼宇拔地而起，开发面积达184平方公里②。中国卫星网络集团有限公司、中国中化控股有限责任公司、中国华能集团有限公司总部主体建设基本完成，已进入装修阶段，4所高校和2家医院选址落位并开工建设，20多家央企子公司注册落地。启动区等重点片区加快建设，雄（安）商（丘）、雄（安）忻（州）高铁已开工建设③。雄安新区作为北京非首都功能疏解的集中承载地，从“规划先行”到“雏形凸显”，“四纵三横”高速公路和对外干线公路网已全面建成，首批标志性疏解项目有序推进。此外，曹妃甸区、渤海新区等重点承接平台持续发力，一大批汽车、医药、新材料等制造业和商贸物流服务业等疏解项目落户河北，目前，河北全省已累计承接京津企业和单位4.4万家。

（二）河北省协同发展的工作重点

2023年5月，习近平总书记视察河北省，对高质量、高水平推进雄安新区建设做出了重要指示。从贯彻落实习近平总书记的重要指示精神出发，河北省提出重点抓好以下五个方面的工作：

一是抓住“牛鼻子”，积极承接北京非首都功能疏解的产业转移。全力抓好雄安新区集中承接疏解工作，全面落实中央疏解清单，全方位服务保障首批疏解的高校、医院、央企总部项目建设，同步加快承接市场化疏解项目，全面优化承接环境。加强大兴机场临空经济区、曹妃甸区、渤海新区等重点承接平台建设，进一步完善基础设施和公共服务，全力支持承接疏解项目落地建设和后续发展。

二是实施“两翼”带动，深入推动重点区域协同发展。高标准高质量建设雄安新区，集中力量抓好启动区、起步区、重点片区建设，发展新一代信

① 河北省统计局．解读：2022年全省固定资产投资运行稳定［EB/OL］．（2023－01－20）［2023－01－26］．http：//tjj. hebei. gov. cn/hbstjj/xxgk/xxgkml/zcjd/101702088636562. html.

② 383个项目、6712亿元、184平方公里……“未来之城”雄安新区活力涌动［EB/OL］．（2024－06－27）［2024－07－13］．https：//baijiahao. baidu. com/s? id=1802981492372637713&wfr=spider&for=pc.

③ 经济运行持续恢复加快回稳 河北2022年地区生产总值42370.4亿元，同比增长3.8%［EB/OL］．（2023－01－20）［2023－01－30］．http：//css. hebei. gov. cn/2023－01/20/content _ 8936058. htm.

息技术产业，布局建设国家实验室等一批重大创新平台，深化白洋淀生态环境治理。加快张北地区发展，大力发展后奥运经济，扎实推进京张体育文化旅游带、张家口首都“两区”和可再生能源示范区建设。推动廊坊北三县与通州区一体化高质量发展，尽快成立廊坊北三县与通州区一体化高质量发展示范区京冀联合管理机构。共同探索跨区域合作新模式和新机制，推动通州区产业、交通、基础设施、公共服务等向北三县延伸布局。

三是落实功能定位，扎实推进“三区一基地”建设。打造全国现代商贸物流重要基地，抓好唐山、石家庄国家物流枢纽和保定国家骨干冷链物流基地建设，深入推进唐山、石家庄、雄安新区等跨境电商综合试验区建设，加快构建立足京津冀、融合城乡、辐射全国、链接全球的现代商贸物流体系。打造全国产业转型升级试验区，实施绿色制造试点示范、产业集群（基地）建设等重大工程，扎实推动传统产业高端化、智能化、绿色化发展；加快发展壮大战略性新兴产业，打造一批战略性新兴产业示范基地；大力培育高新技术企业、科技领军企业。打造全国新型城镇化与城乡统筹示范区，做大做强区域性中心城市和重要节点城市，深入推进以县域为重点的新型城镇化，建设美丽乡村。打造京津冀生态环境支撑区，强化大气污染综合治理，实施重点流域综合治理，推进土壤污染防治和矿山综合治理。

四是拓展协作范围，全面深化重点领域协同发展。进一步提升交通互联互通水平，着力打造省际贯通、城际直通、城郊融通的轨道交通网络，加快雄（安）商（丘）高铁、雄（安）忻（州）高铁等项目建设，抓好承（德）平（谷）高速项目建设，巩固提升石家庄机场区域航空枢纽功能。强化生态环境联建联防联治，开展联动执法和重污染天气协同应对，深入落实京津冀横向生态环境保护补偿机制，探索建立官厅水库上下游生态环境保护补偿机制。协同推进产业链融合，深化京津冀产业政策衔接，借助北京科创资源支持河北制造业转型升级。深化与北京三甲医院的合作，谋划建设康养、养老服务重点项目 100 个。加强公共服务共建共享，支持京津优质中小学通过结对帮扶、委托管理、开办分校等方式与河北省学校开展合作办学，通过合作办学的方式促进优质教育资源向河北省各地级市流动，提升河北省教学水平。巩固扩大临床检验结果互认、医学影像检查资料共享、异地就医门诊费用直接结算试点医疗机构的范围，提升京津冀医疗一体化水平，加快已获批的 6 个国家区域医疗中心项目建设。

五是夯实关键支撑，加强体制机制改革和协同创新。完善合作机制，健全三省市常务副省（市）长联席会、协同办主任联席会议制度，全面履行京冀、津冀战略合作协议。聚焦科技协同创新和成果转化以及交通、生态、产

业、教育、医疗卫生、社保等重点领域，研究提出一批改革创新举措，与京津联合颁布、协同实施。抓好全国一体化算力网络京津冀国家枢纽节点、京津冀工业互联网协同发展示范区、北戴河生命健康产业创新示范区建设，全面落实京津冀营商环境一体化“1＋5”协议，加快实现京津冀自贸试验区政务服务“同事同标”。深化协同创新，与京津联合建设一批创新平台和产业技术联盟，促进京津科技成果到河北孵化转化。

（三）京津冀协同发展十周年后的新任务

2024 年是京津冀协同发展的十周年。贯彻落实习近平总书记视察河北时的重要指示精神，提出未来京津冀协同发展的新要求，即进一步推进体制机制改革和扩大对外开放，下大气力优化营商环境，积极同国内外其他地区沟通对接，打造全国对外开放新高地，建设京津冀世界级城市群。

新任务包括以下五点：一是对北京和天津来说，要把北京科技创新优势和天津先进制造研发优势结合起来，加强关键核心技术联合攻关，共建京津冀国家技术创新中心，提升科技创新增长引擎能力。二是对河北来说，要发挥河北环京津的地缘优势，从不同方向打造联通京津的经济廊道。同时，北京、天津要持续深化对河北的帮扶，带动河北有条件的地区更好承接京津的科技溢出和产业转移。三是在北京“四个中心”定位的基础上，北京国际消费中心城市建设启动之后，面对高端消费产业向北京聚集的趋势，要规划建设京津冀消费共同体。四是未来五年内，雄安新区和北京城市副中心的建设要基本成型，推动雄安新区向成熟型核心城市转型，同时北京城市副中心的框架要成型，应将两地的主导功能基本稳固，加快构建现代化产业体系。五是面对京津冀地区在全国经济发展中占比下降的情况，要从发挥北京全国科技创新中心作用的角度去寻求突破，在人才、资金、空间等方面对北京的研发产业进行政策倾斜，形成京津冀科创产业发展共同体，以加快科技创新产业的发展来提升京津冀经济规模在全国的比重。

参考文献

[1] 北京市统计局．协同发展十年路 京畿大地启新章：数说京津冀协同发展十年成效系列之综合篇［EB/OL］.（2024－02－18）［2024－02－25］. https：//tjj.beijing.gov.cn/bwtt_31461/202402/t20240218_3564334.html.

［2］河北已累计承接京津转入基本单位 4.3 万家，去年吸纳京津技术合同成交额达 810 亿元［EB/OL］.（2024－04－29）［2024－05－03］. https：//baijiahao. baidu. com/s? id=1797650446984138284&wfr=spider&for=pc.

［3］卫星新闻丨打通京津冀干线“断头路”［EB/OL］.（2022－03－03）［2022－04－13］. https：//baijiahao. baidu. com/s? id=1726268931167392474&wfr=spider&for=pc.

［4］中华人民共和国生态环境部．生态环境部公布 2023 年 12 月和 1—12 月全国环境空气质量状况［EB/OL］.（2024－01－25）［2024－02－08］. https：//www. mee. gov. cn/ywdt/xwfb/202401/t20240125_1064784. shtml.

［5］王红茹．京津冀协同创新指数年均增速 12.9%，北京增幅最大［EB/OL］.（2024－01－17）［2024－03－05］. https：//finance. eastmoney. com/a/202401172964546262. html.

［6］河北省统计局．解读：2022 年全省固定资产投资运行稳定［EB/OL］.（2023－01－20）［2023－01－26］. http：//tjj. hebei. gov. cn/hbstjj/xxgk/xxgkml/zcjd/101702088636562. html.

［7］383 个项目、6712 亿元、184 平方公里……“未来之城”雄安新区活力涌动［EB/OL］.（2024－06－27）［2024－07－13］. https：//baijiahao. baidu. com/s? id=1802981492372637713&wfr=spider&for=pc.

［8］经济运行持续恢复加快回稳 河北 2022 年地区生产总值 42370.4 亿元，同比增长 3.8%［EB/OL］.（2023－01－20）［2023－01－30］. http：//css. hebei. gov. cn/2023－01/20/content_8936058. htm.

第二章 雄安新区的自然和社会发展条件

本章主要对雄安新区及雄县、容城县、安新县三县的地理条件、社会经济发展状况进行简单概述，同时对雄安新区的大事记进行整理，有助于了解雄安新区的发展脉络及相关政策出台的背景。

一、雄安新区的区位与经济条件

2017 年 4 月 1 日，中共中央、国务院印发通知，决定设立国家级新区河北雄安新区。本节主要对雄安新区的范围、地理条件、社会经济发展状况做简单的概述。

（一）位置与地理条件

雄安新区位于太行山东麓、冀中平原中部、南拒马河下游南岸，在大清河水系冲积扇上，属太行山麓平原向冲积平原的过渡带，有南拒马河、大清河、白沟引河等河流过境，白洋淀位于境内。有（北）京雄（安）城际铁路、（天）津雄（安）城际铁路、固（安）保（定）城际铁路和（北）京石（家庄）城际铁路等过境，有 G18 荣（成）乌（海）高速公路、G0211（天）津石（家庄）高速公路、G45 大（庆）广（州）高速公路、S7（天）津保（定）高速公路、（北）京雄（安）高速公路等横贯全境。雄安新区范围包括雄县、容城县、安新县三县及周边部分区域。截至 2023 年 10 月，雄县辖 8 镇、4 乡、1 片区，安新县辖 9 镇、4 乡，容城县辖 5 镇、3 乡、2 片区（见表 2-1）。

表 2-1　雄安新区区域范围

县（市）	镇、乡名称
雄县	雄州镇、昝岗镇、大营镇、龙湾镇、朱各庄镇、米家务镇、鄚州镇、苟各庄镇、双堂乡、张岗乡、北沙口乡、七间房乡、昝岗片区
安新县	安新镇、大王镇、三台镇、端村镇、赵北口镇、同口镇、刘李庄镇、安州镇、老河头镇、圈头乡、寨里乡、芦庄乡、龙化乡
容城县	容城镇、小里镇、南张镇、大河镇、晾马台镇、八于乡、贾光乡、平王乡、容东片区、容西片区

资料来源：根据雄安新区官网及国家统计局资料整理。

雄安新区地处北纬中纬度地带，属于暖温带大陆性季风气候，四季分明，年均气温为 11.9℃，年平均降雨量 522.9 毫米，海拔 7～19 米，土层深厚，地形开阔，境内有多处古河道。华北平原最大的淡水湖泊——白洋淀就位于雄安新区的东南部。白洋淀是雄安新区的代表性景观，是国家重点旅游区和开放区，位于安新县境内，水域面积 366 平方公里，以盛产大米、鱼虾、菱藕和安州苇席著称。雄安新区设立以来，加大了对白洋淀的生态保护力度，经过多年治理，白洋淀水质从劣Ⅴ类全面提升至Ⅲ类，步入全国良好湖泊行列。同时，白洋淀内水生动植物资源逐渐丰富，野生鸟类不断增加，生物多样性良好。雄安新区矿产资源和土地资源丰富，雄县境内天然气储量达到 10 亿立方米以上，原油、地热田、地热水、矿泉水等各类资源储量也较为丰富。雄安新区共有土地面积 1 560 平方公里，其中耕地占 61.39%，城乡建设用地占 19.91%，湿地占 12.45%，相比较来看，耕地面积较多，耕地资源丰富。

（二）社会经济条件

1. 人口与劳动力

雄安新区第七次全国人口普查公报显示，雄安新区常住人口为 1 205 440 人，其中流动人口为 187 330 人，流动人口中的跨省流入人口为 59 172 人，占总流动人口的 31.6%，而省内流动人口为 128 158 人，占总流动人口的 68.4%①。由此可见，雄安新区与河北省周边地级市来往较为密切，而与省外其他城市联系不是很紧密。从文化程度来看，常住人口中大学文化程度人口占 5.95%，

① 雄安新区改革发展局，雄安新区第七次全国人口普查领导小组办公室．雄安新区第七次全国人口普查公报［R］，2021.

高中文化程度人口占 9.97%，初中文化程度人口占 43.82%，小学文化程度人口占 40.26%。每 10 万人中拥有大学（指大专及以上）文化程度者 5 950 人，15 岁及以上人口的平均受教育年限为 8.92 年①。由此可见，雄安新区人口规模较小，且人口整体受教育水平较低，人力资源较为稀缺，高端人才和创新人才严重不足，难以支撑雄安新区的发展需求。

2. 经济与产业发展

2024 年，雄安新区将继续推动疏解任务落实，以科技创新作为第一生产力，着力推进新型工业化，构建现代化产业体系。截至 2024 年 6 月，雄安新区累计实施重点项目 383 个，总投资额超过 6 712 亿元。科创企业加速聚集，截至 2023 年已有 323 家高新技术企业、404 家国家级科技创新中小型企业落户新区，为新区的发展注入活力②。据统计，截至 2023 年，先后有 63 家中央企业投身于雄安新区建设，4 家央企总部和超 150 家子企业落户雄安新区③。其中，中国卫星网络集团有限公司、中国中化控股有限责任公司、中国华能集团有限公司等 3 家央企总部已经开工建设，中国矿产资源集团有限公司总部主体建设基本完成，中国地质大学（北京）、北京林业大学、北京交通大学和北京科技大学的雄安校区已入驻雄安新区。另有 2 所医院选址落位，一批市场化疏解项目开工建设。雄安商务服务中心总建筑面积约 90 万平方公里，融合了商务办公、时尚商业、高端酒店、会展中心、精品公寓和高标准幼儿园六大业态。截至 2023 年 5 月，雄安新区商务服务中心已累计对接企业 200 余家，40 余家企业完成签约入驻，将打造“财富中心、数创中心、服贸中心”三大中心，以金融、现代服务、数字经济为主题的产业集群正逐步形成④。

截至 2023 年，雄安新区已有 325 家科技型企业纳入科技企业库，54 家企业纳入专精特新企业培育库，以数字人民币形式拨付开办补助 476 万元。2022 年末，已有 324 人取得积分落户资格，共有 6 000 余人申领雄才卡，引进 1 500 余名专业技术人才充实到教育、医疗、科技等重点领域，柔性引进专

---

① 雄安新区改革发展局，雄安新区第七次全国人口普查领导小组办公室．雄安新区第七次全国人口普查公报［R］，2021.

② 383 个项目、6712 亿元、184 平方公里……“未来之城”雄安新区活力涌动［EB/OL］.（2024-06-27）［2024-07-13］. https：//baijiahao. baidu. com/s? id=1802981492372637713&wfr=spider&for=pc.

③ 国务院国有资产监督管理委员会．新华社：6 年来 4 家央企总部和超 150 家子企业落户雄安新区［EB/OL］.（2023-04-17）［2023-05-12］. http：//www. sasac. gov. cn/n2588025/n2588139/c27699795/content. html.

④ 足迹丨雄安商务服务中心正着力打造新区活力新引擎［EB/OL］.（2023-05-18）［2023-05-19］. http：//www. xiongan. gov. cn/2023-05/18/c_1212189170. htm.

家顾问等高层次人才近 300 名，新增城镇创新创业人口 8 000 余人①。雄安新区加速高端高新技术产业的布局。2024 年，雄安新区高新技术企业达到 323 家，同比增长 47.5%；国家级科技型中小企业 404 家，同比增长 20.6%；省级科技型中小企业达到 789 家；专精特新企业达到 78 家，同比增长 85.7%，专精特新“小巨人”企业实现零的突破②。雄安新区的产业互联网服务平台自上线以来，已注册企业 3 111 家。2022 年全年完成跨境电商业务 744 笔。农村低保标准提高到 6 600 元/(人·年)，农村特困标准提高到 8 580 元/(人·年)③。

截至 2023 年初，雄安新区道路运营里程达到 267 公里，在建里程 306 公里，合计 573 公里；综合管廊已投入运营里程 92.4 公里，在建里程 40.66 公里，合计 133.06 公里。新开行公交线路 10 条，总运营里程达到约 190 公里，有效覆盖容东、容城、容西、雄东 A 社区等各片区④。

二、分县地理条件与发展概况

雄安新区主要包括雄县、容城县、安新县。本节分别从历史沿革、地理条件及经济发展三个方面对三县的基本情况做一个简单的概述，有助于深入了解雄安新区的全貌。

（一）雄县

雄县古称“瓦桥关”，是宋代名将杨六郎镇守的“三关”之一。后周显德六年（959 年）世宗亲征伐辽，收复瓦桥关置雄州，“雄”名源于此。雄县是“中国温泉之乡”、“中国古地道文化之乡”和“中国软包装产业基地”。

雄县位于河北省平原地区的中部，距离北京市 108 公里、天津市 100 公

① “数说”雄安：2022 年雄安“成绩单”[EB/OL].（2023-01-01）[2023-02-16]. https://baijiahao.baidu.com/s?id=1753737815555899057&wfr=spider&for=pc.

② 【雄安之声】20240116 [EB/OL].（2024-01-16）[2024-02-11]. http://www.xiongan.gov.cn/2024-01/16/c_1212328025.htm.

③ “数说”雄安：2022 年雄安“成绩单”[EB/OL].（2023-01-01）[2023-02-16]. https://baijiahao.baidu.com/s?id=1753737815555899057&wfr=spider&for=pc.

④ “数说”雄安：2022 年雄安“成绩单”[EB/OL].（2023-01-01）[2023-02-16]. https://baijiahao.baidu.com/s?id=1753737815555899057&wfr=spider&for=pc.

里、保定市城区约 40 公里、石家庄市 175 公里。东依霸州市，南部、东南部隔大清河与任丘市、文安县相望，西南隔白洋淀与安新县相连，西部与容城县相接，西北与高碑店市毗邻，东北与固安县接壤。从地形地貌来看，雄县地势呈西南东北走向，东北高，西南低，以平原为主。雄县属温带大陆性气候，四季分明，年平均气温 12.5℃，平均年降水量 600 毫米左右。

雄县隶属于河北省保定市，由雄安新区托管。截至 2023 年 10 月，全县共辖 8 镇、4 乡、1 片区，总面积 677.55 平方公里。第七次全国人口普查数据显示，雄县总人口为 478 553 人。2020 年末，人口出生率为 12‰，死亡率为 15.7‰，人口自然增长率为−3.7‰。2023 年，全县地区生产总值 132.09 亿元，同比增长 19.3%；财政收入 11.79 亿元，同比增长 15.9%；一般公共预算收入 5.03 亿元，同比下降 19.2%；社会消费品零售总额 46.1 亿元，同比增长 4.8%；城镇居民人均可支配收入 41 825 元，同比增长 6.0%；农村居民人均可支配收入 23 450 元，同比增长 7.2%①。

（二）安新县

安新县位于河北省中部，东与雄县、任丘市相连，南与高阳县接壤，西与保定市清苑区、徐水区交界，北与容城县毗邻。安新县在战国初期为燕国辖域。民国三年（1914 年），安县（安州）与新安各取其名之首字合并为安新县，属直隶省保定道。2017 年 4 月 1 日，中共中央、国务院印发通知，决定设立河北雄安新区，安新县属雄安新区管理范围。

安新县地处暖温带半湿润大陆性季风气候，四季分明，年平均气温 12.2℃。总地势自西北向东南略有倾斜，地势平坦，西半部最高海拔 10 米，东半部最低海拔 5.5 米。地势较高的土壤发育成褐土，地势较洼的土壤发育成潮土。安新县水资源丰富，县境内的白洋淀是大清河水系重要的水利枢纽，连接较大水库 5 座（王快水库、西大洋水库、安格庄水库、龙门水库、瀑河水库），下注渤海，流域面积 3.12 万平方公里，是海河流域重要的蓄滞洪区。同时，安新县拥有丰富的土地资源，截至 2011 年，安新县耕地总面积为 488 998.2 亩，建设用地面积 132 922.7 亩，未利用土地面积 394 186.0 亩。2020 年，安新县常住人口为 453 723 人。2019 年，安新县地区生产总值为 666 851 万元，三次产业的比例为 13.0∶38.4∶48.6，一般公共预算收入

---

① 雄县人民政府．经济指标［EB/OL］.（2024－04－18）［2024－04－25］. http：//www.xiongxian.gov.cn/ejzjxx－167－30.html.

28 929 万元，一般公共预算支出 336 536 万元。

（三）容城县

容城自秦置县，属上谷郡，初名“桑丘”或“宜家”，汉景帝中元三年（公元前 147 年）设容城侯国，被省政府认定为“千年古县”。容城历史悠久，文化底蕴深厚，境内有上坡新石器时期“磁山文化”“龙山文化”遗址，元初著名学者刘因、明朝忠烈杨继盛、清初大儒孙奇逢被誉为“容城三贤”。容城县亦是狼牙山五壮士中胡德林、胡福才的故乡。

容城县地处冀中平原中部，属温带大陆性季风气候，四季分明，土层深厚，地形开阔，植被覆盖率很低。全年平均气温 11.9℃，平均年降水量为 522.9 毫米，海拔 7～19 米。容城水资源丰富，全县地表水资源年平均为 2 599 万立方米，地下水资源可利用量为 7 139 万立方米。全县总面积 314 平方公里，辖 5 镇、3 乡、2 片区。2024 年，容城县常住人口 34.38 万人，其中农村人口 7.74 万人，城镇人口 26.64 万人。2023 年，全县地区生产总值 158.2 亿元，同比增长 21.9%，在雄安新区排名第一；一般公共预算收入 4.4 亿元，同比增长 36.5%；固定资产投资 12.61 亿元，同比增长 8.0%；社会消费品零售总额 30.3 亿元，同比增长 12.8%；城市居民人均可支配收入和农村居民人均可支配收入分别为 36 188 元、23 966 元，同比分别增长 5.6% 和 5.9%①。

三、雄安新区大事记

2014 年 2 月 26 日，习近平总书记在听取京津冀协同发展工作汇报时作了重要指示，京津冀协同发展逐渐上升为国家战略。

2015 年 4 月 2 日和 4 月 30 日，中共中央政治局常委会会议和中共中央政治局会议研究《京津冀协同发展规划纲要》。

2016 年 5 月 27 日，中共中央政治局会议审议了《关于规划建设北京城市副中心和研究设立河北雄安新区的有关情况的汇报》，“雄安新区”首次出现在汇报稿的标题之中。

---

① 容城县人民政府．容城县县情概况［EB/OL］．（2024－03－18）［2024－04－15］．https：//www.hbrc.gov.cn/news/00－80－67－1－1/2801.html.

2017 年 2 月 23 日，中共中央总书记、国家主席、中央军委主席习近平到河北省安新县进行实地考察，主持召开河北雄安新区规划建设工作座谈会。4 月 1 日，中共中央、国务院印发通知，决定设立河北雄安新区。

2017 年 6 月，中国共产党河北雄安新区工作委员会、河北雄安新区管理委员会获批设立，为中共河北省委、河北省人民政府派出机构。

2017 年 7 月 18 日，中国雄安建设投资集团有限公司正式成立。10 月，国家工商总局在官网公布《关于支持河北雄安新区规划建设的若干意见》，其中提出将依法对“雄安”字样在企业名称核准中予以特殊保护，“河北雄安”作为行政区划使用。

2018 年 4 月，中共中央、国务院批复了《河北雄安新区规划纲要》。设立河北雄安新区，是以习近平同志为核心的党中央深入推进京津冀协同发展做出的一项重大决策部署，是重大的历史性战略选择，是“千年大计、国家大事”。

2018 年 12 月，经党中央、国务院同意，国务院正式批复《河北雄安新区总体规划（2018—2035 年）》。

2019 年 1 月 24 日，《中共中央 国务院关于支持河北雄安新区全面深化改革和扩大开放的指导意见》发布。

2019 年 2 月 1 日，雄安新区首个永久性水利工程——白洋淀引黄泵站启动。

2019 年 2 月 20 日，雄安商务服务中心项目公开招标。

2019 年 5 月 17 日，《河北雄安新区启动区控制性详细规划》与《河北雄安新区起步区控制性规划》对外公示，公示日期 30 天，自 2019 年 6 月 1 日至 2019 年 6 月 30 日。

2019 年 8 月 30 日，中国（河北）自由贸易试验区正式揭牌，雄安新区设中国（河北）自由贸易试验区雄安片区。

2019 年 12 月，雄安新区入选首批交通强国建设试点地区。

2019 年底，《河北雄安新区起步区控制性规划》和《河北雄安新区启动区控制性详细规划》获批。

2020 年 3 月 31 日，雄安区块链实验室正式揭牌。

2020 年 10 月 30 日，雄安城市计算（超算云）中心正式开工建设。

2020 年 12 月 27 日，（北）京雄（安）城际铁路全线开通运营，亚洲最大火车站雄安高铁站投入运营。

2021 年 3 月，雄安新区发布《关于加快聚集支撑疏解创新创业新人才的实施方案》，启动实施“雄才计划”。

2021 年 4 月，雄安新区至北京大兴国际机场快线（R1 线）完成 EPC 设计施工总承包招标工作，计划于 2023 年 12 月底全线轨通。

2021 年 4 月 28 日，中国卫星网络集团有限公司在雄安新区揭牌，成为首家注册落户雄安新区的中央企业。

2021 年 5 月 29 日，雄安新区京雄高速公路河北段、荣乌高速新线、京德高速公路一期工程建成通车，“四纵三横”雄安新区对外高速公路骨干路网全面形成。

2021 年 11 月 9 日，雄安容东片区 G2 组团安置房开始交付，雄安新区首批回迁居民实现“安居梦”。

2022 年 1 月 9 日，自 1988 年恢复蓄水有监测记录以来，白洋淀首次实现全域Ⅲ类水，步入全国良好湖泊行列。

2022 年 1 月 17 日，河北省政府工作报告称，2022 年要高标准高质量建设雄安新区。

2023 年 3 月 18 日，《河北雄安新区机动车上牌管理暂行办法》正式印发，这标志着“冀 X”牌照落地雄安新区，对保障北京非首都功能疏解以及吸引创新创业人才、优化营商环境具有重要意义。

2023 年 5 月 10 日，中共中央总书记、国家主席、中央军委主席习近平在河北省雄安新区考察，主持召开高标准高质量推进雄安新区建设座谈会，并发表重要讲话。

参考文献

［1］雄安新区改革发展局，雄安新区第七次全国人口普查领导小组办公室．雄安新区第七次全国人口普查公报［R］，2021.

［2］383 个项目、6712 亿元、184 平方公里……“未来之城”雄安新区活力涌动［EB/OL］.（2024－06－27）［2024－07－13］. https://baijiahao.baidu.com/s?id=1802981492372637713&wfr=spider&for=pc.

［3］国务院国有资产监督管理委员会．新华社：6 年来 4 家央企总部和超 150 家子企业落户雄安新区［EB/OL］.（2023－04－17）［2023－05－12］. http://www.sasac.gov.cn/n2588025/n2588139/c27699795/content.html.

［4］足迹丨雄安商务服务中心正着力打造新区活力新引擎［EB/OL］.（2023－05－18）［2023－05－19］. http://www.xiongan.gov.cn/2023-05/18/c_1212189170.htm.

［5］“数说”雄安：2022 年雄安“成绩单”［EB/OL］.（2023－01－01）［2023－02－16］. https://baijiahao.baidu.com/s?id=1753737815555899057&wfr=spider&for=pc.

［6］【雄安之声】20240116［EB/OL］．（2024－01－16）［2024－02－11］．http：//www. xiongan. gov. cn/2024－01/16/c_1212328025. htm.

［7］雄县人民政府．经济指标［EB/OL］．（2024－04－18）［2024－04－25］．http：//www. xiongxian. gov. cn/ejzjxx－167－30. html.

［8］容城县人民政府．容城县县情概况［EB/OL］．（2024－03－18）［2024－04－15］．https：//www. hbrc. gov. cn/news/00－80－67－1－1/2801. html.

第三章 雄安新区发展规划与发展现状

本章概述了雄安新区的发展规划与发展现状。首先，对雄安新区的城市规划和产业规划进行阐述；随后，分析雄安新区规划纲要的特色；接着，对雄安新区的发展现状进行评价，分析雄安新区在城市框架、交通路网、公共服务、产业承接、生态城市、人口聚集等方面的发展成效；然后，分析雄安新区面临的机遇与挑战；最后，提出雄安新区高质量发展的思路。

一、雄安新区规划概述

2018 年中共河北省委、河北省人民政府发布了《河北雄安新区规划纲要》（以下简称《纲要》），明确了雄安新区规划建设的基本思路、功能定位、重点任务，为雄安新区建设提供了根本遵循。下面分别对城市规划和产业规划进行详细阐述，并对当前的产业发展和城市发展现状进行评价。

（一）城市规划

《纲要》提出了“一主、五辅、多节点”的城乡空间格局。“一主”即起步区，选择容城、安新两县交界区域作为起步区，是新区的主城区，主要是集中承接北京非首都功能疏解。起步区内根据地形地貌、水文条件、生态环境等因素，形成“北城、中苑、南淀”的总体空间格局。“北城”即地势较高的北部区域，集中布局五个城市组团，各组团功能完整，空间疏密有度，组团之间由绿廊、水系和湿地隔离。“中苑”是地势低洼的中部区域，恢复历史上的大溵古淀，结合海绵城市建设，营造湿地与城市和谐共融的特色景观，形成体现历史传承、文明包容、时代创新的新区风貌。“南淀”即南部临淀区

域，利用白洋淀生态资源和燕南长城遗址文化资源，塑造传承文化特色、展现生态景观、保障防洪安全的白洋淀水岸线。起步区内部先行规划建设启动区，面积为20～30平方公里，人口密度为10 000人/平方公里。启动区主要是承接北京非首都功能疏解，集聚了互联网、大数据、人工智能、信息技术、生物技术、总部经济等高端创新要素。起步区作为雄安新区的核心，要优化优质公共服务供给、加强生态环境建设、打造韧性安全的城市基础设施、精心塑造城市特色，形成宜居宜业的现代化城市风貌，在新区开发建设上发挥引领带动作用。

“五辅”即雄县、容城、安新县城及寨里、昝岗五个外围组团，要全面提质扩容雄县、容城两个县城，优化调整安新县城，建设寨里、昝岗两个组团，与起步区之间建设生态隔离带，形成对主城区的支撑。

“多节点”即若干特色小城镇和美丽乡村，是新区实现城乡统筹和乡村振兴的主要载体，在新区内相对均衡分散布局，形成点状布局形态，促进城乡一体化发展。

（二）产业规划

雄安新区作为北京非首都功能疏解的集中承接地，除了加强自身产业发展之外，还要承接北京非首都功能疏解。因此，雄安新区的产业发展也分为两部分：一是承接北京非首都功能疏解；二是选择发展重点产业，增强造血功能。按照产业发展的顺序应该先发展前者，再发展后者。

1. 承接北京非首都功能疏解

按照《纲要》，在高等学校和科研机构方面，雄安新区重点承接著名高校在新区设立的分校、分院、研究生院等，承接国家重点实验室、工程研究中心等国家级科研院所、创新平台、创新中心。在医疗健康机构方面，重点承接高端医疗机构在雄安新区设立的分院和研究中心，加强与国内知名医学研究机构的合作。在金融机构方面，承接银行、保险、证券等金融机构总部及分支机构，鼓励金融骨干企业、分支机构开展金融创新业务。在高端服务业方面，重点承接软件和信息服务、设计、创意、咨询等领域的优势企业，以及现代物流、电子商务等企业总部。在高新技术产业方面，重点承接新一代信息技术、生物医药和生命健康、节能环保、高端新材料等领域的央企以及创新型民营企业、高成长性科技企业。支持中关村科技园在雄安新区设立分园区。

2. 重点发展产业

雄安新区利用承接到的优势资源布局一些重点产业，构建自身产业体系，

增强造血能力，打造创新驱动发展引领区。雄安新区的重点发展产业包括新一代信息技术产业、现代生命科学和生物技术产业、新材料产业、高端现代服务业和绿色生态农业。这些产业基本上符合当前产业革命对科技含量和产品价值量的要求，属于未来具有竞争力的产业。

具体来看，这些产业也都是在承接产业的基础上发展起来的。新一代信息技术产业就是利用高校研究院、国家重点实验室、软件和信息服务企业共同发展起来的，重新厘清产学研的合作关系，充分发挥高校的科研优势、国家的资金优势和企业的市场优势。高端现代服务业是基于现代化城市定位而来的，从北京转移来的金融机构需要发展，必然与电子商务、信息物流等现代服务业的发展方向一致，在推进现代服务业集聚、提升服务业发展质量、打造创新高地方面发挥重要作用。同时，创新高地的发展也势必会衍生出创意设计、会展咨询、法律会计等辅助性服务业。整个产业体系是基于北京疏解出来的高端产业发展起来的，起点较高、速度较快。

城市空间布局决定产业空间布局。从城市空间分布来看，起步区作为雄安新区的主城区和创新发展的重点示范区，也是北京非首都功能疏解的集中承载区，重点是构建一流的承接平台、提供完善的基础设施和公共服务，重点承接北京疏解的事业单位、总部企业、金融机构、高等院校、科研院所等。重点发展人工智能、信息安全、量子技术、超级计算等尖端技术产业，建设国家医疗中心。五个外围组团城市与起步区之间分工协作，按功能定位承接北京非首都功能疏解，重点布局电子信息、生命科技、文化创意、军民融合、科技研发等高端高新技术产业，以及支撑科技创新和产业发展的基础设施。周边特色小城镇则因地制宜，有序承接北京非首都功能疏解，布局形成各具特色的产业发展格局。北部小城镇主要以高端服务、网络智能、军民融合等产业为特色。南部小城镇主要以现代农业、生态环保、生物科技、科技金融、文化创意等产业为特色。总体来看，雄安新区主要以高端高新技术产业和技术密集型产业为主，这与雄安新区作为创新发展引领区的定位相符合。但是，雄安新区过去主要以劳动密集型产业为主，产业处在价值链低端环节，产业基础薄弱，本地产业面临转型升级的任务，因此，承接北京非首都功能疏解对雄安新区来说既是机遇也是挑战。

（三）发展评价

雄安新区是继深圳经济特区和上海浦东新区之后又一具有全国意义的新区，也是京津冀一体化这盘大棋的重要一步，战略定位极高。与其他新区相

比较，雄安新区体现出以下特点：

第一，空间布局更多考虑承接非首都功能。按照北京“四个中心”的定位，北京的城市功能分为以下四类：首都中心功能、首都配套功能、城市非基本功能、首都冗余功能。其中，首都冗余功能是指与首都功能没有必然联系、也非城市运行所必需的某些职能，如高校的多个校区、非国家内政外交部门及其下属事业单位、银行等金融机构的总部及其分支机构、信息服务与现代物流企业、生物制造与新材料企业、“三高三低”① 工业企业、民营科技型企业等。同时，为缩小首都与非首都地区的资源水平差异，一些高端的医疗机构、国家重点实验室、工程研究中心等也应适当疏解出来。

纵观各国发展历史，建设新城是减轻核心区人口承载力、疏解非首都功能、治理“大城市病”的重要途径。从伦敦、巴黎、东京、纽约的历史经验看，新城建设是大城市发展的必然过程，在一定程度上分流了主城区的新增人口，并促进了城市空间布局从单中心发散格局向多中心网络格局转变。单中心发散格局容易造成城市空间以“摊大饼”的方式向四周无序蔓延，导致产业和公共服务集中在核心区而人口居住在外围地区的职住分离现象发生。而多中心网络格局可有效平衡城市产业和公共服务布局，优化城市空间布局，提升资源配置效率，促进区域协调发展。当前，京津冀空间结构表现为“单核辐射”，城镇体系存在断层，超大城市与中小城市处于割裂状态，不利于要素传导与构建完整的产业链，亟须打造新的枢纽来优化京津冀城市空间布局。雄安新区的建设将优化京津冀城镇体系，促进京津冀形成大、中、小城市协调发展的格局和多中心、网络化的城镇空间格局②。

第二，将“生态优先”的理念纳入空间规划。雄安新区接纳北京对高校、科研院所、金融机构和部分企业的疏解，对“三高三低”工业企业实行分类处理。一部分重化工业，如采矿业、化工行业等，实施合并甚至淘汰；一部分轻工业和水电供应业，如食品制造业，实施转型升级处理；最后一部分能发挥雄安新区本地优势且低污染的行业进行转移承接，如纺织服装业、医药制造业等。具体而言，承接类型包括部分高校分校、科研院所、医院分院、金融机构总部及分支机构、高端服务业及新一代高新技术企业等。这些机构的共同特点就是绿色、低碳、高科技、低能耗。

第三，将高技术产业作为发展重点。雄安新区产业发展分为两部分：一

---

① 指高投入、高耗能、高污染，低产出、低效益、低质量。

② 刘佳骏．国外典型大都市区新城规划建设对雄安新区的借鉴与思考［J］．经济纵横，2018（1）：114－122.

部分来自承接北京疏解的非首都功能；另一部分是自身选择发展的重点产业。雄安新区在启动区发展的同时，还利用承接到的优势资源布局一些重点产业，主要包括新一代信息技术产业、现代生命科学和生物技术产业、新材料产业、高端现代服务业和绿色生态农业。这些产业科技含量高、环境污染少、发展潜力大，属于未来具有竞争力的产业。

秉持生态立区的先进理念，雄安新区还拥有发展现代农业体系的天然优势，包括生物科技、花卉种植、观光农业和都市农业等。在人工智能逐步发展起来的今天，农业现代化与城镇化并不背离，反而能提高城镇化的质量，使人回归到自然，使城市变得更宜居。雄安新区在城市发展上的创新之处，还在于其与北京中心城区、通州城市副中心在功能上的分工和错位发展。雄安新区将推动京津冀充分发挥各自的比较优势，促进形成京津冀目标同向、措施一体、优势互补、互利共赢的协同发展新格局。北京是行政功能和公共服务功能的叠加性聚集，对行政功能以及部分对集聚发展要求较高的产业，可采用集中疏解的方式，有效发挥规模效应，弥补市场的不足。

二、雄安新区规划纲要的特色

《纲要》分十个篇章，分别从空间布局、城市风貌、生态环境、产业发展、公共服务、交通网络、智能技术、城市安全等方面，描绘了一座高起点规划、高标准建设的新时代宜居之城的发展蓝图。《纲要》的编制，充分体现了用新体制、新理念和新方法进行规划建设的思想，树立起了城市高质量发展的全国样板。以下是雄安新区规划纲要的特色。

（一）体现以“人民为中心、城市服务于人”的发展理念

为满足人民群众对未来城市高质量发展在生态环境、就业空间、居住空间、健康娱乐、出行方式等方面的需求，《纲要》从三个方面诠释了“城市服务于人”的发展理念。一是清新优美的生态环境。《纲要》规定蓝绿空间占比稳定在70.0%，从这一量化指标可以看出，绿色发展不是仅仅停留在纸面上，而是将自然资源作为最重要的要素来构建大尺度自然环境与城市的和谐关系。二是宜居宜业的空间环境。《纲要》规定按照功能相对完整、空间疏密有度的要求，将雄安新区划分为尺度适宜的紧凑组团和社区空间。各个组团之间由森林、湿地、绿地等蓝绿系统环绕间隔，组团内部构建功能混合、职住均衡

的空间关系，从而有效解决交通拥堵、环境污染的难题，极大地提升居民日常工作生活的便利性。三是优质共享的公共服务。《纲要》强化公共资源的配置，通过引入国内外优质科、教、文、卫、体等资源，以多层次、全覆盖、人性化为布局标准，建设“城市—组团—社区”三级公共服务设施体系；强化城乡协调发展，布局一体化的公共服务设施；建立多主体供给、多渠道保障、租购并举的住房制度和多元化的住房供应体系等[①]。

（二）生态优先，构建人与自然和谐的命运共同体

《纲要》体现了加强生态文明建设、优化国土空间格局的总体要求。雄安新区以保护和修复白洋淀生态环境为城市规划建设的先决条件，坚持“城水林田淀”一体规划，处理好城淀关系这一核心问题，构建整体国土空间格局。《纲要》提出统筹生产、生活、生态三大空间，划定生态保护红线、永久基本农田、城镇开发边界三条控制线，形成可生长的组团式城乡空间结构和“一主、五辅、多节点”的空间布局。雄安选址于淀泊周边，随形就势形成了“北城、中苑、南淀”的空间格局，蓝绿相隔的组团式布局构建起兼顾防洪排涝、生态涵养和人民休憩功能的生态格局，从形态上避免了城市惯常的“摊大饼”做法，从根本上体现了顺应自然的理念。城在园中、园在城中，3 公里进森林、1 公里进林带、300 米进公园，在筑牢海绵城市基底的同时，实现市民回归自然、诗意栖居的淳朴生活理想。而构建衔接“太行山脉—渤海湾”的生态廊道，形成连山通海的区域生态安全格局，可以更有效地将京津冀之间人与自然互动的城乡体系引入这一生态文明的软性连接中，使得生态空间的管控协同真正具有历史视角和文化属性。

（三）塑造城市特色，传承中华文化基因

中央城市工作会议指出，要加强城市设计，加强对城市的空间立体性、平面协调性、风貌整体性、文脉延续性等方面的规划和管控，留住城市特有的地域环境、文化特色、建筑风格等“基因”。《纲要》以总体城市设计为抓手，以城市设计统领空间秩序、塑造城市特色、传承文化基因，形成兼具中华风范、淀泊风光、创新风尚的城市风貌。特别是在运用中国传统营城理念

---

① 本刊编辑部．《河北雄安新区规划纲要》的新理念、新技术、新方法学术笔谈［J］．城市规划学刊，2018（3）：1－18.

上，充分利用轴线、方城、街坊、园林所构成的城市意象，力求形成天人合一、城景相融的景观特征。文化是城市可持续发展的文脉支撑，也是城市研究和规划绕不开的议题。雄安新区规划将新区作为中华传统营城文化传承的空间载体，因地制宜地构筑了“北城、中苑、南淀”的空间格局，规划了融合一体的城市街区和城市空间轴线，用心探求传承中华传统营城智慧的方法。可以预见，发掘和弘扬文化传承的规划思想在中国的城市空间规划与城市设计领域将产生很大的扩展效应，有助于将城市规划成一个“真正的城市”，返璞归真，回归城市的基本属性。

三、雄安新区发展现状

本节主要分析雄安新区的发展现状。雄安新区自建立以来在城市框架、交通路网、公共服务、产业承接、生态城市、人口集聚等方面均取得了显著成效。

（一）城市框架基本建成

2024 年，雄安新区城市外围骨干交通路网、内部骨干道路体系、生态廊道、水系构成的“四大体系”已建成，城市框架全面拉开。容东片区是以生活居住功能为主的宜居宜业综合城区，整体城市格局已基本建成，学校、医院、超市、公园、养老驿站等配套设施齐全，“15 分钟生活圈”成为社区标配。截至 2024 年 4 月，容东片区已入住 4 万余户、8 万余人，入住率达到 80.0％以上，周边社区食堂、邻里驿站、大型购物中心等一批邻里公共服务设施让居民生活更便捷、更舒心①。容西片区主要的城市交通线路、生态廊道、地下综合管廊都已投入运营，生活配套设施已建成。2024 年 5 月，容西片区安置房二期项目已进入收尾阶段，容西片区二期项目包括 54 个小区、305 栋建筑，共计 15 538 套安置房。随着项目的逐步竣工，将为当地居民提供更多的住房选择，同时也为雄安新区的高质量发展奠定基础。雄东片区首期安置房项目、主干公路已建成，公共服务设施正在有序建设中。昝岗片区已进入稳定开发期，其建设主要围绕雄安高铁站配套设施展开，随着雄安高

① 从蓝图到现实，对比图看雄安 7 年之变［EB/OL］.（2024－04－01）［2024－04－11］. https：//baijiahao. baidu. com/s? id＝1795125334255981883&wfr＝spider&for＝pc.

铁站的建成通车，高铁枢纽片区的重要性进一步提升，一批高新技术企业有望加速落地，昝岗片区将步入产城融合的新起点，高铁枢纽片区的承接疏解能力稳步增强。启动区是雄安新区率先建设的重点区域，各类重点项目建设正有力有序推进中。截至 2024 年 5 月，启动区已累计实施各类项目 120 余个，累计投资超过 1 200 亿元，在建项目 70 个。启动区综合服务中心已建成投用，中国卫星网络集团有限公司、中国中化控股有限责任公司、中国华能集团有限公司总部主体建设基本完成。北京支援雄安建设的北京四中雄安校区、雄安史家胡同小学、雄安北海幼儿园已经投入使用，雄安宣武医院已开诊运行，城市地标性建筑群逐步凸显，启动区疏解承载能力稳步提升。

（二）交通路网基本形成

雄安新区对外交通路网已全部打通。“四纵两横”中的（北）京雄（安）城际铁路已全线开通运营，线路全长 91 公里，从雄安新区出发 20 分钟可到达北京大兴国际机场，从雄安站到北京西站最快只需约 50 分钟[①]，雄安新区已融入京津冀城际铁路网，雄安新区与北京、天津的“半小时通勤圈”已建成。（北）京雄（安）高速已于 2023 年底通车运营，从北京南五环驾车出发，60 分钟即可到达雄安新区，比原先节省了 30 分钟，是连接北京与雄安新区最重要的快速交通走廊，推动雄安新区进一步融入“轨道上的京津冀”。

雄安新区内部骨干路网体系基本形成，环城外围道路实现基本闭合，综合管廊等配套设施也基本成型。截至 2022 年底，新区新建道路 573 公里，新建地下管廊 136 公里，容西、雄东等配套管廊正式投入运营。雄安新区外围交通环线全长 90 公里，内环线全长约 52 公里，雄安新区内外环线基本实现闭环。外环交通已将郊野公园、容城、昝岗、雄县、起步区、容西片区连通；内环交通已实现启动区、起步区、雄县组团、昝岗组团、高铁枢纽片区的连通。启动区内部“四梁八柱”的骨干交通路网已于 2021 年底基本建成。随着启动区 EB4 以北道路的收尾，启动区的内外部骨干路网体系基本形成。启动区内骨干路网将区内的教育、文化、医疗等公共设施、生态景观串联在一起，为下一步承接疏解产业奠定了良好基础。

雄安高铁站已于 2020 年 12 月建成通车。作为亚洲最大的高铁站，雄安站总建筑面积 47.52 万平方公里，相当于 6 个北京站，有 66 个足球场大小，

① 雄安“四纵两横”区域高速铁路交通网络加速建设［EB/OL］.（2023－02－28）［2023－03－13］. https：//baijiahao. baidu. com/s? id＝1759075807697504824&wfr＝spider&for＝pc.

站场总规模 13 台 23 线，可通过高铁直达北京、天津、石家庄等京津冀主要城市。雄安站的建成进一步完善了京津冀高速铁路网结构，为有效承接北京非首都功能疏解提供了有力支撑，将有效助力雄安新区加快产业聚集，使雄安新区成为驱动京津冀协同发展的新引擎。

（三）公共服务逐渐完善

目前，雄安新区按照总体规划部署着力构建“城市—组团—社区”三级公共服务设施体系，各领域均取得了不同程度的进展。一是教育资源有效衔接。目前，雄安北海幼儿园、雄安史家胡同小学和北京四中雄安校区相继竣工，并于 2023 年 9 月全部顺利开学，招生对象以北京非首都功能疏解单位人员随迁子女为主。2023 年 10 月 8 日，北京市教委、天津市教委、河北省教育厅共同签署了《京津冀教育协同发展行动计划（2023 年—2025 年）》（以下简称《行动计划》）。《行动计划》提出要积极支持雄安新区教育质量提升发展。京津通过派驻优秀管理团队、加强资源共享等，实现基础教育领域各学段全覆盖。其中，北京市继续支持“建三”[①] 学校提升办学水平，协同保障幼儿园、小学、中学办学，并发挥示范引领作用，启动“援四”[②] 学校（幼儿园）新一轮援助计划。深化北京市丰台区职业教育中心学校、北京金隅科技学校与雄安新区三县职教中心合作办学，提升雄安新区职业教育水平[③]。从学校数量来看，截至 2023 年 6 月，雄安新区新建片区开办学校 29 所，招聘教师 1 700 余人，与 2021 年相比较，学校数量和教师规模大幅增长，有力地保障了回迁群众的教育需求[④]。从师资力量来看，为做好三校教师轮训工作，京雄两地通过组织雄安教师到北京跟岗培训、派业务骨干上门服务、共享课程资源等形式，加强两地教师的互动交流，为学校建设、教师发展、学生成长提供坚实支撑。同时，学校也在不断完善教育制度，构建现代化教育体系。雄安新区教育发展基金会的成立是雄安新区创新教育发展体制机制、加快构建现代化教

① “建三”是指北京援建雄安新区的三所学校，分别是雄安北海幼儿园、雄安史家胡同小学和北京四中雄安校区。

② “援四”是指北京第八十中学援助雄安容和第一高级中学和兴贤初级中学办学，朝阳实验小学援助雄安云溪小学办学，中关村第三小学、北京市六一幼儿院援助雄安新区办学。

③ 京津冀签署教育协同发展行动计划 多措提升雄安新区教育质量［EB/OL］.（2023-10-09）［2024-01-06］. https://baijiahao.baidu.com/s?id=1779253090843099957&wfr=spider&for=pc.

④ 百度智能云，百度研究院商业智能实验室．未来之城 雄姿初显：雄安新区 2022 年大数据研究报告［R］，2023.

育体系的众多举措之一。截至2023年9月，雄安新区教育发展基金会共募集资金2 044万元，已用于教师节表彰奖励和学生资助、奖励等教育公益项目支出552万元（含物资），成为国家补助的有益补充。二是医疗服务稳步落地。2022年，雄安新区回迁安置群众众多，一批民生保障配套设施交付使用，特别是药店和诊所数量显著增加，有效保障了居民的日常生活。雄安宣武医院是北京市支持雄安新区建设的"三校一院"交钥匙工程之一，也是雄安新区首座三甲医院，医院一期已于2023年10月16日正式运行。截至2024年4月，医院二期已完成封顶，处于二次结构及机电安装施工阶段。作为启动区的区域医疗中心，雄安宣武医院肩负着新区医疗、教学、科研、预防、保健、康复等多重使命，为新区及周边居民提供高质量、全方位的优质医疗服务。

（四）产业承接有序落地

雄安新区是继深圳经济特区和上海浦东新区之后又一具有全国意义的新区，其设立是集中疏解北京非首都功能、探索人口经济密集地区优化开发新模式、调整优化京津冀城市布局和空间结构、培育创新驱动发展新引擎的历史性战略选择①。因此，承接北京非首都功能疏解是雄安新区的基本定位。2022年，雄安新区承接疏解产业有序落地，产业发展起步良好，非首都功能集中承载地加速形成。截至2023年，先后有63家中央企业投身于雄安新区建设，4家央企总部和150家子企业落户雄安新区。其中包括中国中化控股有限责任公司、中国华能集团有限公司、中国矿产资源集团有限公司、中国船舶重工集团有限公司等中央企业及各类金融机构。2023年以来，雄安新区承接引进中央企业二、三级子公司超40家，注册资本超过了130亿元，无论是企业数量还是企业质量都得到了较大提升②。北京交通大学、北京科技大学、中国地质大学（北京）、北京林业大学等4所高校已入驻雄安新区，将为新区发展注入源源不断的动力。迁入企业促进了雄安新区传统产业的转型升级和产业集群的形成。中国铁路工程集团有限公司产业集群是雄安新区入驻的首个央企产业集群，此次入驻，除了要投资建设中铁雄安基地，打造雄安区域总部外，还将有6家子公司整体迁入。子公司包含了专业投资、建筑施工、

① 李国平，宋昌耀．雄安新区高质量发展的战略选择［J］．改革，2018（4）：47－56.

② 央企总部疏解成绩单：超40家央企落户雄安新区｜2023中国经济年报［EB/OL］．（2023－12－27）［2024－01－08］．https：//baijiahao.baidu.com/s?id＝1786421167270075496&wfr＝spider&for＝pc.

咨询设计、数字数创机构等，具有直接形成高端产业链的能力。因此，中铁产业集群的整体入驻带来的是产业链、产业集群的发展，对雄安新区经济社会发展具有直接的辐射带动作用。从行业分类来看，新区引入的企业主要包括信息技术与智慧科技、基础设施建设、绿色生态、电力与新能源、现代金融服务五大类，属于雄安新区要着力发展的高端高新产业，符合雄安新区“创新驱动发展引领区”的战略定位①。此外，雄安新区承接疏解载体的水平逐渐提升。雄安商务服务中心是雄安新区承接北京非首都功能疏解的首个综合产业载体，其紧紧围绕雄安新区“5＋6”产业方向，明确金融服务、数字经济、高端服务三大产业定位，重点承接具有带动效应的龙头企业，打造财富中心、数创中心、服贸中心三大中心。截至 2023 年 5 月，已累计对接企业 200 余家，40 余家企业完成签约入驻，以金融、现代服务、数字经济为主题的产业集群正逐步形成②。

（五）生态城市初具规模

雄安新区从规划起步，始终坚持走生态优先、绿色发展之路。雄安新区设立以来，以铁腕治污，展开蓝天保卫战、净土行动、水污染防治攻坚战等，促进了雄安新区生态环境质量的持续改善。一是白洋淀焕发出勃勃生机。7 年来，雄安新区通过生态补水、湿地改造、污染防治等多种方式，持续改善区内水域的生态环境，逐渐形成了一幅蓝绿交织、水城共融的生态画卷。通过引黄入冀、南水北调以及上游王快水库等，每年为白洋淀补水 3 亿至 4 亿立方米。2017 年前，白洋淀水质曾是污染严重的劣Ⅴ类，经过综合实施清淤疏浚、退耕还淀、百淀联通、生态补水等举措，2022 年白洋淀淀区及上游有水入淀河流水质均达到Ⅲ类及以上标准，为近 10 年来的最好水平。生物多样性逐渐提升，2022 年白洋淀野生鸟类、鱼类分别增加至 286 种、46 种，较雄安新区设立前分别增加了 80 种和 19 种，跻身全国良好湖泊行列。2022 年以来，雄安新区实施了 84 个白洋淀生态环境治理重点项目，已完成生态补水 9.33 亿立方米，完成生态清淤三期等重点项目，白洋淀水体面积较 2021 年增长了 12.0％。二是雄安新区“无煤区”建设目标基本实现。2017 年以来，新区完

① 张贵，夏馨．雄安新区产业承接与发展路径的战略性思考［J］．金融理论探索，2022（3）：30－37.

② 足迹丨雄安商务服务中心正着力打造新区活力新引擎［EB/OL］．（2023－05－18）［2023－06－17］．http：//www.xiongan.gov.cn/2023－05/18/c_1212189170.htm.

成清洁取暖 37 万多户，其中气代煤 31 万户、电代煤 6 万多户[①]。“无煤区”建设和污染物排放的控制，使得新区秋冬季空气质量明显改善，2022 年全年空气优良天数达到 303 天，增加天数主要集中在冬季，全年空气优良天数占比超过 83.0%。三是雄安新区全力打造人与自然和谐共生的生态典范城市。2017 年 11 月 13 日，雄安新区在“千年秀林”9 号地块栽下第一棵树，截至 2023 年，雄安新区已累计植树造林 47 万亩，各类造林绿化面积累计达到 73 万亩，森林覆盖率由 11.0%提升至 34.0%。2022 年，启动区植被覆盖率已达到 64.47%，启动区的中央绿谷及东部溪谷工程取得突破性进展；郊野公园植被覆盖率提升至 91.34%，湖心水体保持良好状态，植被绿化更加完善；悦容公园内景观工程面积扩大，绿化面积成倍增长，南北生态廊道基本形成。未来，雄安新区蓝绿空间占比将稳定在 70.0%。四是打造形成“无废城市”样板。雄安新区是全国首批“无废城市”建设试点，将绿色发展示范作为重要内容，统筹考虑包括“无废雄安”在内的水、大气、固体废物、土壤环境治理，创新环境治理的新模式和新机制，树立京津冀协同发展的绿色示范高地。2022 年，白洋淀区域已实现生活垃圾收运处理体系覆盖率 100%，完成新建户厕 22 240 座、改建户厕 4 030 座、新建公厕 130 座，完成 12 个美丽乡村创建任务，“无废城市”制度体系逐步完善。

（六）人口集聚初显成效

2022 年底，雄安新区常住人口为 131.74 万人，比 2010 年增加 26.23 万人，年均增加约 2.2 万人。从雄安新区设立前后两个阶段进行对比分析，2016 年底，容城、安新、雄县 3 县的常住人口为 109.24 万人，比 2010 年增加 3.73 万人，年均增幅为 0.62 万人，年均增速为 0.58%。2017 年，雄安新区设立后，常住人口增长明显加速，截至 2022 年，6 年增加 22.5 万人，年均增幅为 3.75 万人，年均增速为 3.17%。由此可见，2017—2022 年雄安新区常住人口年均增幅是 2010—2016 年的 6.05 倍，年均增速是后者的 5.47 倍，说明雄安新区设立后的重大政策和项目布局落地，为当地带来了经济社会发展的利好，对北京的人才引流作用初见成效，人口集聚效应明显。从人口吸引力指数[②]来看，2022 年，雄安新区人口吸引力指数基本稳定在 0.7，2 月份

① 孙久文，韩瑞姣．高标准、高质量推进雄安新区建设：学习《习近平关于城市工作论述摘编》[J]．城市问题，2023（3）：4－11.

② 人口吸引力指数＝当月区域内新增常住人口数/区域内常住人口总数。

和 3 月份出现了较大波动，主要是受疫情和春节的双重影响。总体看来，雄安新区人口吸引力整体保持稳定。从人口流动趋势分析，2022 年，雄安新区省内流动人口占比为 51.0%，跨省流动人口占比为 49.0%，说明雄安新区人口流动仍然以省内流动为主。与 2021 年相比较，省内流动人口占比下降了 17.41 个百分点，跨省流动人口占比增加了 17.41 个百分点，北京和天津人口流动占比分别为 10.0%和 4.0%，说明雄安新区对省外人口的吸引力逐渐提升，由此可见雄安新区承接疏解初见成效，对京津地区的人口引流作用不断增强。从人口密度看，2022 年容东、容西和雄东等几个重点集中建成区域的人口密度均有一定程度的增加。特别是容东片区，作为新区首个大规模建成区，人口密度已经接近容城县城的水平，变化显著。

四、雄安新区面临的机遇与挑战

本节主要分析雄安新区面临的机遇与挑战。新一轮北京非首都功能疏解和建设京津冀国家科技创新中心为雄安新区带来了新机遇。同时，雄安新区也面临着以下困境：基础设施面临巨大资金缺口；产业基础薄弱，造血机制不足；新兴产业发展需要“平地起高楼”；创新要素缺乏，创新环境尚未形成。

（一）承接新一轮非首都功能疏解

疏解北京非首都功能是京津冀协同发展的“牛鼻子”，通过疏解非首都功能，带动京津冀协同发展，是疏解要实现的重要目标。习近平总书记在河北视察时强调指出，要牢牢牵住疏解北京非首都功能这个“牛鼻子”，坚持积极稳妥、稳中求进，控增量和疏存量相结合，内部功能重组和向外疏解转移两手抓，有力有序有效推进疏解工作。自第一轮疏解以来，北京非首都功能疏解成效显著，北京市常住人口逐渐减少，并在 2020 年实现了常住人口控制在 2 300 万人以内的目标，其中城六区常住人口下降明显。在控制人口规模之余，城乡建设用地已连续四年减量，2017—2020 年，城乡建设用地净减量达到约 110 平方公里，实现了预期的“减量发展”。2023 年 5 月，习近平总书记在高质量高标准推进雄安新区建设座谈会上提出，要扎实推动疏解北京非首都功能各项任务落实，接续谋划启动第二批疏解。新一轮疏解重点是部分教育、医疗、培训机构及部分行政性、事业性服务机构和企业总部。这些部门

和机构对配套设施、管理效率和生活环境要求较高，这类部门和机构更适合集中疏解，而未来集中疏解地就是雄安新区。因此，雄安新区要做好承接各类产业的准备，不断优化营商环境，完善产业承接平台，为其高质量发展引进更多生产要素，为实现高质量发展奠定基础。

（二）建设京津冀国家科技创新中心

国家科技创新中心建设是京津冀协同发展的内生动力，京津冀协同发展是国家科技创新中心建设的外在条件，打造充满活力的京津冀区域创新体系是实现京津冀协同发展、建设世界级城市群的必然选择。总体看来，北京科技实力已处于国内领先、世界较为靠前的位置，在突破外部技术封锁和“卡脖子”技术上承担着重要任务，但是，北京的产业体系偏“软”，第三产业发达，装备制造、材料等“硬产业”发展不足，使得大量科研成果难以落地成长为优势产业。数字经济具有高创新性、强渗透性等优势，已成为一种新型经济形态，可重塑社会生产关系、变革社会生产方式，已逐渐成为缩小区域差距、促进区域协调发展的新引擎。2023 年，河北省数字经济规模为 1.51 万亿元，占地区生产总值的比重达到 34.4%，数字经济的引领作用不断增强，已成为经济增长的主引擎。雄安新区是全国第一个全域实现数字城市与现实城市同步建设的城市，雄安新区 5G、城市大脑、城市计算中心、数字道路等智能基础设施累计投资额超过 100 亿元，新建区域基础设施智慧化水平超过 90.0%，雄安新区已实现 5G 全域连续覆盖。截至 2022 年底，雄安新区城市大脑——雄安城市计算中心正式投入运营，各类数字基础设施初步搭建完成，雄安新区“云”上一座城初具规模。因此，雄安新区作为全国第一个数字城市，应积极融入京津冀国家科技创新中心建设中，发挥其数字经济发展的新优势，促进京津冀三地创新链、产业链深度融合，以科技创新为产业链赋能，优化产业结构，构建现代化创新体系。

（三）基础设施建设面临巨大资金缺口

目前，雄安新区顶层设计已基本完成，正在转入规划落地的高质量高标准建设阶段，以“两新一重”① 为代表的基础设施项目稳步推进。起步阶段主要建设新型基础设施、生态环保和污染治理、市政工程、住房保障、物流基

① 指新型基础设施建设，新型城镇化建设，交通、水利等重大工程建设。

础设施及社会保障和公共服务等项目。以上项目建设需要大规模的资金投入，具有公益性明显和回报周期长的典型特征，并且社会资本参与度低，雄安新区短期内面临巨大的财政资金压力①。据统计，雄安新区平均每平方公里的投资是 2 550 万元，截至 2023 年，政府已经投入 5 100 亿元，然而，项目尚未完全建成，项目的最终产出尚不可知，无法准确评估其投入产出关系。未来，雄安新区基础设施建设仍存在巨大的资金缺口，“钱从哪里来”是雄安新区建设起步阶段需要优先考虑的问题。与其他城市不同，雄安新区严控大规模房地产开发，不走依靠土地财政发展的老路，意味着雄安新区只能通过财税体制改革、政府出资或吸引企业投资的方式获得资金。目前，市场主体尚处于培育阶段，财税体制改革任重而道远，只能通过政府出资的方式来筹措资金。因此，未来要充分发挥地方政府的主体责任，加大对雄安新区建设的资金支持力度。

（四）产业基础薄弱，造血机制不足

雄安新区原来的产业基础比较薄弱，主要以劳动密集型产业为主，处于价值链低端环节。雄县主导产业为塑料包装，容城县主要发展服装业，安新县主要发展制鞋、羽绒等产业，三县中小微企业占比超过 95.0%。以上传统制造业布局散乱、污染严重，企业面临较大的转型升级压力，且以上产业与雄安新区的功能定位难以匹配，直接影响新区未来的产业发展。雄安新区本身高端高新产业基础薄弱，主要靠外来要素，且对中央财政的依赖较大，造血功能不足。过去中央财政每年给雄安新区专项补贴 100 亿元，但是现在中央财政要求雄安新区增强自身的造血能力，要求地方财政拿出部分资金支持雄安新区的建设与发展②。因此，进入新发展阶段，雄安新区有两项重点任务：一是培育产业发展；二是强化造血机制，完善城市功能。

（五）新兴产业发展需要“平地起高楼”

根据《纲要》，未来雄安新区要重点发展高端高新技术产业，旨在打造全

① 田学斌，曹洋．雄安新区规划建设的进展、困境与突破［J］．区域经济评论，2021（2）：25－32.

② 石敏俊．雄安新区产业转型升级发展面临的挑战及应对思考［J］．金融理论探索，2023（1）：28－30.

球科技创新高地和新兴产业集聚中心。然而，雄安新区确定的新一代信息技术产业、现代生命科学和生物技术产业、新材料产业、高端现代服务业、绿色生态农业等五大主导产业面临着“平地起高楼”的困境。雄安新区过去主要以塑料包装、乳胶制品、服装、制鞋、羽绒制品、电气电缆、压延制革、有色金属等传统产业为主，产业基础薄弱，产品附加值低，处于全球价值链的低端环节，品牌效应不明显。以上传统产业的产业链科技含量低，无法与新型产业链有效衔接。因此，从产业基础来讲，雄安新区发展高端高新技术产业面临一定困难。雄安新区作为北京非首都功能疏解的集中承载地，可以通过承接北京优质创新资源推动其高端高新产业发展。但是，目前雄安新区还存在一些问题，使得高层次的非首都功能承接工作面临较大难度，如科技人才储备不足、产业配套体系不完善、公共服务设施层次较低、创新基础设施存在短板、缺乏完善的科技成果转化机制等①，且新兴产业集聚遵循经济效率原则，企业、人才、技术、劳动力、资金等各级各类生产要素也会依据效率原则向收益率高的地区集中，雄安新区发展高端高新技术产业面临一定困难。因此，要从制度角度出发，探索新兴产业集聚的初始触发机制、循环累积正反馈作用机制和制度政策保障机制，实现新兴产业技术赶超和路径创造②。

（六）创新要素缺乏，创新环境尚未形成

打造创新驱动发展引领区是雄安新区高质量发展的核心追求。虽然未来蓝图很美好，但支撑区域创新的要素，包括人才、资金、产业、技术等在雄安新区较为匮乏，并且这些优质创新要素仍呈现出向沿海发达地区和中心城市集聚的态势。从地理区位来看，雄安新区不像上海浦东新区和深圳经济特区毗邻大海，地理位置优越，有天然的港口优势，而是处于内陆地区，不沿边、不靠海，经济发展相对落后，所需的创新生产要素主要依靠承接北京的非首都功能疏解。北京作为全国科技创新中心非常支持雄安新区的建设，但两地的发展差距较大，北京的研发水平在全国处于领先地位，而雄安新区作为一座初创城市，创新要素、创新环境、创新基础设施等尚未形成和完善，

① 《雄安观察报告（2023）》发布，潮新闻参与了这些重要部分［EB/OL］.（2023－11－04）［2023－12－01］. https：//baijiahao. baidu. com/s? id＝1781605658198122222&wfr＝spider&for＝pc.

② 田学斌，曹洋 . 雄安新区规划建设的进展、困境与突破［J］. 区域经济评论，2021（2）：25－32.

在承接创新企业方面存在一定困难，即使承接了北京的创新企业也很难留得住。创新要素的集聚除了需要一定的基础设施、公共服务、人才、资金、产业等硬件之外，更需要体制机制、政策、制度、营商环境等方面的软件设施相匹配。因此，未来雄安新区要打造创新驱动发展引领区，必须在制度、政策、营商环境、基础设施、公共服务等几个方面持续发力。

五、雄安新区高质量发展的思路

本节主要阐述雄安新区高质量发展的思路。未来，雄安新区应重点做好以下几个方面的工作：精准承接北京非首都功能疏解；加快构建自身产业体系；助推数字经济发展，建设数字城市；构建现代化公共服务供给体系；构建精准的承接转移与协同发展的政策体系；多渠道解决建设资金来源。

（一）精准承接北京非首都功能疏解

雄安新区是因承接非首都功能疏解而建的新区。目前，非首都功能疏解进入 2.0 阶段，精准承接非首都功能疏解仍然是雄安新区未来一段时间的主要任务。如何精准承接？可从以下几个方面发力：第一，基于自身发展定位和功能需求，抓紧制定承接清单，完善配套政策，做到精准有序承接。严格产业准入标准，重点承接先进制造业、现代服务业、高校、医疗机构、企业总部、金融机构、事业单位等。第二，营造有利于北京非首都功能疏解的承接环境。雄安新区承接北京非首都功能疏解要做到“功能随着政策走”和“人口随着功能走”，要不断增强自身的承接引力，使得承接产业“引得来、能发展”。第三，建立有利于北京非首都功能疏解的激励政策，实现规划衔接和政策对接。通过“有为政府”推动“有效市场”更好地发挥作用，建立非首都功能疏解的市场激励机制、约束机制和倒逼机制，汇聚起疏解地的推力、承接地的引力、疏解机构的动力和中央部门的助力，以强大的疏解合力共同推动北京非首都功能疏解。从政策角度看，要推出配套政策，形成对北京高端创新要素资源的政策吸引力，确保非首都功能“转得出、留得住、能发展”。第四，面向全国引进人才。2020 年，雄安新区仅有约 120.5 万人，离 250 万的人口目标还差很远，仅靠北京非首都功能疏解引进人口是远远不够的。因此，要尽快出台吸引人才的各种政策措施，创造大量的创业机会和就业机会，吸引全国的人口和高科技人才向雄安新区聚集。同时，要完善各种福利保障，

为科技人才提供教育、医疗、金融、出行、住宿等方面的便利化服务。

（二）加快构建自身产业体系

雄安新区的产业定位是高端高新产业，如新一代信息技术产业、新材料产业、高端现代服务业等技术密集型产业。作为未来的中心城市，雄安新区虽然承接引进了一些企业，但是这些企业本身从产业行业归属上看，仍然比较分散。同时，北京非首都功能疏解主要依靠行政力量推动高校、科研院所、央企总部以及教育医疗公共服务机构从北京向雄安新区搬迁，但上述机构和企业能否有效带动雄安新区的人口流入、商圈发展和城市功能完善仍然是一个未知数。当前，雄安新区产业发展与城市建设不同步，产业发展相对滞后，导致人口聚集不足、入住率低，未能实现“产城人”的有效融合。因此，结合现阶段雄安新区的发展困境，应适度调整产业发展规划，因地制宜探索适合雄安新区的产业发展路径，加快构建其自身的产业体系。一是推动传统产业转型升级。雄安新区原有的传统产业与目前的功能定位和未来产业发展方向不匹配，需要加快推进传统产业转型升级。二是以智能制造为主导，引进更先进的生产线和生产工艺，全面提升生产效率，改善产品质量，丰富产品种类，满足消费者差异化、多样化的消费需求。三是推动加工制造环节向周边地区转移，重点发展高附加值和低污染的产业，不断向全球价值链中高端环节攀升。四是把握新一轮科技革命和产业变革趋势，利用新技术、新业态和新模式改造提升传统产业，实现传统产业与新兴产业的融合发展。五是构建产业创新生态系统。科技创新是传统产业转型升级和新兴产业培育壮大的根本动力，而科技创新的关键在于形成多区域、多主体、多要素协同参与的创新生态系统。六是建立京津冀协同创新共同体，积极对接北京和天津的科技园，推进北京和天津的科技创新功能向雄安新区延伸拓展，引导京津创新要素和国家级创新平台向雄安新区集聚辐射。

（三）助推数字经济发展，建设数字城市

2022 年政府工作报告强调“促进数字经济发展”，党的二十大报告也明确提出要“加快发展数字经济”，由此可见数字经济已成为未来产业布局与引领经济高质量发展的重点。雄安新区要实现高质量发展、成为支撑京津冀协同发展的“一翼”，首先要依托自身比较优势发展数字经济，夯实数字经济发展基础，利用数字经济赋能，实现高标准和高质量的发展。2023 年，河北省的

数字经济规模达到 1.51 万亿元，占地区生产总值的比重达到 34.4%，数字经济的引领作用不断增强。目前，河北全省已形成覆盖第三代半导体、太阳能光伏、新型显示、现代通信、大数据等的较为完整的产业链条。但是，与发达省份相比较，河北省数字经济发展存在经济核心产业规模小、制造业数字化水平低、科技创新能力薄弱、新业态新模式发展缓慢等问题。截至 2024 年，经过 7 年的规划建设，雄安新区已成为中国第一个全域实现数字城市与现实城市同步建设的城市。目前，京津冀国家大数据中国试验区已基本建成，雄安新区的数字经济发展创新试验区也开始稳步推进。因此，建设数字城市是雄安新区下个阶段的重点任务之一。2022 年，北京出台《北京市数字经济全产业链开放发展行动方案》，提出从加速数据要素化进程、推动要素市场化改革突破、打造数字技术新优势、赋能重点产业创新发展、加强数字经济治理、增强数字经济发展支撑等六个方面出发，努力打造数据驱动的数字经济全产业链发展高地，为雄安新区发展数字经济提供了一个可供借鉴的方案。未来，雄安新区应立足自身资源禀赋和发展定位，制定符合自身特点和发展方向的数字经济发展方案。

数字经济的发展离不开数字基础设施的支撑，加快数字经济基础设施体系建设是数字经济发展的另一个重点。数字经济发挥缓解时空约束作用的前提是具备数字使用条件和能力，促进数字经济高质量可持续发展，建设先进、完善、适宜的数字经济基础设施体系是重中之重。因此，一方面，要加强雄安新区的基础设施建设。建设 5G 基站、大数据中心、人工智能、工业互联网等新型基础设施，推动新一代信息技术和城市基础设施深度融合，建设数据原生的城市基础设施体系。建设智能网联化城市道路，加快推进高级别自动驾驶示范区建设和迭代升级，定义标准化智能数字路口，布设自动驾驶领域底层复用的数字化设施。建设数字城市管廊。应用感知和通信技术改造、建设城市管廊，形成自我感知生成数据、自动联网汇聚数据、数据赋能安全运行的数字化城市生命线。全面推进水、电、气、热等表具智能化改造。另一方面，要提高雄安新区的承接能力。消除基础设施方面的“数字鸿沟”，在周边城市加强新型基础设施建设，缩小与北京的基础设施差距，提升雄安新区承接北京非首都功能的能力①。

① 孙久文，韩瑞姣．高标准、高质量推进雄安新区建设：学习《习近平关于城市工作论述摘编》[J]．城市问题，2023（3）：4－11.

（四）建设现代化公共服务供给体系

优质共享的公共服务是雄安新区集聚高层次人才和高端产业的关键所在。按照规划，雄安新区远期将承载200万～250万人口，人口的集中会带来对基础设施和公共服务的巨大需求。要顺应人口增长趋势，适度超前布局基础设施和公共服务，增加公共服务供给数量，提升公共服务供给质量，优化公共服务的空间布局，建立现代化的公共服务供给体系。因此，第一，雄安新区要着眼于城市发展的战略定位，加大对基础设施和公共服务的财政投入力度，实现城市公共服务水平与京津相当。雄安新区底子差、起步晚，在承接产业之前，要提前布局公共服务设施，提升公共服务质量，朝着“幼有所育、学有所教、劳有所得、病有所医、老有所养、住有所居、弱有所扶”的美好愿景迈进。第二，坚持适度超前的原则，公共服务要与人口规模相适应。应根据雄安新区常住人口的数量和空间分布合理布局公共服务，优化公共服务空间分布，不应引起公共服务的空转和浪费。第三，探索公共服务的多元供给模式，提升公共服务供给水平。公共服务供给水平的提升不能单纯靠政府服务购买，也不能单独靠市场或社会主体，而是应探索政府、市场和社会团体的分工协作模式。

（五）构建精准的承接转移与协同发展的政策体系

与京津冀协同发展规划相配套，构建精准的雄安新区发展的区域政策体系，要解决以下的问题：一是化解区域矛盾。重点是化解雄安新区与周边地区的矛盾，如投资环境、产业引进及管理规制。雄安新区与周边地区形成落差，不利于区域协同发展。这就要求雄安新区在自身发展的同时，增强对周边地区的辐射带动作用，促进区域协同发展。二是解决区域利益多元分化的问题。雄安新区在发展过程中要注意协调与周边地区的利益分配。这种区域利益包括环境利益、民众满意度、文化发展、社会发展、公共服务普及等。雄安新区的优势在于历史包袱少，利益分配比较容易实现最优化，关键是解决如何做大蛋糕的问题。三是存量问题的解决。雄安新区所在的三个县经济发展落后，随着雄安新区的发展，与周边地区间的差距逐渐扩大，如何处理新建城区与原有社区之间的区域关系，是一个增量与存量的问题，要将该问题考虑在前，并提出未雨绸缪的政策措施。四是加快构建便利要素流动的市场体系。加强轨道交通、公路网、信息网、物流网建设，提升基础设施一体

化水平，为要素流动提供硬基础。推进户籍、土地、金融、科技等关键领域的配套改革，为要素流动营造良好环境。

（六）多渠道解决建设资金来源

目前，雄安新区的建设仍处于初步阶段，且目标是高标准、高质量建设雄安新区。中央明确提出雄安新区的建设不搞大规模土地批租、不搞土地财政，让低房价成为新区的一个核心竞争力。这意味着雄安新区必须采用一条新的资金筹措思路。因此，解决雄安新区的资金来源问题，必须采取以下措施：一是探索新区投融资体制改革，建立长期稳定的资金投入机制，以更低的成本优势扩大公司债、企业债、短融、超短融等一系列期限不同、优势各异的债券融资工具的使用范围，同时利用当前注册制改革的红利，从发行上市、并购重组、股权转让等角度出发，大力拓宽直接融资渠道。二是多种方式融资，吸纳资本。雄安新区的建设仅依靠政府投入是远远不够的，要积极吸纳社会资本，让社会资本参与到雄安新区的建设中，促进雄安新区发展。以中国雄安集团有限公司为例，中国雄安集团有限公司注册资金为 300 亿元，以加速推进雄安新区建设为目标，雄安新区的很多建设项目，如安置房和配套设施都是先由企业自主筹建，再由其他企业承接建设，这样就将社会资本引入了雄安新区。多种融资方式在一定程度上也吸引了社会资本的加入，为实现雄安新区高质量发展提供了充足的建设资金支持。三是加快金融与科技的结合。金融与科技的结合可以优化产业结构和资源配置，借助大数据、云计算、物联网等高科技技术，推出适合雄安新区的投资和融资体系。雄安新区要想实现自身建设资金的良性运转，就必须从自身找到资金来源，加快在京高新企业的疏解就是一个很好的方法。新兴产业和高科技产业的资金和收益是难以估计的，高新技术能够直接将成果转化为生产力，进而促进经济发展。同时，在京高新技术企业和前端金融企业入驻雄安，也能增加雄安新区的财政税收，实现资金的良性运转。

参考文献

[1] 刘佳骏．国外典型大都市区新城规划建设对雄安新区的借鉴与思考［J］．经济纵横，2018（1）：114－122.

[2] 本刊编辑部．《河北雄安新区规划纲要》的新理念、新技术、新方法学术笔谈

[J]. 城市规划学刊，2018（3）：1－18.

[3] 从蓝图到现实，对比图看雄安7年之变［EB/OL］.（2024－04－01）［2024－04－11］. https：//baijiahao. baidu. com/s? id＝1795125334255981883&wfr＝spider&for＝pc.

[4] 雄安"四纵两横"区域高速铁路交通网络加速建设［EB/OL］.（2023－02－28）［2023－03－13］. https：//baijiahao. baidu. com/s? id＝1759075807697504824&wfr＝spider&for＝pc.

[5] 京津冀签署教育协同发展行动计划 多措提升雄安新区教育质量［EB/OL］.（2023－10－09）［2024－01－06］. https：//baijiahao. baidu. com/s? id＝1779253090843099957&wfr＝spider&for＝pc.

[6] 百度智能云，百度研究院商业智能实验室．未来之城 雄姿初显：雄安新区2022年大数据研究报告［R］，2023.

[7] 李国平，宋昌耀．雄安新区高质量发展的战略选择［J］. 改革，2018（4）：47－56.

[8] 国务院国有资产监督管理委员会．新华社：6年来4家央企总部和超150家子企业落户雄安新区［EB/OL］.（2023－04－17）［2023－05－12］. http：//www. sasac. gov. cn/n2588025/n2588139/c27699795/content. html.

[9] 央企总部疏解成绩单：超40家央企落户雄安新区｜2023中国经济年报［EB/OL］.（2023－12－27）［2024－01－08］. https：//baijiahao. baidu. com/s? id＝1786421167270075496&wfr＝spider&for＝pc.

[10] 张贵，夏馨．雄安新区产业承接与发展路径的战略性思考［J］. 金融理论探索，2022（3）：30－37.

[11] 足迹丨雄安商务服务中心正着力打造新区活力新引擎［EB/OL］.（2023－05－18）［2023－06－17］. http：//www. xiongan. gov. cn/2023－05/18/c_1212189170. htm.

[12] 孙久文，韩瑞姣．高标准、高质量推进雄安新区建设：学习《习近平关于城市工作论述摘编》[J]. 城市问题，2023（3）：4－11.

[13] 田学斌，曹洋．雄安新区规划建设的进展、困境与突破［J］. 区域经济评论，2021（2）：25－32.

[14] 石敏俊．雄安新区产业转型升级发展面临的挑战及应对思考［J］. 金融理论探索，2023（1）：28－30.

[15]《雄安观察报告（2023）》发布，潮新闻参与了这些重要部分［EB/OL］.（2023－11－04）［2023－12－01］. https：//baijiahao. baidu. com/s? id＝1781605658198122222&wfr＝spider&for＝pc.

第四章　雄安新区发展的核心任务

本章概述了雄安新区发展的核心任务。首先，基于田园城市理论、新都市主义理论和区域增长极理论分析了雄安新区的战略定位、功能定位及雄安新区设立的意义。接着，提出了雄安新区的核心任务。随后，分析了京津冀协同发展的成效、存在的问题，雄安新区在京津冀协同发展中的作用，当前雄安新区建设中存在的矛盾。最后，提出了未来雄安新区的发展重点。总体而言，本章认为，作为北京非首都功能疏解的集中承接地，在未来发展中，雄安新区应该优化发展思路、明确发展重点、提升发展质量，成为京津冀协同发展的“一翼”，共同支撑京津冀建设世界级城市群。

一、雄安新区的定位

本节重点探讨雄安新区的定位。首先分析了雄安新区定位的理论基础。其次，分析了雄安新区的战略定位和功能定位，雄安新区的战略定位是北京非首都功能疏解的集中承接地，功能定位是绿色生态宜居新城区、创新驱动发展引领区、协调发展示范区和开放发展先行区。最后，提出雄安新区设立的意义。

（一）雄安新区定位的理论基础

雄安新区的规划建设既是新时代城市发展的必然要求，也是促进区域平衡发展、贯彻国家发展战略的内在要求。然而，任何一项政策的规划设计都需要有理论的支撑，雄安新区的发展也有其理论基础。明确雄安新区发展的理论基础有助于丰富雄安新区的功能和促进其未来的长远发展。

1. 田园城市理论

一百多年前，英国学者霍华德针对当时的城市痼疾提出了田园城市理论。他提出，在大城市周边发展城乡接合的卫星城，是未来城市发展的方向。这一理论对后来的区域规划，特别是一些卫星城建设影响很大，很多思路都是从中演化而来的。霍华德在田园城市理论中提出了著名的城乡三磁铁图，希望田园城市成为一个反磁力中心，能够阻止人口流向过于拥挤的大城市。通过建设反磁力中心来对中心城市进行集中疏解的布局思想在许多国家是行之有效的，如法国巴黎在戴高乐年代的做法。现代化大城市同时存在向心力和离心力，当要在一个区域内建设反磁力吸引点，以削弱大城市的磁力作用时，要积极利用大城市的离心力，将其变换为该区域的向心力，发挥其优势，因地制宜开发资源、发展产业、吸引就业，形成经济合理且独具特色的吸引力[①]。田园城市理论可以用来解释雄安新区，可将雄安新区看成北京的一个巨大的反磁力中心，与北京形成向心力与离心力的博弈，这种力量可以阻止人口和生产要素向北京过度集中，平衡北京和河北的人口分布与生产力布局，协调两地的经济发展，经过一段较长的时间，最终实现北京与河北的协同发展，进而促进京津冀区域协同发展。

2. 新都市主义理论

20世纪90年代，西方一些国家的城市规划和区域规划学界出现了一种新理论，叫新都市主义（New Urbanism），或者新城市主义。该理论主要是针对因人们出于对郊区优美居住环境的渴望而将住宅向郊区无序蔓延带来的城市空心化、城市资源闲置、城市商业衰落等城市问题而形成的一种新的城市规划及设计理论。其主张借鉴第二次世界大战前美国城镇规划的优秀传统，打造具有城镇生活氛围、紧凑的社区，高密度、重视邻里关系、倡导不同阶层融合、以步行为主要交通方式的居住模式。新都市主义包括两大理论：一种是传统邻里社区发展理论（Traditional Neighborhood Development），即TND模式；另一种是公共交通主导型开发理论（Transit Oriented Development），即TOD模式。这两种模式的共同点都是反对城市的无序蔓延，主张要重视过度城市化带来的城市问题，在城市建设过程中要坚持土地节约、生活舒适的原则[②]。新都市主义强调在主城市的外围地区建设一些适合人类居

① 孙久文，夏添．新时代京津冀协同发展的重点任务初探［J］．北京行政学院学报，2018（5）：15－24．

② 夏添，孙久文．北京非首都功能疏解的思考与刍议：基于“新都市主义”的视角［J］．北京社会科学，2017（7）：69－78．

住、将生产和生活很好结合，并且和主城区交通联系紧密的区域，其功能与卫星城类似，同时又比卫星城更先进。卫星城更多的是居住功能，而这种区域既有居住功能，又有部分生产功能，更确切地说，与非首都功能疏解的集中承载区很类似。因此，可以用新都市主义理论来解释雄安新区，雄安新区的目标就是建设一个宜居宜业的生态城市。

3. 区域增长极理论

区域增长极理论源自法国经济学家弗郎索瓦·佩鲁的增长极理论，是在其基础上创新发展而来的。佩鲁在其代表作《新发展观》中提出了增长极理论。增长极是指在经济空间中起支配和推进作用的经济部门，它的优先增长或创新会推动其他经济部门的增长。因此，整个经济体系的增长首先体现为优势经济部门的第一次增长，然后是其他经济部门的增长。该理论运用于区域经济方面就是所有行业和空间的经济增长是非均匀分布的，经济增长首先出现和集中在具有创新能力的行业，这些具有创新能力的行业常常集聚于经济空间的某些点上，于是就形成了增长极。经济增长率先发生在增长极上，之后通过极化效应与扩散效应对整个区域经济产生影响。增长极在自身不断发展的同时，也会通过各种方式向外扩散，从而促进整个区域经济的发展。区域增长极理论在我国有良好的实施范例，如 20 世纪 80 年代推出的深圳经济特区以及 90 年代推出的上海浦东新区。未来，雄安新区也将成为一个新的经济增长极和京津冀协同发展的“一翼”，支撑京津冀建设世界级城市群。

（二）雄安新区的战略定位

雄安新区是随着京津冀协同发展战略的提出而设立的，其主要目的是承接北京的非首都功能疏解，缓解北京的“大城市病”。雄安新区是北京非首都功能疏解的集中承载地，通过承接北京的人口、产业及各类生产要素，加强生产要素在不同地区和市场之间的转移，提升要素资源配置能力和市场竞争力，优化要素市场环境，推进资本、劳动、土地、技术、信息等要素统一市场建设，促进生产要素流动自由、竞争充分、配置高效，为构建新发展格局和推动经济高质量发展奠定市场基础。当前，京津冀是“单中心”空间结构。单中心的城市空间布局不仅可能造成中心城区资源环境承载力加重、交通拥堵、房价攀升、环境恶化，甚至还可能导致城市洼地、“贫民窟”等现象出现，不利于区域协调发展。而多中心的空间格局可有效平衡城市的产业和公共服务布局，优化城市空间格局，提升资源配置效率。同时，京津冀城镇体系存在断层，京津过度集聚，二级城市发育不足，超大城市与中小城市之间

存在割裂状态，不利于要素传导与构建完整的产业链，急需新的枢纽来优化京津冀城市空间格局。雄安新区的建设对于集中疏解北京非首都功能，探索人口经济密集地区优化开发新模式，调整优化京津冀城市布局和空间结构，培育创新驱动发展新引擎，具有重大现实意义和深远历史意义。

（三）雄安新区的功能定位

根据《纲要》，雄安新区要建成绿色生态宜居新城区、创新驱动发展引领区、协调发展示范区和开放发展先行区，成为高水平社会主义现代化城市、京津冀世界级城市群的重要一极、现代化经济体系的新引擎和推动高质量发展的全国样板。

1. 绿色生态宜居新城区

习近平总书记强调，雄安新区建设要充分体现生态文明的要求，要成为生态标杆，坚持生态优先、绿色发展，不能建成高楼林立的城市，要疏密有度、绿色低碳、返璞归真，自然生态要更好。《纲要》要求雄安新区合理确定新区建设规模，划定生态保护红线，确定永久基本农田和城镇开发边界，在此基础上合理确定新区建设规模，形成多组团集约紧凑发展的生态城市布局，最终实现生态空间山清水秀、生活空间宜居适度、生产空间集约高效，促进人与自然和谐共处，建设天蓝地绿、山清水秀的美丽家园，用制度保护生态环境，打造绿色发展的雄安新区。

2. 创新驱动发展引领区

雄安新区要实现高质量发展，就要坚持将创新作为发展的第一动力。雄安新区不是要成为传统工业和房地产主导的集聚区，而是要成为创新驱动发展引领区，因此要坚持实施创新驱动发展战略，将创新驱动作为发展的基点，加快制度创新、科技创新，完善创新创业环境，积极吸纳和集聚京津及国内外创新要素资源，通过集聚科研院所和发展高端高新技术产业，打造一批高水平的创新创业载体，吸引高新技术企业集聚，建设集技术研发、转移交易、成果孵化转化、产城融合于一体的创新引领区和综合改革试验区，打造京津冀体制机制高地和协同创新重要平台。

3. 协调发展示范区

雄安新区要发挥对冀中南乃至整个河北的辐射带动作用，促进城乡经济社会和资源环境协调发展。作为北京非首都功能疏解的集中承载地，雄安新区要通过承接北京的人口、产业及各类生产要素，在有效缓解北京“大城市病”的同时，提升基本公共服务供给水平，缩小与京津的发展差距，打造要

素有序自由流动、主体功能约束有效、基本公共服务均等、资源环境可承载的区域协调发展示范区，成为京津冀协同发展的“一翼”，实现雄安新区与北京的协同发展。

4. 开放发展先行区

雄安新区是我国经济新常态下设立的国家级新区，其主导产业是研发和技术密集型产业，处在产业链高端。因此，雄安新区的发展应秉持“生态优先、创新驱动、协调发展、开放试点”的原则。作为全方位开放的典型，雄安新区应根据规划，积极融入“一带一路”建设，主动联结和服务北京国际交往中心功能，从促进投资贸易便利化出发，加快转变政府职能，积极探索管理模式创新，全面提升对内对外开放水平，形成与国际投资贸易通行规则相衔接的制度创新体系，培育区域开放合作竞争新优势，打造扩大开放新高地和对外合作新平台，为提升京津冀开放型经济水平做出贡献。

（四）雄安新区设立的意义

雄安新区的设立是以习近平同志为核心的党中央为深入推进京津冀协同发展而做出的一项重大决策部署，是重大的历史性战略选择，是“千年大计、国家大事”，对于集中疏解北京非首都功能、培育京津冀协同发展新引擎、探索人口经济密集地区优化发展模式、保护和利用历史文化遗产，具有重大的现实意义和深远的历史意义。同时，雄安新区的建设将推动京津冀协同发展更上一层楼，将增强京津冀作为全国经济增长新引擎的辐射带动能力，带动周边地区的经济发展。具体体现在以下几点：一是缓解北京的人口和经济压力，根治北京的“大城市病”。雄安新区设立的初衷是疏解北京的非首都功能。目前，第一批非首都功能疏解已结束，北京实现了“减量发展”，首都功能的布局不断优化，截至 2023 年底，已实现城六区常住人口比 2014 年下降 15.0%的目标，城乡建设用地减量 130 平方公里①。2024 年初，第二批非首都功能疏解项目已启动，新一轮疏解重点是央企总部及二、三级子公司，高校，科研院所，医院等，将进一步优化北京的产业布局，推动北京实现绿色发展，增强北京发展的活力和动力。同时，优质公共服务和创新要素的集聚会进一步推动雄安新区实现高质量高标准发展。二是培育新增长极，提升河

① 北京非首都功能疏解取得突破性进展 重点领域协同发展水平持续提升 京津冀协同发展已进入全方位高质量深入推进阶段［EB/OL］.（2024－02－28）［2024－03－12］. https：//www. beijing. gov. cn/ywdt/zwzt/jjjyth/bjdt/202402/t20240228＿3571873. html.

北的经济发展水平。随着第二批非首都功能疏解的推进，雄安新区将成为优质创新要素的集中区，在京津冀城市群中扮演连接京津、优势互补、扩大开放的前沿阵地的角色，也将成为河北最具经济活力的新的区域增长极，进而辐射带动周边地区的发展。

二、雄安新区的核心任务

本节重点探讨雄安新区的核心任务。雄安新区的核心任务是承接北京非首都功能疏解，此外，雄安新区还是京津冀建设世界级城市群的新枢纽和新时代改革开放的试验田，也是探索现代化城市治理新体系的新城。

（一）承接北京非首都功能疏解

雄安新区的定位是北京非首都功能疏解的集中承载地，重点承接北京的非首都功能疏解和人口转移。在中国区域市场分割的大环境下，北京作为首都，凭借其独特的区位优势和资源优势，吸引了大量的人口涌入，人口规模的过度扩张导致北京交通拥堵、环境恶化、居住成本居高不下、资源环境承载力严重不足，“大城市病”日益严重。究其原因在于，作为首都的北京聚集了过多的非首都功能。雄安新区的设立正是出于承接北京的非首都功能、缓解北京的人口经济与资源环境压力、打造新的区域经济增长极的考虑。下面分别讨论雄安新区承接北京非首都功能疏解的重点内容和时序路径。

1. 雄安新区承接北京非首都功能疏解的重点内容

雄安新区承接北京非首都功能疏解，应当充分考虑到北京疏解什么、保留什么、就地关停哪些产业以及所疏解的机构和承接地的适宜距离、承接地的基础设施和生态环境要求等，全方位了解北京疏解非首都功能的各项政策和措施。北京作为首都承担着全国的政治中心、文化中心、国际交往中心和科技创新中心四大功能。为贯彻落实京津冀协同发展战略，北京市人民政府通过行政手段和经济手段有序疏解了一些非首都功能的组织和机构，疏解对象主要包括一般性产业特别是高消耗产业，区域性物流基地、区域性专业市场等部分第三产业，部分教育、医疗、培训机构等社会公共服务功能，部分行政性、事业性服务机构和企业总部等。以上对象是北京非首都功能疏解的重点，也是周边地区承接北京非首都功能疏解的潜在对象。

雄安新区承接北京非首都功能疏解，应当充分考虑到雄安新区发展的定

位与目标。雄安新区的目标是建设成为绿色生态宜居新城区、创新驱动发展引领区、协调发展示范区、开放发展先行区。根据以上目标，雄安新区在承接北京非首都功能时应当有选择性地承接产业，重点承接创新潜力大、环境污染少的高端高新技术产业和机构。

综合北京疏解非首都功能的主要对象以及雄安新区的发展定位与目标，可以明确雄安新区承接北京非首都功能疏解的重点包括三个方面：一是教育、医疗、培训等社会公共服务功能；二是行政性、事业性服务机构和企业总部等；三是包括金融服务业、科技服务业等在内的高端生产性服务业和现代服务业。以上三方面的产业和机构对于雄安新区的创新发展、协调发展和绿色发展均具有重要意义。

2. 雄安新区承接北京非首都功能疏解的时序路径

雄安新区承接北京非首都功能疏解的实质是北京的人口、企业和机构向雄安新区迁入，这就需要从两方面着手：一是增强迁入的动机。要不断提升雄安新区的城市品质与城市魅力，包括软硬基础设施、优惠的政策措施、良好的营商环境等，为迁入企业提供良好的发展环境，提升其事业发展预期。二是提高迁入的可能性。要确保雄安新区能够提供大规模的就业岗位，同时要满足迁入人口的住房、教育、医疗、社会福利保障等方面的需求，增强人民的迁入意愿。因此，雄安新区承接北京非首都功能疏解要主动吸纳符合雄安新区发展定位的服务业企业，增加就业机会和岗位。通过从以上两方面同时发力，雄安新区作为人口、企业和机构的迁入地将实现因果循环累积发展。具体而言，雄安新区可以遵循以下承接时序：

第一，承接行政性、事业性服务机构和企业总部。虽然这些组织数量和就业岗位相对较少，但其率先入驻雄安新区，既是向社会展示政府建设雄安新区的决心，也能够吸引其他辅助性、服务性组织向雄安新区集聚。因此，雄安新区应当积极承接这些组织，着力建设政务及总部承载区。作为北京非首都功能的集中承载地和北京“一体两翼”的重要组成部分，雄安新区应当像北京城市副中心一样，在其行政区范围内明确规划建设片区，以承接行政性、事业性服务机构和企业总部，这有助于实现土地的集约利用、提升政务服务的效率。

第二，承接来自北京的教育、医疗、培训等社会公共服务机构。教育、医疗等社会公共服务兼具产业和事业的双重属性。一方面，社会公共服务机构尤其是优质公共服务资源是城市品质的象征，优质的教育、医疗资源的迁入有助于吸引常住人口和流动人口的集聚，增强北京居民的迁入动机和提高外来人口集聚的可能性；另一方面，在美好生活时代，教育、医疗所创造的

广阔的市场空间有助于增加就业机会和岗位，促使迁移人口留下来。

第三，承接金融服务业、科技服务业等高端生产性服务业和现代服务业。高端生产性服务业和现代服务业是雄安新区打造创新驱动发展引领区、绿色生态宜居新城区的重要支撑。然而，高端生产性服务业和现代服务业对城市的行政等级、交通区位、市场规模等具有较高要求，往往是行政等级越高、交通条件越好、市场规模越大的城市能够吸引和集聚越多的高端生产性服务业企业和现代服务业企业。雄安新区应当主动出击、积极作为，尽早吸引金融、科技、信息等领域的企业入驻，不应等到本区域的软硬基础设施相对完善、公共服务相对健全、交通条件相对发达后再着手承接。

（二）京津冀建设世界级城市群的新枢纽

京津冀世界级城市群的空间布局是一核、双城、三轴、四区、多节点。其中，京津双城主轴已初具规模，雄安新区距离北京、天津、石家庄 105 公里、105 公里、155 公里，基本位于京保石主轴的中间，是一个重要的新枢纽，将与北京、天津和石家庄共同支撑起世界级城市群的核心区域。世界级城市群在空间上表现为对世界有巨大影响力的都市连绵带。对于雄安新区来说，在北京和石家庄两个大都市中间的洼地上高水平、高起点建设一个新的经济高地和宜居城市，将有助于京保石都市连绵带的形成。

北京的发展具有典型的“虹吸效应”。“虹吸效应”会持续吸引周边城市的生产要素集聚，虽然有助于北京的发展，但会恶化周边城市的发展环境，进一步加剧京津冀地区发展的不平衡。从经济规模来看，河北的经济总量与北京不相上下，甚至高于北京，但人均地区生产总值差距较大。2023 年，北京、天津、河北的地区生产总值分别为 43 760.7 亿元、16 737.3 亿元、43 944.1 亿元，河北地区生产总值略高于北京。但从人均地区生产总值来看，河北与北京、天津差距较大。2023 年，北京、天津、河北的人均地区生产总值分别为 20.0 万元、12.28 万元、5.93 万元，河北人均地区生产总值仅为北京的 30.0%、天津的 48.3%，由此可见，河北与京津的发展差距较大。北京因独特的地理区位和政治、经济优势，吸引周边生产要素集聚，生产要素的过度集中又会促进北京的发展，经济发展进一步吸引要素聚集，如此循环，造成“富者愈富、贫者愈贫”的循环累积因果效应。生产要素单向流动恶化了河北的发展环境，扩大了河北与京津的发展差距，加剧了京津冀地区发展的不平衡。从产业结构来看，北京产业结构柔性化发展趋势已开启，现代服务业高度发展，产业结构总体向科研创新驱动调整，内部结构向高端服务转

移调整，关联结构向两业融合升级调整，空间结构向精准分布定位调整①。天津则以先进制造业为发展重点，现已形成高端装备制造、新能源、生物医药等特色产业集群。相比较之下，河北是典型的发展落后省份，目前主要以农业和工业为主。其工业则以重工业为主，主要包括冶金、化工、机械、电力、煤炭、建材等。这些产业科技含量不高，尚处于产业链低端环节，需要进一步加大科技创新投入力度，提升产业链发展水平。由此可见，京津冀三地产业结构悬殊，产业尚处于不同的发展阶段，三地要实现协同发展，产业结构的协同是基础。综上所述，从产业结构和人均收入比较来看，京津冀之间存在着显著的“断崖式”落差。参考长三角和珠三角的发展经验，京津冀要实现真正的协同发展，人民生活水平首先要大体一致。因此，要充分发挥各地区比较优势，加大对周边地区的辐射带动作用，提升周边地区的基本公共服务供给质量，缩小周围地区与核心区域的发展差距，促进京津冀协同发展。从区域发展现状的大背景出发，京津冀协同发展的难点在于河北，雄安新区的设立有利于提振河北经济发展，形成一个新的增长极，为京津冀产业一体化提供强劲动力。雄安新区与北京、天津基本构成一个等边三角形，三者是京津冀区域发展的三个重要战略支点，也是京津冀协同发展的“发动机”或“动力源”。雄安新区与通州城市副中心将形成北京发展的两翼，聚焦于北京非首都功能的集中疏解，探索人口经济密集地区实现优化开发的新模式，优化调整京津冀城市布局和空间结构，培育产业创新驱动发展新引擎。因此，雄安新区在确保发挥疏解北京非首都功能基础作用的同时，还有助于推动京津冀区域的协同发展②。

（三）新时代改革开放的试验田

雄安新区是“白纸绘蓝图，平地起新城”，不具有其他地区的累积性矛盾，具备改革试验的良好基础，是新常态下深化经济体制改革、探索新经济增长动力的改革试验田。当前，我国已由高速增长阶段转向高质量发展阶段，正处在转变发展方式、优化经济结构、转换增长动力的攻关期，过去传统粗放的增长模式难以为继，迫切需要推进新一轮改革，寻找经济增长的新模式和新动力。改革开放初期的深圳经济特区是中国打造改革开放创新试验田的

① 孙久文，邢晓旭．北交所赋能北京产业结构优化的作用渠道与战略构想［J］．经济与管理，2023，37（4）：20－28．

② 孙久文．雄安新区在京津冀协同发展中的定位［J］．甘肃社会科学，2019（2）：59－64．

首次尝试，深圳经济特区的创立是我国从半封闭到全方位改革开放的历史跨越，“深圳速度”也为扩大对外开放和引领沿海地区经济增长提供了源源不断的动力。37 年后的雄安新区将作为试验田，为新时代的中国经济带来“雄安质量”。《纲要》明确了雄安新区的发展定位，作为北京非首都功能疏解的集中承载地，雄安新区要建设成为高水平社会主义现代化城市、京津冀世界级城市群的重要一极、现代化经济体系的新引擎、推动高质量发展的全国样板，要将雄安新区打造为绿色生态宜居新城区、创新驱动发展引领区、协调发展示范区以及开放发展先行区。同时，《纲要》也从各个方面体现了雄安新区的“与众不同”，这种创新不仅仅体现在城市功能上，更体现在制度上。例如，住房制度上，雄安新区坚持“房子是用来住的，不是用来炒的”，建立多主体供给、多渠道保障、租购并举的住房制度。与其他城市不同，雄安新区不走土地财政的老路，未来还要加大对企业主体的培育，提升城市的造血功能。总之，开放发展先行区所带来的更加灵活的体制机制将使得雄安新区成为新时代新经济的引领者，未来很多新的市场化改革措施将会在雄安新区先试先行。雄安新区的设立和发展将促进中国行政体制的改革，促进经济体制和行政体制的有机结合，不断完善现代化的国家治理体系①。

（四）探索现代化城市治理新体系的新城

雄安新区作为开放发展先行区，其创新不仅仅体现在技术、制度、经济、产业、城市布局、文化、社会等各个领域，更体现在城市治理方面，治理模式的创新将是雄安新区改革的一个亮点。京津冀协同发展的一大难点在于三地之间的条块分割现象严重和“一亩三分地”的思维盛行，从区域利益相关方资源和权利不均衡的现实出发，应从根本上解决协同意识淡薄、制度安排缺失、政策工具乏力等突出问题，从源头上根治各自为政、壁垒森严、零和博弈、地方保护等弊端，下大力气彻底消除区域发展过程中的公地悲剧、孤岛效应、碎片化、搭便车等现象，杜绝重复建设、资源浪费、恶性竞争等危害协同发展的顽症。因此，雄安新区应沿着国家行政体制改革的总体思路，在争取更大发展自主权的条件下，探索更加灵活的政府管理体制，在整合行政资源、设置政府部门、完善权力运行等方面先行先试，尝试构建“大部门”式精简而统一的行政管理机构，通过“放管服”改革来提高政府协同治理能力。雄安新区的全新治理体系，应当为京津冀地区甚至全国提供有效经验，

① 孙久文．雄安新区在京津冀协同发展中的定位［J］．甘肃社会科学，2019（2）：59－64．

成为协同发展的重要平台和示范区域①。

三、“十四五”时期雄安新区与京津冀协同发展

本节主要分析京津冀协同发展与雄安新区的关系。首先，分析了自 2014 年以来京津冀协同发展在北京非首都功能疏解、交通一体化发展、生态环境协同治理及区域协同发展等方面取得的成效。其次，分析了当前京津冀协同发展存在的问题。再次，分析了雄安新区在京津冀协同发展中的作用。最后，提出当前雄安新区建设中存在的矛盾，为“十五五”时期雄安新区实现高质量发展提供借鉴。

（一）京津冀协同发展的成效

2014 年京津冀协同发展战略提出以来，在北京非首都功能疏解、交通一体化发展、生态环境协同治理和区域协同发展方面均取得了显著成效。

1. 北京非首都功能有序疏解

首先，控制增量严格有效。北京根据“四个中心”功能定位，严格控制非首都功能增量。对于行政功能、公共服务功能和产业功能，均明确总量控制目标，从源头控制增加新的非首都功能。以资源环境承载力为硬约束，提高新增产业准入门槛。2014 年 7 月，北京市率先出台《北京市新增产业的禁止和限制目录》，对北京治理“大城市病”、倒逼发展方式转变、促进减量提质和改善生态环境发挥了重要作用。该方案在此后的 2015 年、2018 年、2022 年经历了三次修订，内容更加完善，在发展符合首都功能定位的产业上更加精准。截至 2023 年底，北京市不予办理新设立或变更登记业务累计超过 2.5 万件，限制类行业新设市场主体的数量呈明显下降态势，占全部新设市场主体的比重降至 20.0%以下。与之对应的是，符合“四个中心”功能定位的新设市场主体呈现活跃态势，科技、文化、信息等高端服务业的新设市场主体占全部新设市场主体的比重由 2014 年的 40.7%上升至 66.1%②。

---

① 刘秉镰，孙哲．京津冀区域协同的路径与雄安新区改革［J］．南开学报（哲学社会科学版），2017（4）：12－21．

② 从十年成绩单看京津冀协同发展之变［EB/OL］．（2024－02－27）［2024－04－11］．https：//fgw.beijing.gov.cn/gzdt/fgzs/mtbdx/bzwlxw/202402/t20240208_3559532.htm.

其次，疏解存量推进有序。北京市以疏解非首都功能为“牛鼻子”，明确疏解对象、原则、方法、方式和步骤，稳步推进非首都功能疏解。通过政府引导与市场机制相结合、集中疏解与分散疏解相结合的方式，对一般性产业特别是高消耗产业，区域性物流基地、区域性专业市场等部分第三产业，部分教育、医疗、培训机构等社会公共服务功能，部分行政性、事业性服务机构和企业总部等进行稳步疏解。截至 2023 年底，退出一般制造业企业 3 200 家，疏解提升区域性专业市场和物流中心近 1 000 家①。8 所市属高校、15 家市属医院向外布局，精准补建便民商业网点 7 700 余个。北京信息科技大学、北京建筑大学、北京城市学院等高校累计向五环外的新校区疏解师生超过 3 万人，北京天坛医院、北京同仁医院、北京友谊医院、北京口腔医院、北京大学第六医院等医院建设新院区，进一步优化了北京市的教育、医疗资源的空间布局。城市副中心建设扎实推进，北京 4 套班子以及 70 多个市级部门、近 3 万名工作人员已经迁入北京城市副中心办公，搬迁腾退用房成为中央政务功能集中的重要空间载体。

最后，北京“大城市病”明显缓解。随着产业向外疏解，人口也随之减少，2022 年全市常住人口规模 2 184.3 万人，其中中心城区常住人口规模 1 097.2 万人，人口空间分布连续 6 年保持“内降外升”态势。京津冀协同发展实施十年来，已实现城六区常住人口比 2014 年下降 15.0%的目标，人口疏解成效显著，在一定程度上缓解了北京的资源环境压力。

2. 交通一体化网络基本形成

京津冀协同发展战略实施以来，交通基础设施建设快速推进，交通一体化网络基本形成。铁路方面，京津冀城际铁路投资公司成立，（北）京（天）津城际、（北）京石（家庄）高铁、石（家庄）济（南）高铁、（天）津保（定）铁路、张（家口）唐（山）铁路、张（家口）呼（和浩特）高铁、（北）京唐（山）城际、（北）京（天津）滨（海新区）城际宝坻至北辰段、（北）京雄（安）城际、（北）京张（家口）高铁、大（同）张（家口）高铁等通车运营；（北）京（天津）滨（海新区）城际北辰至滨海新区段加快建设，京津冀区域高铁总里程达到 2 576 公里，“轨道上的京津冀”加速形成，主要城市之间实现 1 小时通达，同城化效应显现。公路方面，张（家口）承（德）高速、太行山高速、（北）京秦（皇岛）高速部分路段、（天）津石（家庄）高速公路建成通车。（北）京台（湾）、京港澳和（北）京昆（明）等跨区域高

① 从十年成绩单看京津冀协同发展之变［EB/OL］.（2024－02－27）［2024－04－11］. https://fgw.beijing.gov.cn/gzdt/fgzs/mtbdx/bzwlxw/202402/t20240208_3559532.htm.

速公路打通，京津冀区域的“断头路”和“瓶颈路”已全部打通或扩容，京津冀环形列车和通勤动车开行，截至2024年，京津冀交通一卡通累计发卡数量超过700万张，主要城市“1小时交通圈”和环首都“半小时通勤圈”初步形成。机场方面，河北机场集团纳入首都机场集团统一管理，北戴河机场、承德机场、沧州机场等投入运营；唐山机场扩建完工，并正式通航；北京大兴国际机场投入使用；天津航空口岸大通关基地（一期）顺利竣工，已投入使用；京津冀机场群布局进一步优化。港口方面，天津和河北加快港口资源整合与基础设施建设，成立津冀渤海港口投资公司和津唐国际集装箱码头有限公司，推动京唐港与曹妃甸港整合重组，开通津冀环渤海内支线，形成津冀港口群干支联动、相互支撑、错位发展、优势互补的良好格局。

3. 生态环境有效改善

大气污染治理方面，国家和京津冀建立了完善的区域协作机制。国家成立了京津冀及周边地区大气污染防治领导小组，编制了《京津冀及周边地区大气污染防治中长期规划》，签署了《京津冀区域环境保护率先突破合作框架协议》，统筹推进区域大气污染治理重点工作。2016年，京津冀三地率先统一空气重污染应急预警分级标准，修订重污染天气应急预案，加强联合应对空气重污染，实现区域空气重污染过程“削峰降速”。同时，京津冀及周边地区连续5年联合发布秋冬季节大气污染综合治理攻坚行动方案，持续改善重点时段的大气环境质量。2014—2023年，京津冀地区 $PM_{2.5}$ 平均浓度下降了57.3%，京津水源上游重点流域生态补偿实现全覆盖，生态环境协同治理取得显著成效。2023年，北京 $PM_{2.5}$ 平均浓度为32微克/立方米，实现连续三年稳定达标，空气优良天数为271天，较2013年增加95天，增幅约54.0%。同时，重污染天数显著下降，较2013年减少50天，降幅达86.2%。水污染治理方面，建立了引滦入津、密云水库上游潮白河等相关流域跨区域横向生态补偿机制，推进永定河、白洋淀和衡水湖等的综合治理。生态建设方面，加快张承生态功能区的生态修复，建设首都水源涵养功能区和生态环境支撑区，实施京津保生态过渡带、“三北”防护林、京津风沙源治理等重大生态工程，京津冀三地完成植树造林6 200万亩以上。

4. 区域协同发展势头良好

一是形成紧密对接的京津冀协同创新政策体系。中共中央、国务院批复了《京津冀系统推进全面创新改革试验方案》；京津冀三地签署了《共同推动京津冀国际科技合作框架协议》《关于共同推进京津冀基础研究合作协议（2018—2020年）》《京津冀科技创新券合作协议》《关于共同推进京津冀协同创新共同体建设合作协议（2018—2020年）》等一系列合作协议，制定实施了

《北京市科学技术委员会关于建设京津冀协同创新共同体的工作方案（2015—2017 年）》《发挥中关村节能环保技术优势推进京津冀传统产业转型升级工作方案》《石保廊全面创新改革试验重点改革试点方案》《河北・京南国家科技成果转移转化示范区建设实施方案（2017—2020 年）》等一系列推动政策落地的方案。二是共建一批京津冀协同创新载体平台。京津冀三地共同确定了武清京津产业新城、白洋淀科技城、曹妃甸循环经济示范区、石家庄正定新区等 15 个协同创新重点平台。中关村除位于北京的“一区十六园”外，还与津冀两地共建天津滨海—中关村科技园、宝坻京津中关村科技城、中关村海淀园秦皇岛分园、保定—中关村创新中心、雄安新区中关村科技园等多个跨区域的科技合作园区，探索出一区多园、总部—孵化基地、共建共管、整体托管、创新链合作等科技园区合作模式。三是京津冀科技合作取得明显进展。京津冀系统推进全面创新改革试验取得实质性成效，14 项重大改革举措已经完成并逐步向全国推广。北京加强全国科技创新中心建设 16 项任务积极推进，河北石保廊全面创新改革试验区 28 项改革任务落地，深化天津自贸试验区改革开放 128 项任务全面启动。北京依托中关村科学城、怀柔科学城、未来科学城和北京经济技术开发区“三城一区”创新高地和中关村企业科技创新优势，发挥技术溢出和辐射带动作用，截至 2024 年，北京输出到津冀的技术合同成交额累计 748.7 亿元，增长 1.1 倍。截至 2023 年 12 月，中关村企业在津冀设立分支机构突破 1 万家，12 家中关村企业入驻雄安中关村科技产业基地。2022 年，河北 43 个承接平台引进京津电子信息、生物医药等产业项目，总投资达 5 163 亿元。承接 5 000 万元以上京津转移新开工项目 270 个，总投资 1 494 亿元；吸纳京津技术合同成交额 230.1 亿元，同比增长 39.43%，占成交总额的 60.77%，京津已成为河北省科技供给的主要源头[①]。

（二）京津冀协同发展存在的问题

京津冀协同发展在取得了显著成效的同时，也存在一些问题，比如河北与京津的发展差距较大、京津冀城镇体系存在断层、公共服务空间分布不均衡及产业承接能力不足等。明确京津冀协同发展存在的问题，有助于下一步调整发展思路、明确发展重点。

① 京津成为河北技术成果供给重要源头［EB/OL］.（2022－08－14）［2022－09－24］. https://www.chinanews.com/gn/2022/08－14/9826809.shtml.

1. 河北与京津的发展差距较大

我们用 2005—2023 年京津冀地区 13 个地级及以上城市人均地区生产总值的极差和标准差衡量绝对差距，用变异系数和泰尔指数衡量相对差距。2005—2014 年，京津冀人均地区生产总值的极差和标准差呈上升趋势，说明京津冀绝对差距逐渐扩大；从相对差距来看，2005—2014 年，京津冀人均地区生产总值的变异系数、泰尔指数分别由 0.49、0.15 变化至 0.48、0.14，变化幅度很小，说明相对差距基本保持不变。2014—2023 年，京津冀人均地区生产总值的极差和标准差呈上升趋势，说明京津冀绝对差距逐渐扩大；人均地区生产总值的变异系数、泰尔指数分别由 0.48、0.14 增长至 0.54、0.21，说明相对差距也逐渐扩大。将 2005—2014 年与 2014—2023 年两个阶段的区域差距进行比较，可以发现，2014—2023 年京津冀的绝对差距和相对差距远大于 2005—2014 年。这说明京津冀协同发展战略实施以来，区域差距非但没有缩小，反而呈逐渐扩大趋势。为了进一步分析京津冀区域差距的来源，我们将泰尔指数分解为省内差距和省际差距，研究发现省际差距对总差距的贡献度约为 80.0%，而省内差距的贡献度约为 20.0%，说明省际差距是京津冀区域差距扩大的主要原因，尤其是河北与京津的发展差距过大是京津冀区域差距的主要根源。

2. 京津冀城镇体系存在断层

从京津冀城市空间结构来看，京津两极过于“肥胖”，周边城市过于“瘦弱”，缺少能发挥“二传手”作用的中等城市和小城市，不利于传导产业和构建完整的产业体系。2023 年，超大和特大城市约占京津冀城市数量的 6.0%，却聚集了约 50.0%的城区人口，中小城市数量约占 80.0%，仅聚集了约 30.0%的城区人口。人口空间布局的严重失衡导致京津冀中心城区人口过密，周边区域人口稀疏，京津冀区域空间结构失衡，京津冀城市群发展缺乏支撑力。通过加强培育进而形成通勤便捷高效、产业梯次配套、生活便利共享的现代化都市圈，可有效提升中心城区功能，促进人口、产业和各类生产要素向周边中小城市集聚，辐射带动周边中小城市和小城镇协同发展，优化京津冀城市体系和空间布局，从而形成区域良性互动的发展格局。

3. 公共服务空间分布不均衡

京津冀是我国公共服务资源最为密集的地区，但公共服务的空间分布极不均衡，优质公共服务主要集中在北京和天津。尽管河北在医院数量和普通高校数量上远超京津，但在高水平教育资源与高质量医疗资源上与京津仍有较大差距。在医疗方面，2023 年河北共有医院 2 423 家，分别是北京和天津的 3.22 倍和 5.28 倍，但三甲医院不到 100 家，少于北京三甲医院的数量。

在高等教育方面，2023 年河北有 123 所普通高校，但仅有 1 所“双一流”高校，且河北工业大学位于天津。同年北京有 34 所“双一流”高校，天津有 5 所“双一流”高校，三地高水平教育资源分布差距较大（见表 4－1）。

表 4－1　2023 年京津冀公共服务资源指标对比

区域	医院数量（家）	三甲医院数量（家）	普通高校数（所）	“双一流”高校数（所）
北京	752	124	92	34
天津	459	56	56	5
河北	2 423	99	123	1

资料来源：根据 99 医院库、《教育部、财政部、国家发展改革委关于公布世界一流大学和一流学科建设高校及建设学科名单的通知》整理得到。

4. 产业承接能力不足

一是承接平台布局分散且同质化竞争严重。如：2015 年 4 月通过的《京津冀协同发展规划纲要》提出重点打造“4＋N”功能承接平台。2017 年 12 月印发的《关于加强京津冀产业转移承接重点平台建设的意见》确定了“2＋4＋46”承接平台，天津市提出重点打造“1＋16”承接平台，河北省确定了以雄安新区集中承载地为核心、曹妃甸协同发展示范区等 5 个协同协作平台为重点、37 个特色个性化专业平台为支撑的重点承接平台体系。显然，津冀承接平台较多，布局较为分散，且功能重叠和同质化竞争较为严重。二是产业承接地的承接能力不足。不少承接平台建在未开发区域，周边产业配套能力差，产业集聚优势不明显，公共服务难以满足转移企业的需求，面临企业“引不来、留不住、难发展”等问题。三是京津冀地区的市场化程度低，产业协作目前还主要以政府为主，市场力量较弱。京津冀三地尚未实现产业合理分布和上下游联动发展，“京津研发、河北转化”的局面尚未形成。天津创新能力不足，承接北京非首都功能的标志性成果较少，缺乏先进的制造业、现代服务业、金融总部等带动能力强的项目。而河北与京津还存在较大落差，与南方一些省份相比，转移承接的竞争力仍然较弱①。同时，津冀两地产业同构现象依然严重，大部分城市在拥有钢铁、煤炭、化工、建材、电力、重型机械、汽车等传统行业的同时，又一哄而上发展电子信息、生物制药、新型材料等高新技术产业，产业重复建设突出、恶性竞争严重。北京不含经济中

① 孙久文，卢怡贤，易淑昶．高质量发展理念下的京津冀产业协同研究［J］．北京行政学院学报，2020（6）：20－29．

心的首都功能定位与承担经济中心功能的现实不一致，也直接导致了京津冀没有明确的承担经济中心职能的城市，产业协作存在短板。

（三）雄安新区在京津冀协同发展中的作用

河北雄安新区与北京城市副中心构成了北京新的“两翼”，雄安新区与张北地区构成河北的“两翼”，北京和河北的两个“一体两翼”正在重塑京津冀地区的经济地理格局，有利于加快形成多中心网络化的京津冀世界级城市群。北京城市副中心和河北雄安新区作为北京的“两翼”，是北京非首都功能疏解的两个集中承载地。其中，城市副中心是北京市的行政副中心，截至 2019 年已经完成了第一批市属行政单位搬迁工作，共 35 个部门、165 家单位入驻北京城市副中心。2023 年 12 月至 2024 年 1 月底，第二批市属行政单位搬迁工作结束，共 30 家市级部门、1 家国家机关单位、4 家市级机关所属单位，共计 1 万余人，集中搬迁至城市副中心行政办公区，有效缓解了北京的“大城市病”。雄安新区是“跳出北京建新城”的首都功能拓展区，重点承接高端高新产业，以及在京高校、医疗机构、企业总部、金融机构、事业单位等公共服务功能和部分行政功能。雄安新区作为京津冀协同发展向纵深推进的重大决策部署，未来要在科技创新和制度创新上有所突破，将北京的国家自主创新示范区、城市副中心的集成创新综合起来，打造未来科技新城和体制机制的创新高地。雄安新区与张北地区构成河北省的“两翼”，高质量高标准推动雄安新区建设是河北省加快发展和跨越赶超的重要契机。截至 2024 年，雄安新区从原来的三座县城到现在新建设的启动区、起步区、高新区，一座活力涌动的高水平、现代化城市正在拔地而起。作为雄安新区的重点民生工程，雄东片区、容西片区和大河片区安置房项目正在加紧建设。科创企业加速聚集，截至 2023 年，已有 323 家高新技术企业、404 家国家级科技创新中小型企业落户新区，10 万居民入住“15 分钟生活圈”，绿地、公园四处环绕。同时，雄安新区还在云端打造了一座“云上城”，通过物联网、大数据等先进技术，实现了社会、生活、经济等各方面数据实时“孪生”到数字平台上，为城市的管理、安全保障及运营保障提供了强大的数据支撑。雄安城市计算中心作为“云上城”的运算核心，构建了一个全面而高效的数据处理体系，凸显了雄安新区在信息技术方面的创新能力和前瞻性思维。总体而言，雄安新区信息化、数字化建设加快推进，创新力量和发展活力不断涌现，为高质量高标准推动雄安新区建设奠定了良好基础。作为河北省的“绿色发展示范翼”，张北地区要充分发挥绿色能源的优势，大力发展新能源、大数据、人工智能等

产业，加快布局超算、智算中心，拓展数据分析、处理、清洗等业务，为京津冀及周边地区提供高性能算力服务。同时，要推动新能源产业全链条发展、高端装备制造业创新性发展，谋划一批国家级绿色产业综合示范区，积极融入京津冀现代化产业分工网络。

（四）雄安新区建设中的矛盾

当前，雄安新区建设需要妥善处理定位高与基础薄弱的问题、“千年大计”与建设时序的问题、公共服务引入与城市人口聚集的协同问题。妥善处理以上矛盾，有利于促进雄安新区实现高质量发展。

1. 定位高与基础薄弱的问题

雄安三县现有基础设施较为薄弱。由于雄安新区是要打造北京非首都功能疏解的集中承载地，并且突出建设现代新型城区，因此雄安新区的规划势必站在较高起点，通过高规格的建设承接北京重点企业，成为京津冀新的发展极。前期建设主要是解决发展的基础问题，这无疑是正确的选择，但是雄安新区现有的基础很薄弱。2022 年，按现价计算，深圳经济特区的地区生产总值是 1979 年的一万多倍，单位面积（平方公里）贡献地区生产总值 16.21 亿元，上海浦东新区的地区生产总值是 1990 年的 145 倍，单位面积（平方公里）贡献地区生产总值 13.23 亿元。2022 年，雄安新区实现地区生产总值 325.89 亿元，单位面积（平方公里）贡献地区生产总值 0.188 亿元，分别约为深圳经济特区和上海浦东新区的 1.2%和 1.4%。从经济规模来看，2022 年，深圳经济特区、上海浦东新区的地区生产总值分别为 32 387.68 亿元、16 013.0 亿元，雄安新区地区生产总值仅相当于深圳经济特区的 1.0%、上海浦东新区的 2.0%，差距巨大。雄安新区产业发展滞后，市场主体发育不足，是三个新区中基础最薄弱但定位最高的。因此，雄安新区前期重点在于培育市场主体、扩大经济规模、夯实发展基础。一是要加强与北京中心城区的联动发展。要抓住北京非首都功能疏解的机遇，积极承接北京城市核心区的部分中央企业的办公职能和其他重要职能，提升企业准入门槛，有选择地承接部分绿色产业和高新技术产业。同时要畅通与北京的要素流通渠道，不仅强化交通联系，而且打破市场壁垒，促进各级各类生产要素自由、有序、双向流动。二是加强与周边其他城市的经济联系，包括保定、石家庄及周围地级市，加强与周边城市在产业协同、交通一体化、生态环境协同治理、公共服务等重点领域的联系，与周边地区形成一体化发展趋势。

2. “千年大计”与建设时序的问题

雄安新区是国家重点建设的新区，建设雄安新区是一项历史性的工程，要保持历史耐心。作为一座“平地起高楼”的城市，雄安新区基础十分薄弱，要按照规划的建设时序，将有限的资金先投入到事关人民生产生活的重点领域，如基础设施、公共服务、城市建设等，边建设、边产出，最终实现预期目标。因此，要遵循以下原则：一是远近结合原则。应科学预测城市的发展状况，正确处理近期建设和远景发展要求间的关系，使城市的发展规模、各项建设标准、开发时序同城市的实际社会经济发展水平相适应。二是经济社会发展原则。雄安新区的规划和建设应当促进经济和社会发展，综合提高人民的生活质量，坚持经济效益、社会效益与环境效益相统一。三是绿色发展原则。雄安新区在规划建设当中应当保护和改善城市生态环境，防止在城市建设中损害、污染公共环境，保护现有绿地、行道树和古树名木，提高城市绿化水平，加强环境卫生和市容建设，促使城市走上可持续发展的良性轨道。四是保护历史文化遗产及城市传统风貌原则。雄安新区在城市建设中应当保护具有重要历史意义、文化艺术价值和科学价值的文物古迹、建筑物和构筑物以及有特色的历史风貌和自然景观。

3. 公共服务引入与城市人口聚集的协同问题

公共服务的发展和提升是经济增长的动力和源泉，公共服务通过提升人力资本水平促进经济增长。《纲要》指出，要引入京津优质教育、医疗卫生、文化体育等资源，建设优质共享的公共服务设施，发展金融服务、科创服务、商务服务、智慧物流、现代供应链、数字规划、数字创意、智慧教育、智慧医疗等高端现代服务业，促进制造业和服务业深度融合。公共服务的规模需要与人口规模相适应。雄安新区应根据城市人口增长情况引入公共服务，综合规划与建设相关的基础设施，形成与人口规模变化相匹配的服务能力，引导区域公共服务资源均衡布局和协调发展。近年来，雄安新区编制了《雄安新区规划技术指南（试行）》，其中“公共服务设施篇章”对公共服务设施分类体系和分级体系进行了优化调整，基本满足人口动态变化的需求。雄安新区按照总体规划部署着力构建“城市—组团—社区”三级公共服务设施体系，各领域取得了不同程度的进展。一是教育资源有机衔接。雄安北海幼儿园、雄安史家胡同小学和北京四中雄安校区全部交付，并于 2023 年 9 月全部顺利开学。二是住房供给多元化。雄安新区重点围绕北京非首都功能疏解人群的住房需求，按照“多主体供给、多渠道保障、租购并举”的要求，积极引入社会力量参与住房保障体系建设，同时持续推进老旧小区改造，截至 2023 年 11 月，雄安新区 107 个老旧小区改造工程基本完成。三是医疗服务稳步落地。

京津卫健部门对口帮扶相关医疗单位，分期分批承接诸如雄安宣武医院等在京部委所属医疗机构疏解项目。截至2024年，天津市选派医学专家264人次进驻雄安新区安新县卫生健康机构开展全面帮扶，不断增强帮扶医院医务人员专业技术能力，提高当地医疗水平。四是养老服务立体式发展。以高标准规划建设养老服务设施，如日间照料中心、养老健康驿站、智慧养老服务平台等，让老年人享受到优质的养老服务。截至2023年，容东片区、容西片区等集中建成区已开设了“养老驿站”，为辖区内的老年人提供日间生活照料、助餐供餐、文化娱乐、健康指导等服务，满足不同老年人的多样化养老需求，打通养老服务的“最后一公里”，让老年人安享幸福晚年。

四、未来雄安新区的发展重点

本节主要分析未来雄安新区的发展重点。未来，雄安新区应继续促进人口集聚，扩大城市群规模；加大创新投入，提升城市群能级；畅通要素流通渠道，强化城市群分工；提升风险应对能力，增强城市群韧性；数字赋能提升城市治理效能。

（一）促进人口集聚，扩大城市群规模

人口是城市发展的基础，未来雄安新区应当继续优化城市空间、培育市场主体、提高公共服务供给质量，不断提升雄安新区的地方品质，打造宜居宜业的品质雄安，不断集聚人口和经济活动，推动京津冀城市群形成梯度合理的城市规模等级体系。人才区位决定产业区位，进而决定城市地位和城市群地位。因此，不断提升地方品质应当是未来相当一段时期内雄安新区扩大城市规模的主要策略。地方品质是居民日常生活空间中可及地理范围内不可贸易品的数量、质量和多样性，主要包括生态环境、公共服务、住房供给等方面①。在生态环境方面，雄安新区要选择性地承接绿色和新能源产业，从源头上杜绝污染物排放。同时，要继续治理白洋淀，改善白洋淀水环境质量，提升生物多样性，继续推进“千年秀林”工程，打造蓝绿交织的生活空间。在公共服务方面，雄安新区要继续加大对公共服务的财政投入力度，积极承

① 李国平，宋昌耀．建设京津冀世界级城市群视野下的雄安新区发展方向［J］．河北学刊，2021，41（6）：133－140．

接北京优质的教育、医疗资源，深化与京津高校、医院的密切联系，推动更多的高校和医院在雄安新区设立分校和分院，推动雄安新区公共服务迈向更高水平。在住房供给方面，充分考虑年轻人口的特征，推行年轻人才友好型住房政策，创新土地和住房供给模式，探索建立并积极落实住房租赁积分制度。此外，雄安新区不仅要吸引常住人口，还要积极吸引旅游者，实现主客共享，共塑地方品质。

（二）加大创新投入，提升城市群能级

雄安新区应当推进创新雄安战略，夯实自身定位，强化基本职能，提高创新要素投入产出效率，促进京津冀城市群职能外向化、高端化。在创新驱动高质量发展的背景下，雄安新区应当提升创新能力，打造创新产业链，构建区域创新系统，推进全方位创新。第一，在创新投入方面，雄安新区政府应当以“两新一重”为抓手，扩大研发经费支出，争取落户国家大科学装置，打造国家基础创新中心。与此同时，引进企业研发中心落户，尤其是支持衔接北京创新与津冀产业的创新项目，积极推动企业研发。第二，在创新产出方面，打造雄安新区创新成果信息平台，宣传“雄安创新”，扩大创新影响力和辐射力；加强与其他城市的创新与创业联动合作，推动创新成果在城市群内部转化。第三，在创新产业方面，通过政府补贴、税收优惠、土地供应等政策工具，加快引进航空航天、集成电路研发与制造等战略性新兴产业，发展科技服务业，构建创新产业体系。第四，在创新应用方面，加强区域创新合作，积极与北京实现创新联动，引进北京“三城一区”创新成果；主动采用第四次科技革命的创新成果，打造未来城市。

（三）畅通要素流通渠道，强化城市群分工

为加强京津冀城市群内部联系、强化城市群内部空间分工、提升地区发展效率，应当畅通要素流通渠道，推动城市群一体化发展。首先，不断完善交通基础设施。加强与周边城市的互动交流，开通面向长三角、粤港澳大湾区的航班，促进生产要素在国内、国际高效流动。优化石家庄正定机场、北京大兴机场、天津滨海机场与雄安新区之间的城际列车线路，提升中转与换乘效率。其次，建设“轨道上的京津冀”。重点提升北京、天津、石家庄和保定的交通效率，加强面向冀中南、冀东北等方向的铁路联系。最后，打造集机场、高速铁路、城际铁路和城市道路于一体的立体化交通网络。同时，以

新发展理念为指导，强化与其他城市的空间分工。一是加强雄安新区与其他城市之间文化、贸易、政务等方面的交流，强化京津冀文化认同感，增强其他城市对雄安新区的支持。二是加强雄安新区与其他城市之间的产业合作，围绕京津冀优势产业形成新型地域分工体系，优化产业链、空间链。三是促进要素集散与流动，畅通人流、物流、资金流、信息流、旅游流。

（四）提升风险应对能力，增强城市群韧性

为促进京津冀城市群可持续发展，雄安新区应当推进韧性雄安战略，不断提升对来自经济、社会、生态等方面的风险的识别、评估和应对能力，增强城市韧性。第一，在经济韧性方面，雄安新区应当积极完善和发展面向未来的现代化经济体系，培育城市持续创新基因，强化本地知识基础，培养城市内生增长动力；树立“发展周边就是发展自己”的发展理念，促进产业发展的空间溢出，扩大就业岗位，吸引周边人口，实现发展成果共享。第二，在社会韧性方面，推行“来了就是雄安人”，增强外来人口对雄安新区的认同感和归属感；将城市福利与个人贡献相结合，严防“寻租”“食利”阶层产生；增强城市包容性，提升社会修复和整合能力。同时，应加快应急管理制度建设，建立更加高效的突发公共卫生事件应急管理体系。第三，在生态韧性方面，提升应对外部自然灾害的能力，构建系统完善的防灾避难体系，结合本地实际，保障防涝安全和用水安全①。

（五）数字赋能提升城市治理效能

数字化不仅能够促进产业发展，而且可以赋能城市现代化治理。《纲要》明确提出要打造全球领先的数字城市，将雄安打造成为一座未来之城。为此，雄安新区应当坚定不移地实施数字雄安战略，为京津冀城市群实现现代化做表率。第一，强化数字基础设施建设，运用前沿的智慧城市管理系统，打造数字城市大脑。坚持目标导向与问题导向，打破“数据孤岛”，融合雄安新区政府服务数据，完善数据共享、业务协同，提升社会治理效能。第二，以雄安新区为牵头试点，推动城市群政务、商务等数据互联互通，将不同城市的政策指引、产业项目、发展要素等数据要素共享共用，以数据资源和信息资

① 李国平，宋昌耀．建设京津冀世界级城市群视野下的雄安新区发展方向［J］．河北学刊，2021，41（6）：133-140.

源为切入点统筹城市之间的资源配置，破解政府管制与市场经济的城市治理二元难题。第三，以大数据为抓手，打造雄安新区项目监测治理平台，识别和评估雄安新区建设项目的进展速度、发展绩效及其可推广性，总结已有项目发展经验，在城市规划、项目建设、招商引资、城市治理等方面形成新型可复制的体制机制[①]。

参考文献

[1] 孙久文，夏添．新时代京津冀协同发展的重点任务初探［J］．北京行政学院学报，2018（5）：15－24.

[2] 夏添，孙久文．北京非首都功能疏解的思考与刍议：基于“新都市主义”的视角［J］．北京社会科学，2017（7）：69－78.

[3] 北京非首都功能疏解取得突破性进展 重点领域协同发展水平持续提升 京津冀协同发展已进入全方位高质量深入推进阶段［EB/OL］．（2024－02－28）［2024－03－12］．https：//www.beijing.gov.cn/ywdt/zwzt/jjjyth/bjdt/202402/t20240228_3571873.html.

[4] 孙久文，邢晓旭．北交所赋能北京产业结构优化的作用渠道与战略构想［J］．经济与管理，2023，37（4）：20－28.

[5] 孙久文．雄安新区在京津冀协同发展中的定位［J］．甘肃社会科学，2019（2）：59－64.

[6] 刘秉镰，孙哲．京津冀区域协同的路径与雄安新区改革［J］．南开学报（哲学社会科学版），2017（4）：12－21.

[7] 从十年成绩单看京津冀协同发展之变［EB/OL］．（2024－02－27）［2024－04－11］．https：//fgw.beijing.gov.cn/gzdt/fgzs/mtbdx/bzwlxw/202402/t20240208_3559532.htm.

[8] 京津成为河北技术成果供给重要源头［EB/OL］．（2022－08－14）［2022－09－24］．https：//www.chinanews.com/gn/2022/08－14/9826809.shtml.

[9] 孙久文，卢怡贤，易淑昶．高质量发展理念下的京津冀产业协同研究［J］．北京行政学院学报，2020（6）：20－29.

[10] 李国平，宋昌耀．建设京津冀世界级城市群视野下的雄安新区发展方向［J］．河北学刊，2021，41（6）：133－140.

① 李国平，宋昌耀．建设京津冀世界级城市群视野下的雄安新区发展方向［J］．河北学刊，2021，41（6）：133－140.

第五章　多中心区域空间中的雄安新区

本章主要介绍多中心区域空间的雄安新区。京津冀协同发展背景下，京津冀地区形成了北京—天津—石家庄的多中心空间结构，这成为实现京津冀区域协调与可持续发展的重要支撑。未来，雄安新区在这个三角区域的中心将起到核心聚集区的作用，成为平原人口密集地区城市建设的全国典范，为城市建设提供经验。

一、多中心区域空间的理论内涵

《中华人民共和国国民经济和社会发展第十四个五年规划和 2035 年远景目标纲要》明确提出要“形成多中心、多层级、多节点的网络型城市群”。从空间结构分析，北京出现“大城市病”的主要原因与城市的单中心空间结构有关。雄安新区的城市规划要从根本上改变这种单中心的规划思路，从建设组团式多中心的组合型城市出发，规划建设 3～5 个组团，每个组团 30 万～50 万人口，以快速交通工具联结各个组团，最终形成雄安新区多中心的区域空间格局。

（一）多中心区域空间理论的内涵

多中心是一个涉及地理、经济社会、政治、行政等多个方面的动态概念。城市的空间结构主要分为单中心和多中心两种，其通常反映了资源、要素及社会经济活动在特定空间上的分布方式和组织形态。过去，经济活动主要围绕传统的单中心空间结构进行，目的在于促进生产要素集聚，进而获得更大的规模经济。随着经济活动的不断扩张和信息技术水平的迅猛发展，单中心

空间结构导致的城市交通拥挤、土地利用过载、区域环境恶化等一系列问题不断涌现，这种城市的单中心发展模式越来越需要调整优化[①]。

多中心区域空间包括空间形态的多中心、功能的多中心和治理的多中心。城市区域空间形态学上的多中心是指不同规模、相对独立的城镇或城市组团在特定区域的分布状态，通常可以根据通勤的多中心加以诠释。形态学上的多中心是对人类聚落地理空间上分布特征的描绘，正如克里斯泰勒在德国南部进行的著名的“中心地”的研究中所展示的那样，各个层级的中心在空间上相对均匀地分布。纯粹的形态学上的多中心在区域发育程度较低的状态下更为普遍，地理环境因素对空间分布的影响更为突出，各种中心之间的联系相对较弱，自给自足的情况更为普遍。

功能多中心是根据不同规模、相对独立的城镇或城市组团间功能联系的强弱程度来界定的，这种功能性的联系主要建立在以公司内部联结为基础的精细的城市间高端生产性服务业的联结上。功能多中心通常可以通过商务旅行和交流程度来测度，如电话、会议、电子邮件等，其中面对面交流尤为重要。由于功能多中心更加强调信息流动和公司组织的多中心，因此其一般出现在经济高度一体化的城市区域。空间上的均衡分布，即形态上的多中心并不能保证互补性功能的平均分布，市场驱动的“集群多中心”才是功能多中心产生的真正动力。

治理多中心是功能多中心发展到一定程度后产生的。多中心意味着多个决策中心，基于民主和公共物品的属性与范围，多中心的治理模式与单中心的治理模式有着本质区别。单中心政治体制的定义是决定、实施和变更法律关系的政府专有权归属于某一机关或者决策机构，该机关或决策机构在特定社会中拥有行使权力的垄断权。多中心政治体制的定义是许多机关或决策机构分享着有限的且相对自主的专有权，来决定、实施和变更法律关系。

（二）多中心区域空间理论的应用案例

目前，我国多中心城市区域的研究对象比较类似于钱皮恩划分的三个空间层次：一是单个的大都市区域。包括都市区、郊区及其通勤腹地，如重庆。二是多核心的大都市区域。由一系列规模接近的城市组成，如长三角城市群和珠三角城市群。三是从国家尺度的层面来看，以各个国家中心城市或区域中心城市为核心，包含多个城市群，覆盖全部国土面积的多中心的巨型城市

① 罗震东，朱查松．解读多中心：形态、功能与治理［J］．国际城市规划，2008（1）：85－88.

区域，如由京津冀城市群、长三角城市群、珠三角城市群和成渝城市群等共同组成的多中心巨型城市区域。

在城市空间尺度上，多中心理论被广泛运用于国内众多大城市的总体规划中。《北京城市总体规划（2004 年—2020 年）》对城市空间布局进行了战略调整，提出构建“两轴—两带—多中心”的新城市空间格局。《重庆市城乡总体规划（2007—2020 年）》中规划了市域中心城市、区域中心城市、次区域中心城市、中心镇和一般镇五个等级的市域城镇体系，提出“一城五片、多中心组团式”的都市区空间结构布局。该尺度的多中心的规划目标主要是避免城市活动过于密集分布在特定的中心地区，造成中心城区交通拥堵、房价攀升、社会分异度拉大和生态环境恶化等问题。

在区域空间尺度上，多中心理论同样受到一定程度的关注，并在一定范围内得到运用。《珠江三角洲城镇群协调发展规划（2004—2020）》明确提出“双核多心多层次”的城市空间体系。该规划明确提出要抓住机遇期，加快发展、率先发展、协调发展，全面提升区域整体竞争力，进一步优化人居环境，建设世界制造业基地，走向世界级城市群。该尺度的多中心城市的规划目标主要是提升区域整体竞争力，维护良好的生态环境。

在国家空间尺度上，《全国城镇体系规划（2006—2020 年）》提出了“多元、多极、网络化”的全国城镇空间结构。该规划提出了实现全面建设小康社会的目标，要求落实“五个统筹”，即统筹城乡发展、统筹区域发展、统筹经济和社会发展、统筹人与自然和谐发展、统筹国内发展和对外开放，实现城镇化和城镇建设的科学决策。该尺度上的多中心城市规划的目标是平衡区域发展，缩小城乡差距。

（三）多中心区域空间规划的功能作用

与单中心空间结构相比较，多中心空间结构具有各种资源均衡分布的自然属性。城市区域的多中心意味着一个区域内的各类资源不是集中在一个地方，而是均匀地分散在整个区域中，能够辐射带动整个区域的均衡发展。多中心性可以通过借用规模行为以及中心城市的劳动力、知识和技术、资本的空间外溢，实现城市群的协同发展[①]。在大、中、小城市发展差距不断拉大的背景下，城市群的多中心发展模式的优势逐渐凸显。多中心空间结构已成为

---

① 姚常成，吴康．多中心空间结构促进了城市群协调发展吗?：基于形态与知识多中心视角的再审视［J］．经济地理，2020（3）：63－74．

实现区域协调发展的重要工具和手段①。

第一，合理的多中心城市空间结构对于疏解交通拥挤、减少污染排放、抑制房价快速增长、缓解城市热岛效应均具有一定的积极作用。此外，从古典理论的视角来看，城市规模和密度能够形成集聚优势，集聚优势又会促进企业生产率的提升，即产生静态的外部效益。另外，集聚所产生的效应在城市范围内持续扩散，比如跨部门的效益溢出会引起更高水平的创新和增长，反过来又会造成集聚，即产生动态的外部效应。但是，城市规模的扩张也会产生消极的外部效应，如交通拥挤、房价上涨、环境污染及其他经济社会方面的负面影响，从而抵消其积极效应。

第二，在城市区域的尺度下，城市可以被看作城市群网络中的节点。区域的发展不仅仅靠集聚，还可以通过城市之间的网络外部效应构成更加密集的城市网络，通过生产要素在城市网络中的流动实现经济发展。多中心的外部效应还能促进区域间的竞争与合作，促使区域经济更加平衡、高效地发展。对于产生了互补效应和外部效应的多中心城市区域而言，其协同能力要优于各个组成部分之和。

第三，国家或跨国尺度也能够体现出多中心城市区域的作用。例如欧盟成员国的空间范围内，分布着大巴黎区、兰斯塔德、莱茵—鲁尔等城市群，这些城市群构成了一个广义上的多中心城市区域。1999 年，欧盟成员国的主要领导人经过长期协商，共同制定了《欧洲空间前景发展展望》，其中也出现了众多新名词，如“多中心”，得到了专家的一致认可，该名词也被贯穿在之后所有的规划研究当中，调和了成员国之间的利益冲突，平衡了欧盟成员国各地区之间的发展差距，促进了地区融合，增强了国际竞争力。该尺度下的多中心城市区域的作用主要体现在“均衡发展”上。

第四，多中心空间结构有利于增强区域经济韧性。多中心空间结构能够促进城市间的功能互补与组织协作，进而提升区域经济韧性。多中心空间结构的形成可以用两个理论来解释。一是中心地理论。该理论强调地理区位上邻近且联系紧密的中小城市之间通过专业化分工与协作，能够促进城市之间的功能联系。二是土地竞租理论。该理论强调城市中心内部的集聚不经济会导致土地价格和生产生活成本上升，进而促使城市中心区域的经济活动向周边地区转移，其空间结构也向更为分散的多中心空间结构转变。第一类多中心空间结构的形成过程中，由于中小城市之间的专业化分工与协作，避免了

---

① 孙斌栋，丁嵩．多中心空间结构经济绩效的研究进展及启示［J］．地理科学，2017（1）：64-71.

单中心模式下因过度集聚导致的城市交通拥挤、市场过度竞争、环境承载力超负荷等城市病的出现，使得多中心空间结构下的各区域均可获得同等规模单一特大城市的规模经济。规模经济具有体量上的优势，也使得经济体量较大的区域在面临冲击时能够更快恢复，相较于经济体量较小的区域抵抗能力更强。

第五，多中心空间结构之间的"互借规模"，使得地理邻近且联系紧密的小城市组合能够借助相互靠近获得外部经济，进而实现区域之间的优势互补、功能互用。这种多中心空间结构之间的互借模式还会使邻近城市共享集聚经济，借助多中心空间结构使得区域内大城市的教育、科技等优势通过城市间的互联互通为其他城市的经济发展提供支撑。经济结构的强化不仅使经济体不会面临突然崩塌，延长其抵抗冲击的时间，而且能够让经济体更具适应性，从而达到增强区域经济韧性的目的①。

二、京津冀地区的多中心空间结构

本节主要分析了京津冀地区的多中心空间结构。首先，分析了京津冀多中心空间结构的内在逻辑；其次，分析了京津冀多中心空间结构的设计；最后，提出京津冀多中心空间结构的功能。

（一）京津冀多中心空间结构的内在逻辑

多中心空间结构可以有效推动区域协调发展。京津冀地区在人口分布上已呈现出多中心分布的特征，但其功能多中心性明显较弱，城市群内部不平等程度较高。具体来看，北京作为核心城市，极化作用较强，由于其经济、政治优势，对周边地区产生"虹吸效应"，致使河北地区增长乏力，且京津冀内部不同城市的产业之间尚未形成良好衔接，产业发展差距进一步加大了区域发展差距。未来，京津冀应注重多中心性尤其是功能多中心性的建设，科学合理界定各个城市的功能，增强城市间的产业联系，破除行政壁垒，促进生产要素自由有序流动，助力京津冀地区协同发展。

2015 年 4 月 30 日，《京津冀协同发展规划纲要》正式通过中共中央政治

① 滕祥河，钱美君，文传浩．多中心空间结构对区域经济韧性的影响研究［J］．技术经济，2022（6）：121－130.

局审议。该文件提出京津冀将形成“一核、双城、三轴、四区、多节点”的城市空间布局。一方面，北京将沿“四轴”向东北（唐山、秦皇岛）、西北（张家口）、东南（廊坊、天津）和西南（保定、石家庄）辐射疏解，并形成中部核心功能区、东部滨海发展区、南部功能拓展区和西北部生态涵养区四大区域。另一方面，《京津冀协同发展规划纲要》明确提出分三个时间段推进京津冀多层次空间结构的形成。到 2017 年，实现“中心—外围”向“双城驱动”转变；到 2020 年，实现“双城驱动”向“三轴四区”转变；到 2030 年，形成“多节点网络”的高级空间形态。北京的定位是全国政治中心、文化中心、国际交往中心和科技创新中心，与“四个中心”不相符的职能都将通过疏解转移到天津和河北。功能定位的演变充分说明了京津冀在发展过程中已逐渐淡化自身的经济职能，朝着明确自身定位和充分发挥各城市职能的方向发展。

京津冀协同发展作为国家战略，是我国区域经济发展模式的创新，对全国区域经济发展具有重要的引领示范作用。当前，京津冀协同发展的中期目标基本完成，北京常住人口规模得到控制，非首都功能疏解取得明显进展，区域一体化交通网络基本形成，生态环境得到有效改善，产业联动发展功能初显，“一核两翼”与网络化空间格局加快建设，公共服务共建共享，初步形成了京津冀协同发展、互利共赢的新局面。

（二）京津冀多中心空间结构的设计：北京—天津—石家庄

京津冀三地的区域定位分别如下：北京是全国政治中心、文化中心、国际交往中心和科技创新中心；天津是全国先进制造研发基地、北方国际航运核心区、金融创新运营示范区、改革开放先行区；河北是全国现代商贸物流重要基地、产业转型升级试验区、新型城镇化与城乡统筹示范区、京津冀生态环境支撑区。

从城市群的建设发展来看，城市群主要是以辐射效应强的大城市辐射带动区域内中小城市和小城镇发展。因此，中心城市在城市群整体建设中具有举足轻重的地位，可以有效辐射带动周边地区一体化发展。因此，京津冀协同发展过程中，要充分利用中心城市的集聚优势，进一步巩固和强化中心城市的地位和作用。京津冀城市群中北京、天津、石家庄三大中心城市在经济、政治、区位等方面均具有相对优势。北京的优势在于高端服务业和高新技术产业，天津的优势在于现代制造业并且是北方最大的港口之一，石家庄的优势则在于其拥有比较发达的工业基础和便利的交通条件。一方面，三大中心

城市凭借自身优势，通过集聚效应吸引了大量的优质生产要素资源，各类生产要素的持续集聚提升了经济发展水平；另一方面，三大中心城市通过正外部性，对周边地区的经济辐射效应持续增强，为京津冀区域内的中小城市和小城镇发展提供了良好条件。因此，未来需要继续强化北京、天津、石家庄三大中心城市的核心地位，深化中心城市与新城、新区以及周边地区的合作，不断拓展合作领域和合作范围。从中心城市层面来说，要充分利用国家中心城市、区域性中心城市、节点城市培育的良好机遇，发挥北京的科技优势和金融优势，加快天津产业优化升级，推动石家庄工业高质量发展。从都市圈层面来说，在发展过程中，要依托中心城市，高度重视和大力推进北京、天津、石家庄三大都市圈的形成与发展，不断优化京津冀的空间结构。

京津冀核心城市优势明显，但城镇体系存在断层，缺少发挥“二传手”作用的大城市，周边中小城市发展不足，影响了城市空间结构的优化和一体化发展。因此，要分类施策，激发城市发展活力，推动区域经济均衡发展，实现国内大循环。对于核心城市来说，应着力提升城市治理水平，加强城市风险防控，充分发挥对周边中小城市的辐射带动作用。对于中小城市来说，一方面，应明确区位优势和产业基础，积极融入京津冀城市群产业链的构建中，提升产业发展的现代化水平；另一方面，应加强基础设施建设，提升基本公共服务供给水平。在教育、医疗等方面加强与核心城市的联系，积极承接优质公共服务资源，提升公共服务供给质量。河北应更加重视雄安新区在承接北京非首都功能疏解中对周边城市的影响，在建设雄安新区的同时，要充分考虑周边城市的发展需求和发展优势，以产业发展为支撑，以公共服务资源为条件，提高周边城市的吸引力和可持续发展能力。积极鼓励石家庄、唐山、保定等具备交通优势和良好发展基础的城市优先发展，培育引领区域发展的新增长极。此外，以北京、天津和石家庄都市圈为基本单元推动双循环经济体系建设，畅通区域间人员、商品、信息、资金等生产要素的流通渠道，提升跨区域资源配置效率，完善一体化要素市场体系。

（三）京津冀多中心空间结构的功能：区域协同、面向全国、打造世界级城市群

实现京津冀协同发展，重点在于构建“一核两翼”的发展格局，形成多中心城市空间体系。通州城市副中心为北京中心城区功能和人口疏解的重要承载地，河北雄安新区是北京非首都功能疏解的集中承载地，“两翼”通过承接北京非首都功能，形成对北京中心城区的支撑。一般来说，“一核两翼”为

“一核、双城、三轴、四区、多节点”空间格局的补充，既可为解决北京“大城市病”提供新思路，又有助于优化京津冀城镇体系，最终形成“两翼”错位齐飞的格局，打造平衡发展的京津冀城市空间。

促进京津冀多中心空间结构功能的发挥，加快建设城市微中心。北京出现“大城市病”的主要原因是城市的单中心空间结构引发了“虹吸效应”。为了缓解北京的“大城市病”，多中心的城市空间结构是未来京津冀协同发展的根本遵循。京津冀协同发展要建设多中心或组合型城市，在中心城市周边规划建设微中心就显得十分重要。应鼓励企业将文化创意、医疗健康、教育科研等产业融入微中心建设中，采用一个总部承担一个微中心建设的模式，着力打造一系列与专业镇性质类似的微中心，进而由点及面地推动北京非首都功能疏解和京津冀协同发展。

当前，我国正处于经济转型升级、城镇化深入发展的关键时期，建设京津冀世界级城市群是提升我国国际竞争力和影响力的重要部署，也是实现区域协调发展、南北平衡的关键举措。建设以首都为核心的世界级城市群是京津冀协同发展的目标，这不仅要求京津冀三地在科技、产业等方面发挥引领作用，还要求其成为具备强大辐射能力和国际竞争力的发展高地。

新发展格局对京津冀建设世界级城市群提出了更加具体的要求。一方面，国内大循环包括需求和供给两个方面。从需求角度来看，新发展格局坚持扩大内需这个战略基点，要求京津冀通过形成合理的城市空间体系、扩大中等收入群体、加快推进消费新模式新业态来全面促进消费。从供给角度来看，新发展格局需要京津冀深化供给侧结构性改革，坚持发展方向和功能定位，以科技创新为动力，以实体经济为主体，以高端制造业为核心，以生产性服务业为支撑，完善地区间产业分工网络，打造全产业链条，形成均衡合理的现代化产业体系。另一方面，国内国际双循环要求以国内大循环吸引全球资源要素，充分利用国内国际两个市场、两种资源，这要求京津冀不断提升城市能级和国际影响力，加快形成以创新平台为核心的世界级城市群。由此可见，在新发展格局下，京津冀建设世界级城市群强调实现城市等级、经济体量、协同创新、产业分工等方面的统一。

三、雄安新区在京津冀多中心空间结构中的定位与功能

雄安新区作为北京非首都功能疏解的集中承载地，也是除北京之外的一个新增长极，为推动河北省实现跨越式发展及京津冀一体化发展提供了强劲动力。

（一）雄安新区在京津冀多中心空间结构中的定位

雄安新区是我国在经济新常态和体制机制深度改革时期做出的重大历史性战略决策，其不仅肩负着推动京津冀世界级城市群建设的历史使命，而且事关缩小南北差距、实现全面经济振兴的宏伟目标。雄安新区不同于一般的新城，它内嵌于城市群网络机体之中，与城市群之间存在密切的经济联系与能量交换，在空间上扮演着京津石之间的新枢纽角色，承担着加速世界级城市群形成的新支点功能①。

第一，雄安新区是非首都功能疏解的集中承载地，重点是承接北京非首都功能疏解和人口转移。《京津冀协同发展规划纲要》明确提出，有序疏解北京非首都功能是京津冀协同发展的核心。北京非首都功能的集中疏解需求决定了雄安新区的设立成为必然选择，雄安新区的设立体现出中央对疏解北京非首都功能这个京津冀协同发展战略的核心任务的新思维，也是考虑到现有资源环境约束对北京功能疏解的制约，寻找解决北京“大城市病”现实途径的探索。

第二，雄安新区为京津冀区域协同发展提供新动力。从产业结构和人均收入比较，京津冀之间存在显著的悬崖式落差，北京发展的“虹吸效应”是造成京津冀发展不平衡的主要原因之一。参考长三角、珠三角的发展经验，京津冀要实现真正的协同发展，就必须缩小人均收入、基本公共服务等方面的差距，充分发挥各个区域的比较优势，实现核心区域与周边区域同步发展，由此整个区域才能够真正产生协同效益。河北省需要加大力气促进产业结构转型升级，实现跨越式发展。从区域发展现状的大背景出发，雄安新区的设立有利于提振河北的经济发展，为京津冀一体化发展提供强劲动力。雄安新区与北京、天津基本构成一个等边三角形，是京津冀区域发展的重要战略支点，将作为京津冀协同发展的“动力源”，推动京津冀协同发展。

第三，雄安新区是经济新常态下深化经济体制改革、探索新经济增长动力的改革试验田。雄安新区作为北京非首都功能疏解的集中承载地，要建设成为高水平的社会主义现代化城市、京津冀世界级城市群的重要一极、现代化经济体系的新引擎、推动高质量发展的全国样板。《纲要》明确提出要将雄安新区打造为绿色生态宜居新城区、创新驱动发展引领区、协调发展示范区

---

① 李兰冰，郭琪，吕程．雄安新区与京津冀世界级城市群建设［J］．南开学报（哲学社会科学版），2017（4）：22-31.

以及开放发展先行区。开放发展先行区所带来的更加灵活的体制机制将使得雄安新区成为新时代新经济的引领者，未来很多新的市场化改革措施将会在雄安新区先行先试。雄安新区的设立和发展将促进中国行政体制改革，促进经济体制和行政体制的有机结合，不断完善现代化城市治理体系。

雄安新区既要着眼京津冀协同发展的大背景，主动融入京津冀协同发展的大趋势，加强同北京、天津、石家庄、保定等城市的联系，又要明确自身定位，充分发挥自身比较优势，与北京中心城区、北京城市副中心形成合理分工，实现错位发展。雄安新区只有实现融合和错位发展，才能在对接京津、服务京津中加快自身发展，在有效疏解北京非首都功能的进程中实现区域良性互动，形成目标同向、措施一体、优势互补、互利共赢的协同发展新格局。

（二）雄安新区在京津冀多中心结构中的空间作用演化

京津冀协同发展“时空演化阶段论”指出，时间阶段的演进与空间形态的演化是京津冀协同发展最明显的两个维度，可以划分为使动阶段、自动阶段和协同阶段等三个时空演化阶段[①]。

雄安新区规划建设应遵循“雄安新区→京津冀都市带→京津冀协同发展→环渤海经济圈→中国北方→东北亚”的发展逻辑，承担起维持中国南北平衡、促进中国深度改革与转型发展等重大国家任务[②]。京津冀协同发展是中国深层次改革与转型发展的战略支点，而雄安新区是京津冀协同发展中的关键节点和我国总体区域战略布局中的新枢纽城市。京津冀协同发展需要充分发挥各个区域的比较优势，实现核心城市与周边区域同步发展。

雄安新区作为京津冀协同发展的重要支点，其建设推进需要遵循京津冀协同发展的时空演化规律，其在不同的发展阶段中存在不同的空间形态，依赖不同的动力机制，承担不同的建设任务。雄安新区规划建设的 7 年来，京津冀协同发展已经走过使动阶段，正处于自动阶段向协同阶段转变的过渡期。这一阶段雄安新区的建设重点，在于利用自身的区位优势、政策优势和建设基础，深入推进京津冀地区交通一体化、公共服务一体化和区域政策一体化发展，加快建设商品市场、要素市场和资本市场一体化发展体系。

---

① 孙久文，原倩．京津冀协同发展战略的比较和演进重点［J］．经济社会体制比较，2014（5）：1－11.

② 李兰冰，郭琪，吕程．雄安新区与京津冀世界级城市群建设［J］．南开学报（哲学社会科学版），2017（4）：22－31.

雄安新区的城市建设是一个动态变化的过程。在《纲要》的规划期，大致可分为两个阶段，即突破集聚阈值阶段和城市规模扩大阶段①。可以预见，在规划期结束后，雄安新区将依然处于城市规模扩大阶段。由于各阶段集聚产生的机制不尽相同，因此，雄安新区对周边的城市主体所产生的空间作用随发展阶段的变化而变化。在突破集聚阈值阶段，雄安新区需要外部冲击，即大量引入产业与人口。而这种外部冲击来自国家政策，即对北京非首都功能高端部分的集中承接，而与之相匹配的服务业从业人口的需求，是本地原住居民可以满足的。因此，雄安新区自身并不会对周边地区造成过多的空间影响。但此阶段需尽快完成，否则城市无法进入良性发展轨道。

（三）雄安新区在京津冀多中心空间结构中的核心聚集功能

雄安新区位于北京、天津和石家庄的地理中心。其中，北京是全国政治中心、文化中心、国际交往中心和科技创新中心。天津拥有我国北方最大的外贸口岸和自贸区，外向型经济高度发达。石家庄作为省会城市是河北省外向型经济的核心地区。雄安新区的对外开放将带动京津冀协同发展，进而对整个北方地区产生辐射和扩散效应，提升北方地区的对外开放水平。

克里斯塔勒的中心地理论认为，城市的中心性由承担的商品或服务的等级决定。高等级的中心能够提供高等级的商品或服务，而低等级的中心只能提供低等级的商品或服务。雄安新区作为国家级新区，需要有高等级的职能与之匹配，从城市的职能等级看，超越北京、天津、河北三地地域分工的高级职能，只有首都职能。因此，从雄安新区作为千年大计的发展需求来看，建议将雄安新区进一步明确为首都副中心，赋予其一定的首都职能和国际交往职能，在空间上与首都核心区和北京（通州）城市副中心形成“一体两翼”的小三角首都功能区。

集聚是一个城市发展的条件之一，不同生产要素在空间上的集中构成了现代城市发展的基础。而在城市从无到有的阶段，需要一定的外部推动力使城市集聚进入自我积累和强化的发展轨道。集聚的发生需要突破一定的阈值，即区域内行为主体的规模需要突破一个临界点，只有这样才能达到集聚的稳定均衡状态，形成作为区域增长极的城市所表现出来的核心—边缘结构。在中国区域市场分割的大环境下，北京作为首都，凭借着独特的区位优势和资

① 张可云，孙鹏．雄安新区城市发展、空间作用演化与冀中南地区协同［J］．河北学刊，2020（6）：139－146．

源优势，吸引了大量人口涌入，也集聚了过多的非首都功能。疏解北京非首都功能是京津冀协同发展战略的核心，通过分散疏解与集中疏解相结合来实现，设立雄安新区就是为了满足集中疏解的需要。雄安新区承接北京非首都功能疏解，要在精准识别非首都功能的基础上，推动符合雄安新区自身发展定位的产业疏解转移，主要包括教育、医疗、培训等社会公共服务功能，行政性、事业性服务机构和企业总部，涵盖金融服务业、科技服务业等的高端生产性服务业和现代服务业等。雄安新区在承接北京非首都功能疏解任务的同时，一是要厘清承接北京非首都功能的时序路径，做到精准有序承接；二是要增强自身发展能力，做到“引进来、留得住、发展好”。雄安新区在京津冀协同发展中的定位，是提振河北经济发展，形成一个新的增长极，推动河北省实现跨越式发展，为京津冀产业一体化提供强劲动力。

四、雄安新区的空间发展建设导向

未来，雄安新区的空间发展建设将在以下几个方面持续发力：基于枢纽功能打造新增长极，以创新驱动实现高质量发展，打造智慧宜居的地方品质，以适度规模支撑“反磁力中心”建设。

（一）基于枢纽功能打造新增长极

依靠行政力量疏解北京非首都功能在短期内便能见到成效，是京津冀协同发展战略的前序步骤。此外，将雄安新区建设成为北京、天津两个大都市的“反磁力中心”，是优化京津冀生产力布局，平衡要素分布，实现北京、天津与雄安“三足鼎立”、建设京津冀世界级城市群的重要举措。

不断提升雄安新区的城市品质与魅力，增强人口、企业和机构的迁入动机。城市品质除了涉及公共服务、基础设施之外，还涉及事业发展预期、生活环境等。雄安新区要不断提升城市品质，确保雄安新区拥有能够接纳人口就业的企业、满足人口居住的住房、服务人口生活的设施，提高人口迁入的可能性。基于创新、协调、绿色、开放、共享五大发展理念，将雄安新区建设成为京津冀新的经济增长极和北京、天津的“反磁力中心”，是新发展阶段实现“雄安质量”的重要途径。

“雄安质量”在宏观、中观和微观层面有不同的特征，下面具体分析。宏观层面，要以效率为核心要素，通过搭建完善的支持京津冀协同发展和雄安

新区高质量发展的政策体系，将外部要素承接与内部要素转型相融合。外部要素的高质量承接，是指通过承接和建设高精尖产业集群和现代服务业，将雄安新区打造成为辐射周边、引领河北的创新发展高地。内部要素的高质量转型，是指根据雄安新区的产业发展现状，引导雄安新区原有的小微企业实现转型发展，进而提升区域的潜在增长率和要素利用效率。中观层面，雄安新区要以结构为核心要素，加快构建自身产业体系，优化产业结构。在新发展阶段，要构建实体经济、科技创新、现代金融、人力资源协同发展的现代化产业体系，以智能制造为主攻方向，引进更先进的生产线和生产工艺，构建产业高质量发展的新格局。微观层面，雄安新区要以市场为核心要素，通过进一步完善投融资体制机制，促进政府融资和企业融资的对接、财政资金与社会资本的对接，建设可持续的投融资体制机制，为雄安新区建设提供多元化的资金保障。

完善的交通网络是实现区域协调发展的关键。完善的交通网络有助于吸引周围地区各类生产要素向枢纽城市集聚，促进枢纽城市高质量发展。雄安新区作为京津冀世界级城市群的重要一极和京津冀协同发展的重大举措，必将承担区域交通枢纽的功能，且雄安新区内的产业发展、要素流动及人口迁移也必须依托完善的交通网络。目前来看，雄安新区立体化交通网络的构建需要从域外交通和域内交通两个方面协同推进。一是重点推进雄安新区交通枢纽建设。以雄安新区为重要节点，加强域外交通体系的网络化、立体化建设。推动公路、铁路、城市轨道、航空、管道等交通基础设施全面发展。加强与北京、天津、保定、石家庄等京津冀地区重点城市的交通联系，加强与北京新机场的协调对接。二是加强与中国建筑集团有限公司、中国铁建股份有限公司等大型基础设施建设集团的合作，高标准、高起点建设域外交通体系。

（二）以创新驱动实现高质量发展

创新是高质量发展的支撑和核心，是转变经济发展方式、优化经济结构、深化供给侧结构性改革、完善经济制度、推动区域协调发展、塑造全面开放新格局的重要举措。打造具有全球影响力的科技创新中心和战略性新兴产业策源地是京津冀产业布局的重点。构建京津冀协同创新共同体，促进北京创新资源溢出和创新成果在津冀转化，是京津冀建设创新引领、协同发展的产业体系的重点。

雄安新区以承接北京非首都功能为初衷，以培育建设现代化经济体系为

引擎，强调高起点布局高端高新技术产业，重点聚集一批互联网、大数据、人工智能、前沿信息技术、生物技术、现代金融、总部经济等项目，以新一代信息技术产业、现代生命科学和生物技术产业、新材料产业、高端现代服务业、绿色现代化农业五大产业为重点，建设创新驱动发展引领区、协调发展示范区。雄安新区的现代化产业布局对于京津冀高精尖产业发展具有重要推动作用，同时也有利于释放辐射效应，激发产业发展活力。

但是，不符合雄安新区战略定位的产业和企业，将面临退出或转移的局面。对于不符合雄安新区定位的传统产业，可以走整合、协同发展之路，转移至雄安新区周边。为了促进雄安新区周边城市的发展，也可以通过新建特色小城镇或并入产业集群等方式重新安置并按市场规律运营。这种方式既顾全大局，又可以在承接非首都功能的同时促进产业优化布局和转型升级，从产业发展和空间协调层面体现雄安新区的战略高度，并尽可能减少对传统产业的冲击。

高起点布局高端产业，构建实体经济、科技创新、现代金融、人力资源协同发展的现代化产业体系。布局建设一批国家级创新平台，加强与国内外一流高校、科研机构和科技企业的合作，要有针对性地培育和发展科技创新型企业，发展高端高新产业，积极吸纳和集聚创新要素资源，培育经济发展新动能。建立以企业为主体、以市场为导向、产学研深度融合的技术创新体系，制定特殊人才政策，吸引高技术人才集聚，打造创新驱动发展的新引擎。

雄安新区的高质量发展必须依靠创新，这是国家对雄安新区培育创新驱动发展新引擎、打造贯彻落实新发展理念的创新发展示范区的要求。为此，雄安新区应当实施创新驱动发展战略，将自身打造成为创新资源汇聚、创新产业发展的创新城市。雄安新区应加大创新基础设施建设力度，优化区域创新体系，加强区域创新环境与创新网络建设，吸引创新型人才集聚，增加对创新企业的资金投入，搭建众创空间等创新创业平台，创造创新的地域文化，实现创新资源集聚。

优先发展应用型创新和产业技术创新。作为京津冀世界级城市群的重要节点，京津冀“一体两翼”在创新领域和创新环节上应当有所侧重，雄安新区应当与北京中心城区实现差异化发展。一方面，北京作为全国的科技创新中心，拥有大量的高等教育资源和突出的科技研发优势，尤其在基础科研和重大基础性创新领域拥有其他城市难以比拟的资源。另一方面，雄安新区所属的河北省是我国重要的钢铁、冶金等工业基地，是产业转型升级试验区。与雄安新区毗邻的天津更是全国先进制造研发基地。雄安新区应当以市场需求为导向，优先发展服务于制造业企业的应用型技术创新，积极引进应用型

创新企业总部、研发机构、咨询机构等，充分发挥自身比较优势，实现与北京的差异化发展。

重点培育基础性创新资源。雄安新区的创新发展必须培育基础性创新资源，要有若干所高水平的高校和科研院所作为支撑。未来，雄安新区一定会承接更多的北京市高端原创性科技成果的转移；同时，考虑到北京的高校和科研院所在空间拓展上受到用地的空间约束，部分高校和科研院所有可能会转移到雄安新区，助力雄安新区创新发展。若在雄安新区筹建一所高水平大学，适当承接部分高校和科研院所的转移，则不仅可以支撑自身发展，而且有助于提升河北省高等教育质量和科研水平、促进河北省的创新驱动发展。

大力吸引创新人才。人才作为区域创新系统中的核心要素，是经济社会发展的战略性资源。雄安新区要建成京津冀世界级城市群的重要一极，在“千年大计”的目标定位下要实现赶超发展，就必须将人力资本结构调整作为重中之重，大力培养创新创业人才，不断优化创新人才队伍，为打造“科技之城”“创新之城”提供源源不断的人才支持。积极争取国家高端人才引进政策向雄安新区倾斜，主动吸引顶尖科学家、一流专业技术人才到雄安工作创业，参与国家基础研究、多学科交叉前沿研究和重大科技基础设施建设。同时，吸引国内外创新型企业、科研机构在雄安设立研发中心、实验室，组建一流的研发团队，开展高水平的科学技术研发活动。

着力发展创新型产业。雄安新区创新型产业的发展应当坚持服务化、高端化和低碳化的原则，积极发展科技研发类产业、新一代信息技术产业等创新型产业。科技服务业是典型的智力密集型产业，包括研究与实验、设计与咨询、产品与服务、技术与推广等领域和环节。雄安新区应为科技服务业创造良好的生存环境，积极培育和壮大科技服务业市场主体，打造完善的科技创新平台和科技创新体系，为科技企业提供共享的大型科研设施。探索建立科技成果对接交易平台，开辟绿色审批通道，建立更加开放透明的新技术、新产品供需对接机制和市场推介机制，加速科技成果产业化应用进程。

（三）打造智慧宜居的地方品质

智慧宜居的含义比较广泛，包括环境优美、生活便捷、社会文明等方面。雄安新区的重点任务中，智慧城市、生态城市、绿色交通、公共服务等都可以纳入智慧宜居的范畴①。总结不同国际权威机构和知名学者对宜居城市的评

① 李国平，宋昌耀．雄安新区高质量发展的战略选择［J］．改革，2018（4）：47-56.

价指标体系，可以提取出一些共性的宜居要素，比如社会的安全性和稳定性，交通便利性，文化氛围、邻里关系等社会和谐性因素，医疗、教育等公共服务设施，环境的舒适性和健康性。以上因素也是雄安新区打造智慧宜居城市战略所必备的，雄安新区要建设宜居城市，必须在以上五方面达到和谐共生的高水平状态。

实现城市智慧化管理，营造绿色生态环境。未来，雄安新区要建设绿色低碳、信息智能、宜居宜业，具有较强竞争力和影响力，人与自然和谐共处的现代化城市。《纲要》明确指出，雄安新区的森林覆盖率要达到40.0%，起步区的绿色覆盖率达到50.0%，并逐步恢复白洋淀“华北之肾”的功能，逐步将雄安新区打造成为一个生态环境良好的区域。

建设雄安新区是深入推动京津冀协同发展的一项重大决策部署，雄安新区在设立之初就被赋予了打造开放发展先行区的历史使命。以更高的站位、更宽的视野、更大的力度推进改革开放，努力打造改革开放新高地，是雄安新区功能定位的内在要求，也是打造高质量发展的全国样板、建设现代化经济体系的新引擎、打造贯彻落实新发展理念的创新发展示范区的必然选择，打造改革开放新高地是雄安新区未来建设的目标。在北方人口和城市密集的区域，如何实现高质量发展，雄安新区的建设能够提供经验。

着力打造宜居城市是雄安新区高质量发展的落脚点。城市首先是生活空间，然后才是生产空间。随着工业化和城镇化迈向高级阶段，城市逐渐由偏向生产空间向生活空间与生产空间并重转变。在此背景下，智慧宜居成为现代城市发展的基本诉求，也是城市汇聚优质资源的基础。

对于教育、医疗等社会公共服务功能，雄安新区应当结合本地现有的公共服务资源分布和发展状况，以及北京对外疏解的公共服务机构的状况，通过整体托管、联合经营的方式承接在京资源的疏解和溢出。教育方面，雄安新区应当优先发展高等教育、优质发展基础教育，从雄安新区发展的定位与目标出发，选择性地承接北京的教育资源、医疗资源。创新驱动发展引领区、开放发展先行区的实现要求高素质、创新型的人才提供支撑，长远发展无疑需要具有内生能力的人才培养与输出机构。这就需要雄安新区具有培养高素质人才的教育机构，如高等院校、科研院所等。但是，目前雄安新区尚不具备。医疗方面，雄安新区应当积极筹建三甲医院，提升基本医疗水平。由于医疗机构服务于患者，在雄安新区没有达到一定的人口规模时，很难支撑大型医疗机构的正常运营。因此，在雄安新区建设初期，由北京提供优质医疗资源的对口支援最为经济。当雄安新区人口集聚到一定规模时，可以通过引进综合性医院、大型三甲医院来提升区域公共服务水平。此外，雄安新区还应当

积极完善医疗服务保障，提升区域基本医疗服务水平，结合自身科技基础设施和交叉研究平台，在合作建设高端医疗机构和组织的同时，统筹社区卫生服务中心和社区卫生服务站等基层医疗机构建设，完善医疗卫生服务体系。

新时代城市之间的竞争归根结底是人才的竞争，而人才的区位在很大程度上取决于城市的品质。雄安新区实施智慧宜居战略应当以提升地方品质为核心，考虑生态环境约束，充分利用前沿的城市管理技术，运用先进的城市治理经验，着力提升雄安新区的吸引力和竞争力。一方面，雄安新区要明确湖泊、耕地、生态等基础红线，确保生态安全。在开发建设过程中，应始终坚持在不影响生态功能和生态空间的前提下，合理利用区域资源禀赋。另一方面，雄安新区应当着力推进“千年秀林”工程建设，着力推进白洋淀水体保育和水质治理工程，实现煤改气工程全覆盖，打造蓝绿交织、严控污染的生态环境示范区。

加强与阿里巴巴、腾讯、百度等智慧型企业的合作，将人工智能、大数据、云平台等前沿先进技术运用到城市规划、设计和运营中，将“世界眼光、国际标准、中国特色、高点定位”的发展理念落到实处。加强信息技术支撑城市基础设施建设，将智慧建造、智慧交通、智慧市政、智慧安防、智慧城管等理念和技术应用到雄安新区发展中，实现城市的智慧管理与运营。完善商业服务保障，强化雄安新区商贸服务等生活服务设施建设，依托雄安城区建设文化商业综合体，培育购物休闲、生活体验有机融合的商业新业态。加快新型城镇化建设，倡导绿色生态社区，根据功能定位有机整合特色产业，建设一批保护传统特色产业和充分吸纳就业的特色小镇，在已有的生态资源基础上，建设国际一流的绿色生态社区、健康宜居生态示范区。整个雄安新区从规划、建设到运营，都要将绿色、智慧要素融入其中。

（四）以适度规模支撑“反磁力中心”建设

从世界级城市群的发展经验来看，城市群空间结构呈现出从以超大城市为单一中心向外辐射联系的等级体系向多中心、扁平化的网络型组织体系转变的趋势。按照该发展趋势，未来城市高质量发展水平取决于其在城市网络中的地位。雄安新区的城市地位不言而喻，国家重视程度、行政等级、社会关注与预期等都体现其重要的、具有地区意义乃至全国意义的枢纽城市的地位。因此，在世界级城市群体系下，明确雄安新区容纳的人口规模是雄安新区打造枢纽城市的核心，也是雄安新区实现高质量发展的决定性因素。

雄安新区的人口规模需要充分考虑雄安新区的发展定位。雄安新区的高

质量发展需要一定的人口规模作为支撑，形成“反磁力中心”，进而建设成为京津冀世界级城市群的“一翼”。《纲要》要求雄安新区的人口规模不能太小。人口规模太小难以承接非首都功能疏解。雄安新区作为北京非首都功能疏解的集中承载地将与北京城市副中心形成北京新的“两翼”，“两翼”协同发力，有利于缓解北京的“大城市病”，支撑京津冀建设世界级城市群。

水资源是人类赖以生存和发展的战略性资源，也是区域可持续发展与社会进步的硬约束。近年来，随着京津冀人口和经济规模的快速扩大，水资源越来越成为区域可持续发展的制约性因素，在此背景下，“以水定人”战略应运而生。“以水定人”是将水资源作为确定区域人口及其经济活动规模的基础条件，根据区域水资源的人口承载能力调控区域人口规模与产业布局。京津冀地区属于地下水严重超采区，水质也处于较低水平。虽然可以通过改善水质、区域外调水等途径短期内解决缺水问题，但长远来看，水资源匮乏将影响区域的发展，因此水资源约束决定了雄安新区应将人口规模控制在合理范围。

雄安新区是辐射带动河北经济加快发展的重要支点和打造以首都为核心的京津冀世界级城市群的关键支撑。当前，河北经济发展与京津地区相比明显滞后，北京已进入后工业化发展阶段，天津处于工业化后期阶段，河北尚处于工业化中后期阶段，雄安新区则刚进入工业化中期阶段。在北京和天津周边地区甚至还存在“环京津贫困带”。在城市格局方面，河北的城市发展规模和水平与北京、天津也存在明显落差，缺乏发挥“二传手”功能的大型城市。要想补齐河北经济发展的短板，促进京津冀协同发展，建设京津冀世界级城市群，首先要将雄安新区打造成为一个重要的“反磁力中心”，形成引领地区经济发展的新增长极，避免京津地区对河北高端要素资源的单向吸附，尽快形成多中心、网络化的城市群格局。雄安新区人口规模的确定应当以动态、开放的视角来看待，要考虑雄安新区自身的资源禀赋、发展定位、与其他城市特别是北京的关系、国家经济和社会发展的进程等。考虑到雄安新区的建设规模、水资源承载能力、新型城镇化发展趋势，以及雄安新区在京津冀世界级城市群中的地位和作用，雄安新区的人口规模不能太小，但也不能无限制扩大。

参考文献

[1] 罗震东，朱查松．解读多中心：形态、功能与治理 [J]. 国际城市规划，2008

(1)：85－88.

［2］姚常成，吴康．多中心空间结构促进了城市群协调发展吗?：基于形态与知识多中心视角的再审视［J］．经济地理，2020（3）：63－74.

［3］孙斌栋，丁嵩．多中心空间结构经济绩效的研究进展及启示［J］．地理科学，2017（1）：64－71.

［4］滕祥河，钱美君，文传浩．多中心空间结构对区域经济韧性的影响研究［J］．技术经济，2022（6）：121－130.

［5］李兰冰，郭琪，吕程．雄安新区与京津冀世界级城市群建设［J］．南开学报（哲学社会科学版），2017（4）：22－31.

［6］孙久文，原倩．京津冀协同发展战略的比较和演进重点［J］．经济社会体制比较，2014（5）：1－11.

［7］张可云，孙鹏．雄安新区城市发展、空间作用演化与冀中南地区协同［J］．河北学刊，2020（6）：139－146.

［8］李国平，宋昌耀．雄安新区高质量发展的战略选择［J］．改革，2018（4）：47－56.

第六章 雄安新区城市人口规模与产业规划

自2017年雄安新区规划建设以来，城市基础设施建设已取得重要进展，人口疏解、产业转移承接工作有序开展，为雄安新区迈向高质量发展奠定了良好基础。雄安新区作为一个正在建设的新城，可容纳的人口数量是有限的。本章基于环境变量数据，运用随机森林模型对雄安新区人口规模进行预测，结合雄安新区的产业基础明确大型网络和人工智能两大未来产业的发展方向和布局重点，探讨新阶段雄安新区的城市规划。

一、雄安新区基础设施建设进展

当前，雄安新区基础设施建设取得较大进展。人居环境逐渐改善，内外交通网络逐渐完善，公共服务水平显著提升，为雄安新区的产业承接和人口引进奠定了良好基础。

（一）人居环境逐渐改善

雄安新区在谋划之初率先启动了生态建设和环境治理。通过陆续推进“千年秀林”、雄安郊野公园、中央绿谷等项目，城淀相望、城绿相融、城水相依的城市空间格局逐步显现。

我们基于Landsat产品，选取2017年和2023年雄安新区的数据，对比了耕地、林地、水体和建设用地面积的变动情况（见图6-1），可以直观反映雄安新区建设七年来的生态环境改善情况。2017—2023年，雄安新区耕地面积由1 088.92平方公里增加至1 120.33平方公里，在城市建设大规模开展的同

时守住了耕地红线。建设用地增长最快，由 32.76 平方公里增加至 327.37 平方公里，反映了雄安新区城区建设高效推进。林地面积有所增加，由 4.06 平方公里增加至 6.21 平方公里，也是雄安新区生态建设进一步开展的重点之一。水体面积增长显著，由 6.59 平方公里增加至 52.95 平方公里，原因在于白洋淀的水域治理工作有效开展。雄安新区实施了 84 个白洋淀生态环境治理重点项目，通过综合实施清淤疏浚、退耕还淀、百淀联通、生态补水等举措，已完成生态补水 9.33 亿立方米，白洋淀淀区及上游有水入淀河流水质均达到Ⅲ类及以上标准，生物多样性显著提高，跻身全国良好湖泊行列。

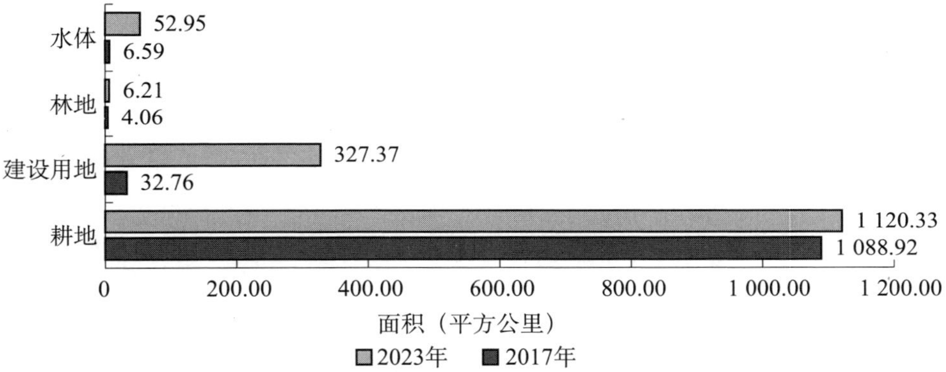

图 6－1　2017 年与 2023 年雄安新区地表环境变化对比

资料来源：Landsat。

雄安新区规划建设以来，坚持大气污染防治，建立绿色施工体系，设立“无煤区”和低排放控制区，空气质量逐年改善。据 2021 年雄安新区大数据报告分析，雄安新区的冬季空气污染较为严重。2022 年，雄安新区加强了对秋冬季大气污染的防治，开展专项检查，建立了县、乡、村三级网格化监督管理体系，综合采用了人力巡查、无人机飞检、冒烟监控体系等手段。与 2021 年相比较，秋冬季空气质量显著改善。如图 6－2 所示，2022 年 6 月—2023 年 5 月，雄安新区空气优良天数达到 303 天，优良天数占比超过 83.0%。

此外，雄安新区在被确定为全国首批“无废城市”建设试点后，制定了《雄安新区“无废城市”建设实施方案》等 46 份“无废城市”相关的政策文件，“无废城市”制度体系逐步完善，努力促进工业领域、农业领域、建筑领域和生活领域的固体废物减量化和资源化利用，建立健全技术体系，累计制定 9 项生活、建筑领域规范、标准和指南，构建了贯穿绿色建筑规划、设计、施工、验收全过程的闭合监管机制。2022 年，白洋淀区域已实现生活垃圾收

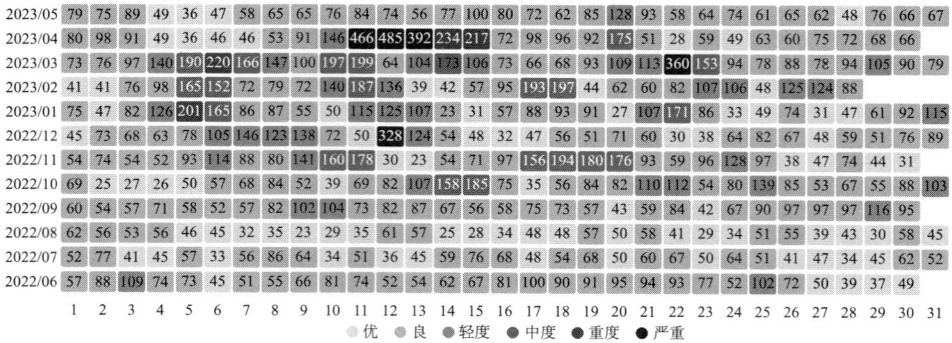

图 6-2 2022 年 6 月—2023 年 5 月雄安新区空气质量图

资料来源：和风天气。

运处理体系覆盖率 100.0%，完成新建户厕 22 240 座、改建户厕 4 030 座、新建公厕 130 座，完成 12 个美丽乡村创建任务。

（二）内外交通网络逐渐完善

在交通基础设施建设方面，雄安新区对外交通网络已全部打通。“四纵两横”的高铁网络的形成推动雄安新区进一步融入“轨道上的京津冀”，“四纵三横”的高速公路网形成了京津雄“1 小时交通圈”。雄安新区内部骨干交通路网基本形成闭环，内外环交通实现了各组团之间的串联。启动区路网基本建设完成，且已全部通车。截至 2022 年底，雄安新区外围交通环线全长 90 公里，内部交通环线全长约 52 公里，新区内外环线基本实现闭环。外环交通已经将郊野公园、容城、昝岗、雄县、起步区、容西片区连通；内环交通已实现启动区、起步区、雄县组团、昝岗组团、高铁站枢纽片区的连通。

截至 2022 年底，雄安新区新开公交路线 10 条，总运营里程达到约 190 公里，有效覆盖容东片区、容西片区、容城县城、雄东 A 社区等地。2022 年底，累计完成 141 公里的“四好农村路”建设任务，农村公路里程达到 1 800 公里，基本实现乡镇三级及以上公路、行政村硬化道路连通①。图 6-3 是雄安新区路网总里程的变化趋势，从 2021 年第四季度到 2022 年第二季度，雄安新区的路网总里程稳步增长。雄安新区内外骨干路网已于 2022 年 9 月份基本建设完成，从 2022 年第三季度开始，雄安新区路网总里程基本保持不变。

① 百度智能云，百度研究院商业智能实验室．未来之城 雄姿初显：雄安新区 2022 年大数据研究报告［R］，2023.

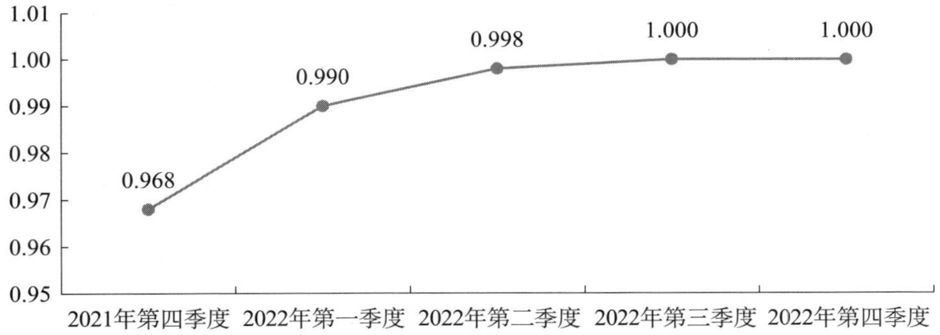

图 6－3　雄安新区路网总里程变化趋势

资料来源：百度智能云，百度研究院商业智能实验室．未来之城 雄姿初显：雄安新区 2022 年大数据研究报告［R］，2023.

（三）公共服务水平显著提升

截至 2022 年底，首批疏解的 4 所高校选址已确定，校园总体规划设计方案基本稳定，可行性研究报告编制等工作有序推进。雄安宣武医院项目是雄安新区建设的第一所大型综合性三级甲等医院，肩负新区的医疗、教学、科研、预防、保健、康复等多重使命，是未来雄安新区启动区的区域医疗中心。2023 年 10 月，雄安宣武医院一期已试运行，二期尚处于建设阶段，预计于 2025 年竣工验收并交付使用。雄安新区北京协和医院（国家医学中心）项目正在履行立项程序。北京大学人民医院雄安院区已于 2023 年 11 月开工建设。

图 6－4 反映了雄安新区 2021 年第四季度至 2022 年第四季度的生活品质指数①变动趋势。相比 2021 年，2022 年雄安新区的生活品质指数整体呈上升趋势，表现较弱的第四季度也实现了同比大幅度的增长。在雄安新区生态环境不断改善、配套基础设施持续完善、营商环境进一步优化等多措并举之下，人民群众生活的幸福感不断增强。

2021 年 10 月—2022 年 12 月雄安新区人口吸引力②总体比较平稳（见图 6－5）。2022 年 2 月份和 3 月份出现了较大的波动，主要是受疫情和春节的双重影响。2022 年第一季度，雄安新区集中开工 43 个重点项目，3 月份流

① 生活品质指数是基于居民的文体设施人均占有量、居民文体休闲水平、居民出行便利程度、人均居住面积等指标加权计算得到的。

② 人口吸引力是指当月区域内新增常住人口数与区域内常住人口总数的比值。

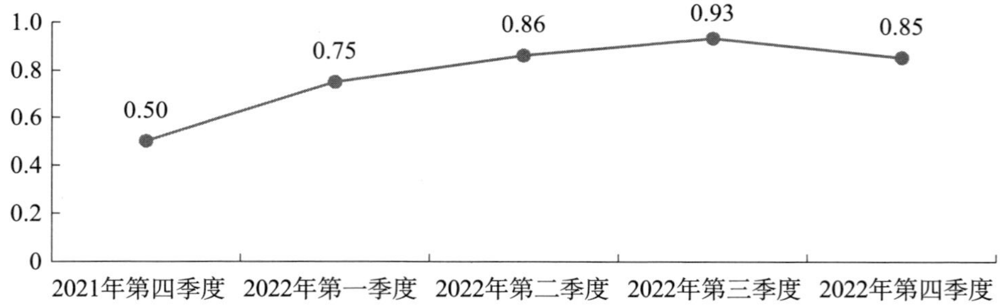

图 6-4 雄安新区生活品质指数季度趋势

资料来源：百度智能云，百度研究院商业智能实验室．未来之城 雄姿初显：雄安新区 2022 年大数据研究报告［R］，2023.

入人口大量增加，雄安新区人口吸引力达到最高值。通过全面深入实施“雄才计划”，以雄才卡为载体建立涵盖教育、医疗、住房、税收奖励等在内的“菜单式”政策包，截至 2022 年底，雄安新区人才工作初见成效，共有 6 000 余人申领雄才卡，引进 1 500 余名专业技术人才充实到教育、医疗、科技等重点领域，柔性引进专家顾问等高层次人才近 300 名，新增城镇创新创业人口 8 000 余人①。

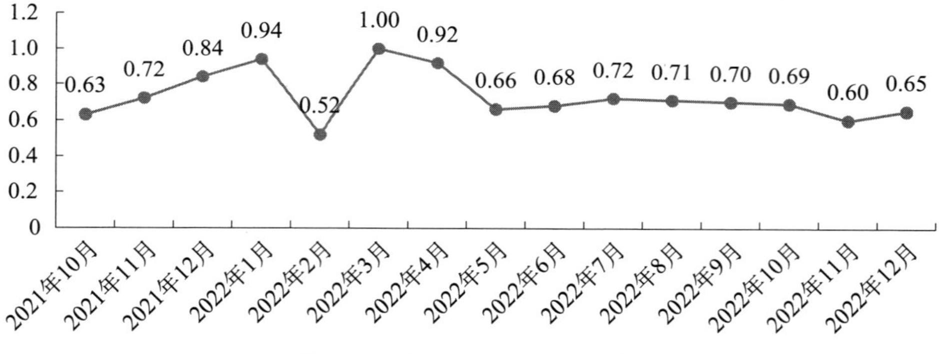

图 6-5 雄安新区人口吸引力变化

资料来源：百度智能云，百度研究院商业智能实验室．未来之城 雄姿初显：雄安新区 2022 年大数据研究报告［R］，2023.

① 百度智能云，百度研究院商业智能实验室．未来之城 雄姿初显：雄安新区 2022 年大数据研究报告［R］，2023.

二、雄安新区人口规模预测

本节主要分析了雄安新区的人口结构与规模，从理论上对雄安新区的人口合理规模进行多角度论证，并基于随机森林模型对人口规模进行预测，对雄安新区的经济社会发展和资源环境承载力的良好运行具有重要意义。

（一）雄安新区人口结构与规模

截至2020年11月1日，雄安新区常住人口为1 205 440人，共有家庭户384 126户，家庭户人口为1 131 666人，集体户12 976户，集体户人口为73 774人，平均每个家庭户的人口为2.95人。从性别构成来看，雄安新区常住人口中，男性人口为625 996人，占51.93%；女性人口为579 444人，占48.07%。总人口性别比[①]为108.03。从年龄构成来看，雄安新区常住人口中，0～14岁人口为264 845人，占21.97%；15～59岁人口为722 727人，占59.96%；60岁及以上人口为217 868人，占18.07%，其中65岁及以上人口为157 303人，占13.05%[②]。由此可见，雄安新区整体人口规模较小，适龄劳动力人口占比不足60.0%，人口老龄化较为严重。

从人口受教育程度来看，雄安新区常住人口中，拥有大学（指大专及以上）文化程度的人口为71 723人，拥有高中（含中专）文化程度的人口为120 221人，拥有初中文化程度的人口为528 103人，拥有小学文化程度的人口为362 336人（以上各种受教育程度的人包括各类学校的毕业生、肄业生和在校生）。从平均受教育年限来看，每10万人中拥有大学（指大专及以上）文化程度的人口为5 950人，拥有高中（含中专）文化程度的人口为9 973人，拥有初中文化程度的人口为43 810人，拥有小学文化程度的人口为30 058人，15岁及以上人口的平均受教育年限为8.92年，文盲人口（15岁及以上不识字的人）为21 038人，文盲率为1.75%[③]。雄安新区人口受教育程度普遍较低，缺乏高层次人才，对其未来发展有一定的约束。

从城乡人口分布来看，雄安新区常住人口中，居住在城镇的人口为

① 总人口性别比以女性为100，依据男性对女性的比例计算。

②③ 雄安新区改革发展局，雄安新区第七次全国人口普查领导小组办公室．雄安新区第七次全国人口普查公报［R］，2021.

567 164 人，占 47.05%；居住在乡村的人口为 638 276 人，占 52.95%。常住人口中，流动人口为 187 330 人，占比 15.54%。流动人口中，跨省流入人口为 59 172 人，省内流动人口为 128 158 人①。

从常住人口的变动情况来看，2020 年第四季度至 2022 年第四季度雄安新区常住人口数量由 114.69 万人增加至 131.74 万人（见图 6－6），虽有一定程度的波动，但整体呈上升趋势。2022 年第四季度，容西、雄东片区扎实展开群众回迁工作，带动了大量人口流入，体现了雄安新区具有较高的城市活力和城市吸引力，也从侧面说明了雄安新区的人口集聚能力正在逐步形成②。

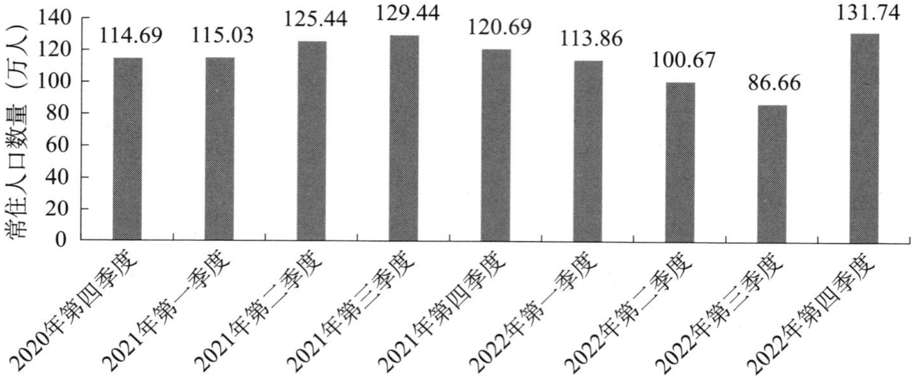

图 6－6　雄安新区常住人口数量变动图

资料来源：百度智能云，百度研究院商业智能实验室．未来之城 雄姿初显：雄安新区 2022 年大数据研究报告［R］，2023.

（二）雄安新区人口规模的规划与论证

雄安新区的首要任务是疏解北京非首都功能，雄安新区应疏解与承载多大规模的人口是其承担疏解北京非首都功能的任务与实现高质量发展的核心议题之一。《纲要》提出雄安新区规划范围包括雄县、容城、安新三县行政辖区（含白洋淀水域），任丘市鄚州镇、苟各庄镇、七间房乡和高阳县龙化乡，规划面积 1 770 平方公里。选择特定区域作为起步区先行开发，在起步区划出一定范围规划建设启动区，条件成熟后再有序稳步推进中期发

①② 雄安新区改革发展局，雄安新区第七次全国人口普查领导小组办公室．雄安新区第七次全国人口普查公报［R］，2021.

展区建设，并划定远期控制区为未来发展预留空间。其中启动区面积 20～30 平方公里，起步区面积约 100 平方公里，中期发展区面积约 200 平方公里，远期控制区面积约2 000 平方公里。此外，《纲要》还提出要合理控制人口密度，雄安新区规划建设区按 1 万人/平方公里控制。

当前已有研究对雄安新区的人口规模进行了预测，大多从资源环境的承载力出发进行论证。邬贺铨认为雄安新区的人口规模应在两三百万；杨开忠和李国平也赞同雄安新区人口规模不应超过 300 万人①。中国社会科学院京津冀协同发展智库课题组建议，考虑到打造具有优美生态环境的生态城市目标以及白洋淀的环境承载力，雄安新区初始人口规模应控制在 100 万人左右，远期应控制在 500 万人左右②。封志明等对雄安新区的土地资源承载力和水资源承载力进行了测算，认为雄安新区土地资源承载力尚有一定的人口集聚空间，但是远期人口规模按照 200 万～250 万人计算人水关系将处于紧张状态③。杨震等构建了京津冀城市网络综合分析模型，论证了网络紧凑度和均衡度均达最大值时雄安新区的人口规模：2020—2035 年间为 280 万～320 万人，2035—2050 年间为 450 万～500 万人④。梁林等利用灰色系统预测模型，参考深圳建设发展速度，预测雄安新区人口规模在 2030 年将达到 400 万人左右，2050 年将突破 1 200 万人⑤。梁林、武晓洁利用灰色系统预测模型和多元回归方法预测雄安新区常住人口在 2023 年达到 131.85 万人，2027 年达到 154.98 万人⑥。王彦军等采用人口—发展—环境模型，认为 2020—2035 年雄安新区在自然迁移方式下人口数量呈小幅增加趋势，在政策导向迁移方式下人口数量将从 129 万人增长至 512.8 万人⑦。

---

① 杨震，宋玥芳，田林，等．京津冀城市网络协同发展分析及雄安新区人口规模研究［J］．干旱区资源与环境，2019（12）：8－15.

② 王红茹．12 家设计团队即将提交雄安新区城市设计方案 雄安未来该有多少人？［J］．中国经济周刊，2017（33）：41－43.

③ 封志明，杨艳昭，游珍．雄安新区的人口与水土资源承载力［J］．中国科学院院刊，2017（11）：1216－1223.

④ 杨震，宋玥芳，田林，等．京津冀城市网络协同发展分析及雄安新区人口规模研究［J］．干旱区资源与环境，2019（12）：8－15.

⑤ 梁林，曾建丽，刘斌．雄安新区未来人口趋势预测及政策建议［J］．当代经济管理，2019（7）：59－67.

⑥ 梁林，武晓洁．治理群簇视阈下国家级新区人才流动预测及治理研究：以雄安新区为例［J］．科技管理研究，2020（17）：88－96.

⑦ 王彦军，刘清滢，司丽丽，等．雄安新区未来人口结构及促进其高质量发展的建议［J］．科技导报，2022（22）：78－87.

（三）基于随机森林模型的雄安新区高分辨率网格化人口预测

上述研究多采用线性回归模型对人口规模进行估算。研究表明，随机森林算法比线性回归模型有更高的精度①，且能避免采用线性回归模型产生的人口数据集普遍存在过低估计城市区域人口和过高估计乡村区域人口的问题②。因此，下面通过构建基于空间路径依赖的随机森林模型来预测 2020—2100 年雄安新区的人口规模。

1. 基本指标

地表温度、植被指数、土地利用类型、海拔高度和人口密度通常作为影响人口分布的几个重要因素被纳入随机森林模型之中③。本部分基于已有的研究成果，将上述环境变量作为输入数据，使用随机森林算法来预测未来的网格化人口数据。地表温度和植被指数通过 MODIS 卫星数据获取，时间跨度为 2000—2020 年，空间分辨率为 1 公里；土地利用类型通过 GLC-Share 数据集获取，时间跨度为 2000—2050 年，空间分辨率为 1 公里；海拔高度通过 SRTM 卫星数据获取，时间跨度为 2000—2020 年，空间分辨率为 1 公里；人口密度通过 World Pop 数据集获取，时间跨度为 2000—2020 年，空间分辨率为 1 公里（见表 6-1）。World Pop 是由南安普顿大学在 2013 年 10 月发起的全球人口数据评估，提供分辨率为 30 角秒（赤道约 1 公里）的全球网格化人口数据，其优势在于包括了年龄性别结构、出生率、人口流动、航班联系等数据，具有更强的社会经济属性，且能够从传入的人口普查数据中识别重要关系，并忽略没有明显卫星衍生建成区的农村地区。World Pop 还公开所有源代码，方法透明，并集成各种输入和辅助数据，以便模型可以使用不同的权重在人口普查或行政单位计数之间重新分配人口。World Pop 的主要弱点之一是其模型除了水体外没有其他约束，并且该数据集以对称方式重新分布整个单位区域内的人口，而不仅仅是分类为建成区的网格单元内的人口。基

① 王超，阚瑗珂，曾业隆，等．基于随机森林模型的西藏人口分布格局及影响因素［J］．地理学报，2019，74（4）：664-680.

② 刘艺，杨歆佳，刘劲松．基于随机森林的人口密度模型优化试验研究［J］．全球变化数据学报（中英文），2020，4（4）：402-416.

③ 刘艺，杨歆佳，刘劲松．基于随机森林的人口密度模型优化试验研究［J］．全球变化数据学报（中英文），2020，4（4）：402-416；Chen Y M，Li X，Huang K N，et al. High-Resolution Gridded Population Projections for China Under the Shared Socio economic Pathways［J］．Earth Future，2020，8（6）.

于 World Pop 数据集的优缺点，结合 Xu Yin 等①发布的全球网格化人口数据集（包括 GPW、GHS-POP、World Pop 和 Land Scan）的对比分析结果，并考虑数据时间序列问题，我们使用无约束的全球人口网格作为本研究的人口输入数据。

表 6-1　基本指标及数据说明

数据名称	空间分辨率	时间跨度	数据来源
地表温度	1 公里	2000—2020 年	MODIS 卫星数据
植被指数	1 公里	2000—2020 年	MODIS 卫星数据
土地利用类型	1 公里	2000—2050 年	GLC-Share 数据
海拔高度	1 公里	2000—2020 年	SRTM 卫星数据
人口密度	1 公里	2000—2020 年	World Pop 数据集

2. *研究方法*

现有研究表明，人口的空间分布受经济、政策、环境、资源等因素的综合影响。因此，考虑到数据的可用性，将现有研究中广泛使用的几个环境因素作为输入数据集来进行空间投影，包括到城市的旅行时间、DEM、坡度、到道路的距离、到城市的距离、全球土地覆盖（主要关注自然条件）和全球城市土地利用变化产品（GULCP）。高分辨率 GULCP 保留了空间细节，可以避免全球城市土地格局的扭曲。

共享社会经济路径（SSPs）是政府间气候变化专门委员会（IPCC）于 2010 年推出的描述全球社会经济发展情景的有力工具，它描述了国际应用系统分析研究所提供的人口统计、经济发展、城市化等趋势的五种替代结果。SSPs 情景设计了可持续发展路径（SSP1）、中间路径（SSP2）、区域竞争路径（SSP3）、不均衡路径（SSP4）和以传统化石燃料为主的路径（SSP5）等五条社会经济发展路径。

本研究遵循国际应用系统分析研究所所做的人口预测数据和 Yimin Chen 等②所做的城市土地扩张预测，通过构建基于空间路径依赖的随机森林模型，模拟雄安新区未来的人口变化，时间跨度为 2020—2100 年，每 5 年为一个时间间隔，空间分辨率为 30 角秒（约为 1 公里）。

---

① Yin X，Li P，Feng Z M，et al. Which Gridded Population Data Product Is Better? Evidences from Mainland Southeast Asia（MSEA）[J]. ISPRSInt. J. Geo-Inf，2021，10（10）.

② Chen Y M，Li X，Huang K N，et al. High-Resolution Gridded Population Projections for China Under the Shared Socio economic Pathways [J]. Earth Future，2020，8（6）.

空间路径依赖可以反映初始或早期条件对过程演化的影响，并假设 T_2 时刻的人口分布受到 T_1 时刻的人口分布以及其他环境因素的影响。我们利用随机森林算法来计算人口的潜在分布，因为它具有优异的预测性能并在人口预测中得到了广泛应用。具体方法包括三个步骤：（1）预测前的准备工作。考虑到不同县之间存在较大差异，将雄安新区分为三个地区（容城县、安新县和雄县），并在这些地区中随机采样足够的点来开发基于 2020 年的随机森林模型。（2）计算预测模型，为每个区域训练适当的模型并计算人口的潜在分布。（3）在五种 SSP 情景下以 5 年为间隔对每个区域进行预测。

由于人口网格像素数量巨大，因此在预测前迫切需要跨子区域采样。实验结果证明，全球人口分布极不均匀，通过系统和随机抽样会得到大量的噪声网格（稀疏网格）。这将降低随机森林模型结果的解释力度。相反，聚类采样会覆盖某一区域的所有网格，也不利于准确预测人口规模。Yimin Chen 等提出分层随机抽样方法，将显性人口网格划分为高密度、中密度、低密度、稀疏 4 种边长为 250 公里的区块，并在前 3 种中采集样本点。他们从每个区块中平均分配 2 000 个点用于机器学习模型构建，并获得可靠的投影数据。

因此，本研究建立了三个地区的随机森林模型。基于 500 个样本点，将所有输入数据集的值提取为表格。这些值分为训练集（80%）和测试集（20%），用于随机森林模型训练。我们对每个模型进行 20 次训练，并选择最准确的模型来生成人口潜力分布，每个模型的性能均经过验证，并排除了不适宜居住的地区。此外，Yimin Chen 等制作的城市土地利用数据集预测了 2020—2100 年五种 SSP 情景下的未来城市扩张，也被用作输入数据，它们会随着年份的推移而变化（每 5 年一次），有助于更好地模拟未来人口分布的变化情况。

景丞等学者在其 2022 年的研究中对全球国家共享社会经济路径在土地利用、能源与碳排放研究等领域中的应用进行了研究①（见表 6-2 至表 6-5），本研究选取其中符合中国特质的 SSP1-5 五种情景下的预估参数化方案进行了整理，对照随机森林模型预估的 SSP1-5 五种情景下 2020—2050 年雄安新区人口预估结果，可以在一定程度上作为不同情境下人口规模差异形成原因的判断依据。

表 6-2 展现了 SSP1-5 情境下低生育率国家的人口模拟和预估参数化方案。在可持续发展路径（SSP1）下，人口增速相对较低，生育率和死亡率低，

① 景丞，姜彤，苏布达，等. 共享社会经济路径在土地利用、能源与碳排放研究的应用 [J]. 大气科学学报，2022（3）：397-413.

迁移率为中等水平，城市化水平和教育水平处于高水平。在中间路径（SSP2）下，人口增速、生育率、死亡率、迁移率、城市化水平及教育水平均为中等水平。在区域竞争路径（SSP3）下，人口增速、生育率和死亡率均高，而迁移率、城市化水平和教育水平均处于低水平。在不均衡路径（SSP4）下，人口增速相对较高，生育率低，死亡率和迁移率中等，城市化水平高，教育水平低。在以传统化石燃料为主的路径（SSP5）下，人口增速相对较低，生育率和死亡率低，迁移率、城市化水平和教育水平高。

表 6 - 2　SSP1 - 5 人口模拟和预估参数化方案

人口参数	SSP1	SSP2	SSP3	SSP4	SSP5
人口增速	相对较低	中	高	相对较高	相对较低
生育率	低	中	高	低	低
死亡率	低	中	高	中	低
迁移率	中	中	低	中	高
城市化水平	高	中	低	高	高
教育水平	高	中	低	低	高

表 6 - 3 展现了 SSP1 - 5 情境下中等收入国家的经济模拟和预估参数化方案。在可持续发展路径（SSP1）下，经济增长率高，科技增长率中等，科技增长收敛速度高，国家间和国家内部的区域不平等现象都在减少，国际贸易处于中等水平。在中间路径（SSP2）下，经济增长率、科技增长率、科技增长收敛速度及国际贸易均为中等水平，区域不平等现象在国家间和国家内部都有一定减少。在区域竞争路径（SSP3）下，经济增长率、科技增长率、科技增长收敛速度低，区域不平等程度很高（尤其在国家间），国际贸易受限。在不均衡路径（SSP4）下，经济增长率、科技增长率、科技增长收敛速度及国际贸易均为中等水平，区域不平等程度高（尤其在国家内部）。在以传统化石燃料为主的路径（SSP5）下，经济增长率、科技增长率、科技增长收敛速度和国际贸易水平均高，区域不平等现象大幅减少（尤其在国家间）。

表 6 - 3　SSP1 - 5 经济模拟和预估参数化方案

经济参数	SSP1	SSP2	SSP3	SSP4	SSP5
经济增长率	高	中	低	中	高
科技增长率	中	中	低	中	高
科技增长收敛速度	高	中	低	中	高

续表

经济参数	SSP1	SSP2	SSP3	SSP4	SSP5
区域不平等	国家间和国家内部都在减少	国家间和国家内部有一定减少	很高，尤其在国家间	高，尤其在国家内部	大幅减少，尤其在国家间
国际贸易	中	中	受限	中	高

表 6－4 展现了 SSP1－5 情境下中等收入国家的土地利用模拟和预估参数化方案。在可持续发展路径（SSP1）下，土地利用变化监管严格，农业生产率大幅度提高，粮食消费增长缓慢，肉类饮食减少，加速开展减缓气候变化的国际合作，土地利用部门全面参与，全球化水平体现为区域生产、市场互联。在中间路径（SSP2）下，土地利用变化监管为中等，森林砍伐率缓慢下降，土地生产力水平呈中等速度提高，粮食消费体现为物质密集型消费、中等肉类消费，推迟减缓气候变化的国际合作，土地利用部门部分参与，实行中度开放的全球化。在区域竞争路径（SSP3）下，土地利用类型的特征表现为土地监管为有限的监管，持续砍伐森林，土地生产力为低技术水平并缓慢提高，粮食消费为资源密集型消费，严重推迟减缓气候变化的国际合作，土地利用部门有限参与，去全球化。在不均衡路径（SSP4）下，土地利用变化监管为国家高度监管，大规模的工业化农业生产率高，小规模农业生产率低，粮食消费体现为精英阶层高消费和其他阶层低消费，加速开展减缓气候变化的国际合作，土地利用部门部分参与，全球化体现为仅精英阶层互联。在以传统化石燃料为主的路径（SSP5）下，土地利用变化监管为中等监管，森林砍伐率缓慢下降，农业生产率大幅度提高，粮食消费体现为物质密集型消费和高的肉类消费，推迟减缓气候变化的国际合作，土地利用部门全面参与，高度全球化。

表 6－4　SSP1－5 土地利用模拟和预估参数化方案

土地利用参数	SSP1	SSP2	SSP3	SSP4	SSP5
土地利用变化监管	严格监管以避免环境问题	中等监管，森林砍伐率缓慢下降	有限的监管，持续砍伐森林	国家高度监管	中等监管，森林砍伐率缓慢下降
土地生产力增长	农业生产率大幅度提高	中等速度提高	低技术水平，缓慢提高	大规模的工业化农业生产率高，小规模农业生产率低	农业生产率大幅度提高

续表

土地利用参数	SSP1	SSP2	SSP3	SSP4	SSP5
粮食消费	粮食消费增长缓慢，肉类饮食减少	物质密集型消费、中等肉类消费	资源密集型消费	精英阶层高消费，其他阶层低消费	物质密集型消费，高的肉类消费
土地相关的减排政策	加速开展减缓气候变化的国际合作，土地利用部门全面参与	推迟减缓气候变化的国际合作，土地利用部门部分参与	严重推迟减缓气候变化的国际合作，土地利用部门有限参与	加速开展减缓气候变化的国际合作，土地利用部门部分参与	推迟减缓气候变化的国际合作，土地利用部门全面参与
全球化	区域生产，市场互联	中度开放的全球化	去全球化	仅精英阶层互联	高度全球化

表 6－5 展现了能源需求与供应模拟和预估参数化方案。在可持续发展路径（SSP1）下，传统燃料快速转型，能源需求适度，环保意识高，能源强度低，化石燃料能源成本高、技术进步慢、环境政策高度限制，碳氢化合物能源成本和技术进步中等、环境政策为限制，贸易类型为自由贸易。在中间路径（SSP2）下，传统燃料转型为中等速度，能源需求程度中等，环保意识中等，工业、建筑业及运输业等产业能源强度中等，化石燃料能源成本和技术进步中等、环境政策为支持，碳氢化合物能源成本和技术进步中等、环境政策为支持，贸易类型为部分壁垒。在区域竞争路径（SSP3）下，传统燃料选择不转型，能源需求为中等，环保意识低，能源强度高，化石燃料呈现能源成本低、技术进步慢、环境政策非常支持等特征，碳氢化合物呈现能源成本和技术进步中等、环境政策支持等特征，贸易类型为高贸易壁垒。在不均衡路径（SSP4）下，传统燃料部分转型，能源需求适度，环保意识高，能源强度低（或中），化石燃料能源成本高、技术进步速度中等、环境政策支持，碳氢化合物能源成本中等、技术进步快、环境政策为支持，贸易类型为部分壁垒。在传统化石燃料为主的路径（SSP5）下，传统燃料快速转型，能源需求高，环保意识和能源强度中等，化石燃料与碳氢化合物能源成本低、技术进步非常快、环境政策非常支持，贸易类型为自由贸易。

表 6－5　SSP1－5 能源需求与供应模拟和预估参数化方案

能源参数	SSP1	SSP2	SSP3	SSP4	SSP5
传统燃料转型	快速转型	中等速度转型	不转型	部分转型	快速转型

续表

能源参数		SSP1	SSP2	SSP3	SSP4	SSP5
能源需求		适度需求	中等需求	中等需求	适度需求	高度需求
环保意识		高	中	低	高	中
能源强度	工业	低	中	高	低	中
	建筑业	低	中	高	低或中	中
	运输业	低	中	高	低	中
化石燃料	能源成本	高	中	低	高	低
	技术进步	慢	中	慢	中	非常快
	环境政策	高度限制	支持	非常支持	支持	非常支持
碳氢化合物	能源成本	中	中	中	中	低
	技术进步	中	中	中	快	非常快
	环境政策	限制	支持	支持	支持	非常支持
贸易类型		自由贸易	部分壁垒	高贸易壁垒	部分壁垒	自由贸易

3. 研究结论

我们利用随机森林模型基于 2020 年环境变量数据测算了雄安新区 2020—2050 年的人口规模，从中发现，雄安新区人口主要集中在雄县、容城县、安新县的主城区，且在五种不同的情景下，雄安新区人口规模均呈现下降趋势。

图 6 - 7 反映了五种不同情景下雄安新区 2020—2050 年的人口规模呈现单调下降趋势。其中下降最明显的是不均衡路径（SSP4），其次为以传统化石燃料为主的路径（SSP5）和可持续发展路径（SSP1），接着是中间路径（SSP2），人口规模最大的是区域竞争路径（SSP3）。

根据表 6 - 2 至表 6 - 5 中 SSP1 - 5 五种情境下的人口、经济、土地利用及能源需求与供应预估参数化方案，我们可以对基于随机森林模型的 2020—2050 年雄安新区人口规模预测结果中人口下降趋势最明显的 SSP4 情景和人口规模最大的 SSP3 情景进行进一步的分析。

在 SSP4 情景下，人口增速相对较高，生育率低，死亡率和迁移率中等，城市化水平高，教育水平低；经济增长率、科技增长率、科技增长收敛速度及国际贸易均为中等水平，区域不平等程度高（尤其在国家内部）；土地利用变化监管为国家高度监管，大规模的工业化农业生产率高，小规模农业生产率低，粮食消费体现为精英阶层高消费和其他阶层低消费，加速开展减缓气候变化的国际合作，土地利用部门部分参与，全球化体现为仅精英阶层互联；

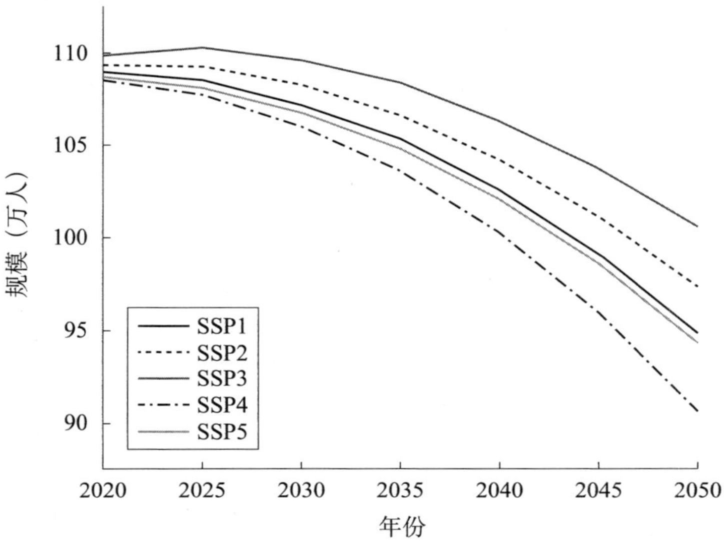

图 6－7　基于随机森林模型预估的雄安新区 2020—2050 年人口规模走势图

传统燃料部分转型，能源需求适度，环保意识高，能源强度低（或中），化石燃料能源成本高、技术进步速度中等、环境政策支持，碳氢化合物能源成本中等、技术进步快、环境政策支持，贸易类型为部分壁垒。

在 SSP3 情境下，人口增速、生育率和死亡率均高，而迁移率、城市化水平和教育水平均处于低水平；经济增长率、科技增长率、科技增长收敛速度低，区域不平等程度很高（尤其在国家间），国际贸易受限；土地利用变化监管为有限的监管，持续砍伐森林，土地生产力为低技术水平并缓慢提高，粮食消费为资源密集型消费，严重推迟减缓气候变化的国际合作，土地利用部门有限参与，去全球化；传统燃料选择不转型，能源需求为中等，环保意识低，能源强度高，化石燃料呈现能源成本低、技术进步慢、环境政策非常支持等特征，碳氢化合物呈现能源成本和技术进步中等、环境政策支持等特征，贸易类型为高贸易壁垒。

如表 6－6 所示，根据随机森林模型预测的人口数量，在 2035 年雄安新区中期规划的时间节点上，SSP1－5 情境下的人口预估数量分别为 105.32 万人、106.65 万人、108.43 万人、103.60 万人和 104.79 万人。在 2050 年 SSP1－5 情境下的人口预估数量分别为 94.89 万人、97.35 万人、100.70 万人、90.68 万人和 94.38 万人。按照《纲要》中“新区规划建设区按 1 万人/平方公里控制”的要求，启动区建设 20～30 平方公里，规划新增 20 万～30 万人；起步区建设 100 平方公里，规划新增 100 万人；中期发展区建设 200 平

方公里，规划新增 200 万人；远期控制区 2 000 平方公里（建设 530 平方公里），总人口规划在 530 万人以内。按照《纲要》中的时间节点要求，2035 年雄安新区人口规划新增 100 万人，加上第七次全国人口普查统计约 120.5 万人的常住人口，总人口达到 220 余万人；2050 年中期规划新增人口 200 万人，总人口达到 320 余万人。

将已有的环境变量数据输入随机森林模型得到的人口预估结果与规划人口规模之间，还存在巨大的缺口，与以往研究注重雄安新区人口承载力上限不同，我们认为，更需要关注的可能是中远期人口规模的引流、维持和发展问题。人口是发展的引擎，在全国人口数量下降和人口老龄化的双重作用下，雄安新区《纲要》是否真正落地，京津冀地区的多中心空间格局能否建立并持续发挥功能，雄安新区这一磁极能否具备适度的人口规模和合理的人口结构是关键因素。

表 6－6　基于随机森林模型的 2020—2050 年雄安新区人口规模预测结果　单位：万人

年份	SSP1	SSP2	SSP3	SSP4	SSP5
2020	108.94	109.36	109.87	108.53	108.70
2025	108.53	109.27	110.23	107.73	108.11
2030	107.19	108.27	109.66	106.04	106.78
2035	105.32	106.65	108.43	103.60	104.79
2040	102.62	104.23	106.34	100.25	102.10
2045	99.11	101.14	103.76	95.97	98.62
2050	94.89	97.35	100.70	90.68	94.38

三、雄安新区未来产业布局重点

通过对《纲要》中雄安新区的产业布局进行分析，结合新区的资源环境禀赋和发展优势，明确未来雄安新区应重点布局大型网络产业和人工智能产业。下面进行详细阐述。

（一）雄安新区的产业基础与规划落实

《纲要》对雄安新区的产业发展的规划包括以下方面：（1）新一代信息技术产业。围绕建设数字城市，重点发展下一代通信网络、物联网、大数据、

云计算、人工智能、工业互联网、网络安全等信息技术产业。推动5G率先大规模商用、IPv6率先布局。超前布局区块链、太赫兹、认知计算等技术研发及试验。（2）现代生命科学和生物技术产业。率先发展脑科学、细胞治疗、基因工程、分子育种、组织工程等前沿技术，培育生物医药和高性能医疗器械产业，加强重大疾病新药创制。（3）新材料产业。聚焦人工智能、宽带通信、新型显示、高端医疗、高效储能等产业发展对新材料的重大需求，在新型能源材料、高技术信息材料、生物医学材料、生物基材料等领域开展应用基础研究和产业化，突破产业化制约瓶颈，培育新区产业发展新增长点。（4）高端现代服务业。接轨国际，发展金融服务、科创服务、商务服务、智慧物流、现代供应链、数字规划、数字创意、智慧教育、智慧医疗等现代服务业，促进制造业和服务业深度融合。集聚银行、证券、信托、保险、租赁等金融业态。（5）绿色生态农业。建设国家农业科技创新中心，发展以生物育种为主体的现代生物科技农业，推动苗木、花卉的育种和栽培研发，建设现代农业设施园区。融入科技、人文等元素，发展创意农业、认养农业、观光农业、都市农业等新业态，建设一、二、三产业融合发展示范区。

雄安新区的定位是发展高新产业、高端产业，包括新能源产业、信息产业、生物产业、环保产业、智能产业、现代服务业等，这些都是雄安新区未来产业发展的优先选择。近年来，雄安新区产业发展的主要方向包括新一代信息技术、物联网、大数据、云计算、人工智能、工业互联网、网络安全、金融科技、光电器件等产业，现代生命科学、生物技术、健康服务等产业，新材料、高技术信息材料、生物医学材料、生物基材料等产业，金融、科创、人力资源、商务、智慧物流、现代供应链、数字规划、数字创意、智慧教育、智慧医疗等现代服务业，现代生物科技农业、创意农业、认养农业、观光农业、都市农业等新业态。当下虽然还没有完全达到雄安新区发展规划对产业发展的要求，但一个科技和产业新城的雏形已经出现①。

根据国际产业发展经验，一个城市的主导产业应限制在四个以下，其他都是附属产业和基础产业。雄安新区未来要实现高质量发展就应对规划纲要中的产业进行筛选。当前可以选择的产业很多，包括教育、高端医疗、银行、保险、证券、软件和信息服务、设计、创意、咨询、现代物流、电子商务、新一代信息技术、生物医药和生命健康、节能环保、高端新材料。结合当前京津冀区域产业协同发展前景和国内外产业经济演进形势，以及雄安新区的

① 孙久文，韩瑞姣．高标准、高质量推进雄安新区建设：学习《习近平关于城市工作论述摘编》[J]．城市问题，2023（3）：4-11.

定位，应重点布局大型网络产业和人工智能产业。2021 年 11 月至 2022 年 12 月，雄安新区科技创新类企业新增企业数量同比增长 21.0%，增速持续稳定；从专利申请数量来看，2022 年底企业专利申请数量同比增长 47.2%。专利申请数量增速高于企业数量增速，说明落地科技企业在雄安新区获得了持续发展的能力，企业科技研发投入不断增加。

（二）布局重点一：大型网络产业

网络产业，是指利用因特网、移动手机等新兴网络技术平台传播信息和创造娱乐的事业。网络产业的产业链主要包括互联网运营商、广告服务、终端用户等环节。随着互联网、大数据、人工智能等信息技术变革的发生及相关应用终端的出现，传统的消费模式和营销渠道正在发生根本性变革。雄安新区所辖三县的传统产业中，纺织品服装业产值比重较高，尤其是服装类产业链，主要面向最终消费者，对产品的直观感受和体验有很高的要求，因而必须遵循当下互联网时代出现的一系列新的产业演进和商业革新规律，加快推进信息技术应用，利用物联网、大数据技术改造传统生产网络，实现制造、物流和销售的实时监控和信息反馈；同时，加强渠道模式创新，推进线上线下、移动互联网等渠道的销售和推广。

把握新技术革命与新产业革命动向，前瞻性地进行新产业体系规划。以互联网应用为先导、以信息化与工业化融合为特征的新产业革命正在孕育兴起。再生能源技术等将开创新能源时代；制造业全面变革，柔性制造、绿色制造、智能制造和服务制造等蓬勃发展；“互联网＋”与产业体系的深度融合催生新模式、新业态、新技术。雄安新区应以共享京津冀优势资源为基础，抓住此次产业革命机遇，综合考虑承接功能、要素条件、空间布局等因素，明确主导产业及产业链发展方向，在全球产业链体系中抢占有利竞争地位，形成具有核心竞争力的内源性产业体系。

借鉴德国工业 4.0 经验，促进制造智能化、网络化和服务化。推动互联网、物联网等新一代信息技术在产品设计、制造、市场营销中的应用，利用云计算、大数据、移动互联等新兴互联网技术，提升企业管理的智能化水平。将平台经济作为制造业转型升级的新抓手，创新制造业贸易方式，并推动制造业服务化，提供全流程和一站式服务平台①。

---

① 李兰冰，郭琪，吕程．雄安新区与京津冀世界级城市群建设［J］．南开学报（哲学社会科学版），2017（4）：22－31.

未来，雄安新区所辖三县的保留产业，应该推动互联网、大数据、人工智能和实体经济深度融合，充分利用信息技术革命所带来的技术范式变革，向生产和销售两个环节渗透，深入推进生产流程再造和渠道转型。其中，生产流程再造方面，互联网、大数据和人工智能技术的发展使得企业追踪和获取全产业链信息成为可能。例如，利用大数据和信息加工技术进步，尝试服装类产品的个性化定制，这是未来中高端服装产品消费的重要需求之一。渠道转型方面，其升级方向要求企业提升快速响应能力和供应链管理能力，同时也要处理好传统渠道和新兴业态之间的平衡。当前，互联网技术特别是移动互联网技术的快速发展已经改变用户的消费习惯，其更多地偏向于通过移动终端或 PC 端来购物，这必然倒逼企业布局线上交易。为了不至于冲击实体店面的销售，企业需要将线上线下产品差异化以有效隔离开两个市场。有些企业针对这一矛盾推出了多个子品牌系列，线上线下分别出售不同品牌产品。在此过程中，消费者也在分化，往往先去实体店体验，之后在互联网终端下单购买。因此，利用网络信息技术推进生产流程再造和渠道转型，是雄安新区所辖三县工业企业加快转型升级的重要途径。雄安新区致力于打造具有深度学习能力、全球领先的数字智能城市，将在智能基础设施、智能中枢和应用安全等方面超前布局。这为传统企业的数字化、智能化转型提供了极为有利的发展条件。

随着互联网、大数据、人工智能等信息技术变革的产生及相应应用终端的出现，传统消费模式和营销渠道正在发生根本性变革。新一代信息技术产业作为典型的高新技术产业，涉及核心基础设备的研发与制造、面向客户的服务技术的研发和新一代信息技术的应用三大块。雄安新区应通过承接和发展新一代信息基础产业，夯实产业基础，提高产业总体技术水平，重点发展新一代移动通信技术、物联网、新型平板显示、高性能集成电路和云计算核心技术，以第四次工业革命为契机，大力发展人工智能产业，加强人工智能基础层和技术层的产业发展，抢占产业革命制高点。

（三）布局重点二：人工智能产业

要实现经济绿色发展，就必须走创新驱动之路。具有新一代通用技术属性、强溢出效应和高发展潜力的人工智能无疑是值得关注的焦点[①]。随着人工

---

① 郭凯明．人工智能发展、产业结构转型升级与劳动收入份额变动［J］．管理世界，2019（7）：60－77，202－203.

智能技术迭代演进，其与实体经济深度融合发展，成为中国绿色发展的重要引擎[①]。作为全球新一轮科技革命和产业变革的核心组成部分，人工智能对社会经济发展和国际竞争格局产生了深刻影响[②]。

长期以来，急速扩张经济规模和快速推进工业化进程的粗放型增长模式致使能源利用效率低下、环境污染严重和生态系统退化，在一定程度上阻碍了中国经济的高质量发展。雄安新区作为中国未来绿色发展的典范，是培育经济发展的新动能、加快向经济结构调整和环境效率优化的内涵式模式转变的重要试点。人工智能在经济系统的各个环节加速演进、与自动化生产方式紧密结合、同实体经济发展融合共建，对要素资源配置、产业竞争格局变动和经济结构调整产生深远影响。同时，依靠智能技术驱动的研发平台的发展，通过技术创新的溢出效应，构建生产资源互联互通的高效连接网络，有利于提升节能降耗、减排增效及绿色发展意识，推动向绿色低碳行为方式转变。

雄安新区具有发展人工智能产业的区位优势。全国各省（区、市）目前均出台了面向“十四五”甚至 2030 年的人工智能产业发展规划，普遍把人工智能作为当地产业发展的关键领域。技术标准作为人工智能发展的核心支撑要素，各地发展差异较大。北京主导制定的人工智能国家标准占比达到 43.18%[③]，在全国人工智能发展领域占据绝对优势。雄安新区可以借助北京在人工智能领域的领先优势，发挥区位优势和政策优势，大力引进人工智能人才和产业，实现产业结构优化与绿色经济发展的双重目标。

雄安新区已成为中国第一个全域实现数字城市与现实城市同步建设的城市。数字经济相关资料显示，雄安新区 5G、城市大脑、城市计算中心、数字道路等智能基础设施累计投资额超过 100 亿元，新建区域基础设施智慧化水平超过 90%，雄安新区已实现 5G 全域连续覆盖。2022 年 5 月，雄安新区首个城市级 IPv 地址块和网络自治系统号（ASN）已向亚太互联网络信息中心（APNIC）申请成功。雄安容东片区正在建设智能城市专用光网络，将可以支持千万级智能终端接入和海量数据实时传输。雄安新基建初步搭建起一

---

① 周杰琦，陈达，夏南新．人工智能、产业结构优化与绿色发展效率：理论分析和经验证据［J］．现代财经（天津财经大学学报），2023，43（4）：96－113.

② 张朝辉，徐毓鸿，何新胜．我国人工智能产业发展路径研究［J］．科学学研究，2023（11）：1－19.

③ 周立军，瞿羽扬，刘思薇，等．我国人工智能产业技术标准形成能力的空间非均衡及分布动态演进［J］．经济问题探索，2023（2）：81－95.

个数字智能生命体。数字城市的四梁八柱——“一中心四平台”[①] 基本建成并运行。雄安城市计算中心一方面承担新区政府侧的所有政务服务系统的运营维护，另一方面为北京疏解到雄安的企业，尤其是高端高新企业以及中小企业提供多种方式的服务。物联网平台和视频一张网平台负责统一管理城市内的物联网设备和视频监控设备。CIM 平台是现实世界在数字世界的孪生镜像，新区每建设一栋楼，都会在“数字雄安”平台上生成一栋数字大楼。

四、新阶段雄安新区城市规划

当前雄安新区基础设施建设已取得较大的进展，人居环境得到改善，对外交通网络通达，公共服务水平显著提升。基于雄安新区现有的人口规模与未来人口预估模型，新阶段雄安新区的城市规划还应在以下三个方面持续发力：人口规模适度，人口结构优化；突破原有产业设计，发展现代高端制造业；加快形成自身产业体系，构建未来中心城市。

（一）人口规模适度，人口结构优化

在人口规模方面，根据上文随机森林模型的预测结果，雄安新区在 2035 年和 2050 年这两个重要节点上 SSP1－5 五种情景下的预估人口数量和规划数量分别存在 100 万和 200 万的人口缺口。与以往研究注重雄安新区人口承载力上限不同，我们认为更需要关注的可能是中远期人口规模的引流、维持和发展问题。雄安新区在 SSP4 情景下人口规模下降趋势最为明显，在 SSP3 情景下人口规模维持得最好。

雄安新区人口规模需要充分考虑北京非首都功能疏解的实际进展。作为非首都功能的集中疏解地，雄安新区的人口规模很大程度上依赖北京的疏解状况。在这一过程中，北京无疑会向雄安新区疏解一定的功能和资源，但是北京及其中心城区本身亦需要一定的规模，加之北京内部功能重组也会承接部分疏解的功能，雄安新区承接北京非首都功能疏解会在一定限度内。因此，可以说北京向雄安新区的疏解只是一个开始，其人口集聚更多地要靠内生发展和吸引来自全国的迁入者。

---

① 即雄安城市计算中心、块数据平台、物联网平台、视频一张网平台、CIM 平台。

雄安新区人口规模需要充分考虑人口发展峰值和城镇化进程。一方面，在人口政策和经济社会发展对人口的作用下，我国将在2025—2030年达到人口峰值，此后人口总量规模将趋于缩小。另一方面，我国常住人口城镇化已经进入后半程，逐渐趋向于城镇化率稳定的阶段，加之东部地区就业岗位减少、房价过高等诸多原因，中西部地区劳动力出现回流迹象。在此背景下，位于东部相对发达地区的雄安新区在吸引人口方面将受到我国宏观环境的影响。从地方品质与人口规模的关系来看，一是地方品质是地方不可贸易品数量、多样性和质量的总和，其水平提高一方面有赖于个人消费服务、公共服务、社会交往环境、建筑和生态环境、高效便捷的基础设施的丰富和发展；另一方面又受城市功能、规模、布局、运行制度的制约，城市规模只是影响地方品质的一个因素。二是地方品质与城市规模的关系是非线性的。随着规模扩大，最初地方品质会提高，但当规模达到一定水平后，规模进一步扩大将会降低地方品质。京津冀地区的人口、资源、生态、环境矛盾十分突出，不宜大规模集聚人口，应积极有序推动雄（安）保（定）同城化，打造雄安都市圈，有意识地与周边的保定实行错位发展。

（二）突破原有产业设计，发展现代高端制造业

从有效缓解北京“大城市病”问题出发，积极、稳妥、有序承接符合雄安新区功能定位和发展需要的高校、医疗机构、企业总部、金融机构、事业单位等，严格产业准入标准，限制承接和布局一般性制造业、中低端第三产业。把握新一轮科技革命和产业变革趋势，利用新技术、新业态和新模式改造提升传统产业，实现传统产业与新兴产业的融合发展，构建产业创新生态系统。科技创新是传统产业转型升级和新兴产业培育壮大的根本动力，而科技创新的关键在于形成多区域、多主体、多要素协同参与的创新生态系统。

重点发展高附加值和低污染的产业，推进加工制造环节向周边地区转移，不断向全球价值链中高端环节攀升。与产业体系的构建相同，科技和产业创新能力的形成也必须注重规划体系，制定明确的创新方向。要制定特殊人才政策，定向集聚高端创新人才，补齐高等教育短板，培育自身的高端创新人才。雄安新区启动区面积20～30平方公里，起步区面积约100平方公里，中期发展区面积约200平方公里，要在有限的土地利用范围内构建实体经济、科技创新、现代金融、人力资源协同发展的现代产业体系。

2022年政府工作报告强调“促进数字经济发展”，党的二十大报告明确提

出要“加快发展数字经济”。未来，要推动雄安新区产业协同发展，就要夯实数字经济发展的基础，依托自身的比较优势发展数字经济，利用数字经济赋能高标准和高质量的雄安发展。京津冀国家大数据中国试验区已经基本建成，雄安新区的数字经济发展创新试验区也开始稳步推进，下一步，雄安新区建设数字城市是一个重点。加快数字经济基础设施体系建设是另一个重点，要加强雄安新区的基础设施建设。一方面，建设 5G 基站、大数据中心、人工智能、工业互联网等新型基础设施，推动新一代信息技术与城市基础设施建设深度融合，建设数据原生的城市基础设施体系。建设智能网联化城市道路，加快推进高级别自动驾驶示范区建设及其迭代升级，定义标准化智能数字路口，布设自动驾驶领域底层复用的数字化设施。建设数字城市管廊，应用感知和通信技术改造、建设城市管廊，形成自我感知生成数据、自动联网汇聚数据、数据赋能安全运行的数字化城市生命线。全面推进水、电、气、热等表具智能化改造。另一方面，提高雄安新区的承接能力，消除“数字鸿沟”的基础，在周边城市加强新型基础设施建设，缩小雄安新区与北京的基础设施建设差距，提升承接北京疏解非首都功能产业的能力。

（三）加快形成自身产业体系，构建未来中心城市

高起点布局高端产业，区内原有的传统产业与雄安新区功能定位和未来产业发展方向并不匹配，需要加快推进传统产业转型升级。构建实体经济、科技创新、现代金融、人力资源协同发展的现代产业体系。布局建设一批国家级创新平台，加强与国内外一流教育科研机构和科技企业合作，建立以企业为主体、以市场为导向、产学研深度融合的技术创新体系。要特别强调以智能制造为主攻方向，引进更先进的生产线和生产工艺，全面提升产品质量和生产效率，满足消费者差异化、多样化的消费需求。

加大研发创新投入，深入推进“两化”融合发展，培育创新平台共享机制，提高创新资源集聚能力和使用效率，搭建有利于培育更具创新活力市场主体的创新网络。雄安新区的总体定位中创新驱动是其核心功能之一，目标是打造全球创新高地。对于传统产业而言，创新是推动产业转型升级的重要动力，因此，雄安三县传统产业转型升级的路径之一，就是构建更具创新活力的共享创新网络。这就要求切实落实和充分发挥雄安新区的创新功能定位与战略发展优势，加大企业特别是骨干企业的研发创新投入，利用信息化改造生产流程，以此提高创新资源使用效率。

对于传统制造技术，由于已经形成的技术差距和技术封锁，适宜在技术

引进基础上不断吸收再创新。对于具有战略意义的前沿技术，应加大相关领域的基础研发投入，引导骨干企业研发创新，力争在关键性技术及其标准制定上有所突破并取得国际话语权，抢占国际制高点。雄安新区所辖三县的传统产业中，已经有一些产业的龙头企业通过前一种方式即技术引进来加快技术创新步伐。例如，雄县压延制革业的龙达公司采取的升级路径就是通过购买国内外高端设备加快企业在先进制造上实现跨越式发展。雄安新区传统产业需要在后一种方式上有所突破，尤其是在承接首都非核心功能转移过程中，随着中央企业和高校科研院所落户雄安，短时间内会集聚大量的高素质创新资源，从而具备开展前沿技术研发和应用的创新资源禀赋，传统企业应加大研发投入，大幅提升产品质量，并在做强产业的基础上加快品牌建设，进一步提升产业发展质量。

建设多层次创新资源共享网络，走集中发展的道路。一是通过开展合作、共建创新平台等方式加强创新资源共享。雄安三县传统产业中的龙头企业应加强与东南沿海企业、跨国公司的技术交流，可以先向落户企业学习，借助政策优势，逐渐向更广泛和更高层级的交流拓展。另外，应与科研院所、国内优秀双创基地联合搭建高质量中高端创新资源共享平台，尝试在诸如提升产业链和参与行业标准制定等前沿领域实现联合突破，形成创新共同体。二是鼓励与诸如技术类企业、互补营销企业尝试跨界合作，探索建立更具包容性的开放共享机制与平台。尤其是在互联网时代，骨干企业可以与阿里、腾讯等互联网企业深度合作，构建基于网络技术的协同制造公共服务平台，促进生产制造、质量控制和运营管理各独立子部门系统的互联互通，构建现代化管理模式，加强创新资源、生产能力、市场需求的有效对接，提高全产业链资源整合能力。三是充分整合国内国外两个市场的高端创新要素。引进国内外高素质人才、前沿技术、中高端市场等创新要素资源，利用大数据、物联网、人工智能技术加快建立多层次广域创新平台，包括组建行业领军人才和专家数据库、国内外前沿技术与研发数据库等。

以承接非首都功能为基点，尽快培育新产业体系。国际经验表明，独特的主导产业体系既是新城建设的关键要素，也是世界级城市群内城市间合理分工的重要基础。雄安新区应充分利用作为北京非首都功能集中承载地的机遇，在短期内实现经济高速发展。但是，仅依靠承接非首都功能的"输血式"发展模式风险性过大，应尽快实现由依靠"输血"向完善"造血"功能的转变，培育具有高技术供给能力及核心竞争力的内生性新产业体系，形成功能承接与新产业培育相互支撑、相得益彰的"双轮驱动"产业发展模式。

把握集中承接非首都功能的发展机遇，奠定经济起飞基础。建设初期，

如何将短期内大规模要素集聚转化为可持续的经济发展动力，是雄安新区亟待解决的重要问题。这既需要着力解决现有结构与新产业之间的矛盾、产业转移与承载地能力之间的矛盾、知识创新与产业成长之间的不协调等关键问题，也需要明确未来产业方向，做到合理承接、科学承接、高效承接。综合考虑承接功能、要素条件、空间布局等因素，雄安新区可重点发展基于信息技术和互联网的新型业态、具有高技术供给能力的制造业、以高端移民与白领为对象的精致服务业、与国际化都市相适应的文化与创意产业、科技研发与生产性服务业以及周边地区原有产业的上游延伸与整合等产业。

传统产业也是整个新区的有机构成，也将充分贯彻绿色生态的发展理念。就传统产业而言，保留下来继续发展的产业和企业在节能环保方面应遵循严格的标准，可以按照如下路径加快转型升级：在建设绿色生态社区的同时，将传统产业集聚升级为智慧宜居型特色小城镇，深入推进雄安新区产城融合发展。合理的产业布局是，将这些特色小镇或工业园区集中分建在非核心区，适宜发展的产业和企业重新在这些特色小镇或园区选址兴建，并且这些企业也要改变现有劳动密集型生产方式，通过引进高效的自动化生产检测设备等提高产品质量和劳动生产率，逐步向数字化、网络化和智能化转型，实现中高质量的工业增长和产城融合发展。例如，雄县的纸塑包装业和压延制革业、容城县的服装业和毛绒玩具业、安新县的制鞋业等，可由龙头企业带领适宜保留的配套企业进驻特色小镇，其内保障生活配套设施，按照绿色生态社区标准建设。

参考文献

[1] 百度智能云，百度研究院商业智能实验室．未来之城 雄姿初显：雄安新区 2022 年大数据研究报告 [R]，2023.

[2] 雄安新区改革发展局，雄安新区第七次全国人口普查领导小组办公室．雄安新区第七次全国人口普查公报 [R]，2021.

[3] 杨震，宋玥芳，田林，等．京津冀城市网络协同发展分析及雄安新区人口规模研究 [J]．干旱区资源与环境，2019 (12)：8-15.

[4] 王红茹．12 家设计团队即将提交雄安新区城市设计方案 雄安未来该有多少人? [J]．中国经济周刊，2017 (33)：41-43.

[5] 封志明，杨艳昭，游珍．雄安新区的人口与水土资源承载力 [J]．中国科学院院刊，2017 (11)：1216-1223.

[6] 梁林，曾建丽，刘斌．雄安新区未来人口趋势预测及政策建议 [J]．当代经济管

理，2019（7）：59－67.

［7］梁林，武晓洁．治理群簇视阈下国家级新区人才流动预测及治理研究：以雄安新区为例［J］．科技管理研究，2020（17）：88－96.

［8］王彦军，刘清滢，司丽丽，等．雄安新区未来人口结构及促进其高质量发展的建议［J］．科技导报，2022（22）：78－87.

［9］王超，阚瑷珂，曾业隆，等．基于随机森林模型的西藏人口分布格局及影响因素［J］．地理学报，2019，74（4）：664－680.

［10］刘艺，杨歆佳，刘劲松．基于随机森林的人口密度模型优化试验研究［J］．全球变化数据学报（中英文），2020，4（4）：402－416.

［11］Yin X，Li P，Feng Z M，et al. Which Gridded Population Data Product Is Better? Evidences from Mainland Southeast Asia（MSEA）［J］．ISPRSInt. J. Geo-Inf，2021，10（10）.

［12］Chen Y M，Li X，Huang K N，et al. High-Resolution Gridded Population Projections for China Under the Shared Socio economic Pathways［J］．Earth Future，2020，8（6）.

［13］景丞，姜彤，苏布达，等．共享社会经济路径在土地利用、能源与碳排放研究的应用［J］．大气科学学报，2022（3）：397－413.

［14］孙久文，韩瑞姣．高标准、高质量推进雄安新区建设：学习《习近平关于城市工作论述摘编》［J］．城市问题，2023（3）：4－11.

［15］李兰冰，郭琪，吕程．雄安新区与京津冀世界级城市群建设［J］．南开学报（哲学社会科学版），2017（4）：22－31.

［16］郭凯明．人工智能发展、产业结构转型升级与劳动收入份额变动［J］．管理世界，2019（7）：60－77，202－203.

［17］周杰琦，陈达，夏南新．人工智能、产业结构优化与绿色发展效率：理论分析和经验证据［J］．现代财经（天津财经大学学报），2023，43（4）：96－113.

［18］张朝辉，徐毓鸿，何新胜．我国人工智能产业发展路径研究［J］．科学学研究，2023（11）：1－19.

［19］周立军，瞿羽扬，刘思薇，等．我国人工智能产业技术标准形成能力的空间非均衡及分布动态演进［J］．经济问题探索，2023（2）：81－95.

第七章 雄安新区城市发展与乡村振兴

本章概述了雄安新区城市发展与乡村振兴的动态平衡。首先，审视了全域城市化战略的重要性，分析了雄安新区城市化的战略定位与现状、面临的挑战与机遇，并探索了全域城市化的实施路径。接着，聚焦乡村振兴战略与行动，阐述了乡村振兴的现状、面临的挑战，以及未来乡村振兴战略的实施路径。此外，本章还深入研究了雄安新区城乡融合发展模式，比较了雄安新区与其他地区的差异，强调了雄安在推动现代城乡融合发展中的示范效应。整体而言，本章为理解雄安新区如何在推进城市发展的同时促进乡村振兴、实现区域协调发展提供了深刻见解。

一、全域城市化战略概述

本节对全域城市化战略在雄安新区的应用进行了深入探讨。首先，明确了雄安新区城市化的战略定位与现状，强调其是智慧、宜居、绿色生态城市建设的样板。随后，概述了全域城市化的基本概念，并针对雄安新区分析了在此战略下面临的挑战与机遇。最后，详细介绍了全域城市化的具体实施路径，包括落实产城融合战略、推动交通与物流网络整合、完善人口疏解与新型户籍政策、保障公共服务需求、推进生态建设与绿色发展、提升水资源管理与协同效率以及产业转移与协同等。

（一）雄安新区城市化的战略定位与现状

《纲要》明确指出，雄安新区的四大核心发展定位为绿色生态宜居新城区、创新驱动发展引领区、协调发展示范区、开放发展先行区。其中以绿色

生态宜居新城区为雄安新区城市化定位核心，旨在打造智慧城市建设样板、构筑宜居宜业人民城市和实现绿色生态城市建设。

1. 打造智慧城市建设样板

雄安新区被视为北京非首都功能的主要疏解地，其发展目标是建设成为高水平的社会主义现代城市，以及京津冀城市群中的核心极点①。根据《纲要》，雄安新区的核心建设目标包括塑造宜居的生态环境、推进高科技产业发展、确保公共服务的高品质和共享性、建立便捷的交通网络、打造环保且智能的都市，以及确立一个当代的城市安全体系②。在智慧城市建设方面，雄安新区的要求涉及加强智能基础设施建设、构建全域智能化环境、构建城市智能治理体系三个方面。2017—2021 年，雄安新区规划建设坚持前瞻性、引领性，地上、地下、云上“三座城”同步推进。先地下，后地上，合理开发利用地下空间，是雄安新区规划建设的重要理念。按照“安全韧性、系统协调、创新智能”的建设要求，雄安新区规划建设了系统网络化、空间弹性化、运行智能化的“干线—支线”两级综合管廊约 380 公里。此外，雄安新区首次全域实现了数字城市与现实城市同步建设，现实城市中的每一栋建筑，都会在网络平台形成与之孪生的云上数字化模型，在我国城市建设史上首屈一指。

由于没有过去城市建设的束缚，雄安新区得以避免历史上智慧城市建设时因既有规划导致的各参与方意见难以统一的问题。在建设策略上，《纲要》和《河北雄安新区智慧城市建设专项规划》提出，到 2035 年，数字经济占城市地区生产总值的比重不低于 80.0%，大数据在城市精细化治理和应急管理中的贡献率不低于 90.0%，基础设施智慧化水平不低于 90.0%，鼓励雄安新区创新性地通过各种途径吸引社会资本参与。在数据应用方面，智慧城市建设标准成果领先（见表 7-1）。中国电信和中兴通讯在雄安联手打造了商用物联网平台，此平台已成功应用于智能停车、井盖和路灯等领域，实现了数据的深度整合、分析和存储。此外，雄安新区已经与中国电子科技集团有限公司开展合作，推动公用大数据建设。雄安新区容东片区规划数字道路项目总里程达 153 公里，建设规模覆盖整个容东片区的干路和支路，是全国里程最长、规模最大的数字道路，将为智能交通、车路协同的技术攻关提供数字试

---

① 孙久文，卢怡贤，易淑昶．高质量发展理念下的京津冀产业协同研究［J］．北京行政学院学报，2020（6）：20-29.

② 刘晓青，何睿．城市信息新基建规划：雄安实践与探索［J］．城市规划学刊，2022（5）：112-118.

验场景。

表 7-1　2020 年雄安新区智慧城市建设标准成果汇总

序号	第一批（2020 年 5 月）	第二批（2020 年 12 月）
1	物联网终端建设导则（道路）	雄安新区多功能信息杆柱建设导则
2	物联网终端建设导则（楼宇）	雄安新区物联网终端建设导则（综合管廊）
3	物联网网络建设导则	雄安新区区块链技术数据协同规范
4	5G 通信建设导则	雄安新区区块链安全区块链技术应用安全规范
5	建构筑物通信建设导则	雄安新区智能城市数据标准体系指南
6	数据资源目录设计规范	雄安新区数据资源分类分级指南
7	数据安全建设导则	
8	智慧工地建设导则	

资料来源：河北雄安新区管理委员会官网。

2. 构筑宜居宜业人民城市

生活宜居是城市发展评估的重要维度，也是体现人民群众获得感和幸福感的重要指标。北京城市规模的扩张，导致其聚集成本逐渐升高，因此需要一个新的区域来分担北京的城市建设压力。未来的雄安，既是先进科技文化的集合，更是和谐宜居的人类家园，其目标是打造一个规模适中、绿色宜居的生态文明城市，避免京津冀地区的大城市病问题①。《河北雄安新区防洪专项规划》和《河北雄安新区地震安全专项规划》对防洪和抗震标准的高要求保证了城市的抗风险能力。2023 年 5 月 10 日，中共中央总书记、国家主席、中央军委主席习近平在河北省雄安新区考察，并主持召开高标准高质量推进雄安新区建设座谈会，会议提出要坚持人民城市人民建、人民城市为人民，解决好雄安新区干部群众关心的切身利益问题，让人民群众从新区建设发展中感受到实实在在的获得感、幸福感。

在便民工程的建设方面，2022 年，雄安新区回迁安置群众众多，一批民生保障配套设施交付使用。2022 年，医疗、购物、生活服务、汽车服务、美食等各类便民服务设施数量实现大幅增长。休闲广场、公园类设施总量实现新突破，其中公园总量增长了 42.0%，为居民日常生活提供了好去处。学校总量有大幅增长，其中幼儿园增长 15.0%，小学增长 18.0%，中学增长

① 宋朝丽．人本导向的雄安新区产城融合设计［J］．西安财经学院学报，2019，32（3）：38-44.

32.0%，满足了回迁群众的教育需求[①]。同时，2022 年雄安新区的科研机构数量出现了跃升，增长达 150.0%。雄安新区积极打造高端高新产业和创新要素的集聚高地，吸引了大批创新科技企业入驻，首都的高校、央企总部、科研院所也正在分批进驻，为雄安新区带来了大量的人才与创新资源。据《雄安新区 2022 年大数据研究报告》统计，2021 年雄安新区人口流动仍然以省内流动为主，省内流动占比为 68.41%。2022 年省内流动占比下降为 51.0%，雄安新区对省外人口的吸引力提升，其中北京和天津人口流动占比分别为 10.0%和 4.0%，承接疏解初见成效。整体上来看，雄安新区对京津地区的人口引流作用不断增强[②]。

3. 推进绿色生态城市建设

河北省委办公厅及省政府办公厅发布的《关于推动城乡建设绿色发展的实施意见》对实现绿色生态城市建设提出了新的战略要求。据此，到 2025 年，河北省将确保城乡绿色发展的体制、机制以及政策框架得到完善，推广绿色建设和生活方式将取得显著效果。具体目标包括增加雄安新区森林面积约 86 万亩，提高森林覆盖率至 40.0%，保障起步区人均公园绿地面积达到 20 平方米（见表 7 - 2），并推动创建国家生态园林城市。同时，城镇生活垃圾的无害化处理率也将达到 100.0%，而城镇民用建筑将全面采用超低能耗标准。展望到 2035 年，河北省将在城乡建设中完全实施绿色发展理念，生态环境建设将取得突出成果，绿色生产生活方式将被广大民众广泛接受，最终实现“天蓝、地绿、水秀”的美丽河北愿景。

表 7 - 2　雄安新区绿色生态相关指标

序号	指标	2035 年目标
1	蓝绿空间占比（%）	≥70
2	森林覆盖率（%）	40
3	耕地保护面积占新区总面积比例（%）	18
4	永久基本农田保护面积占新区总面积比例（%）	≥10
5	起步区城市绿化覆盖面积（%）	≥50
6	起步区人均城市公园面积（平方米）	≥20
7	起步区公园 300 米服务半径覆盖率（%）	100

① 百度智能云，百度研究院商业智能实验室．未来之城 雄姿初显：雄安新区 2022 年大数据研究报告［R]，2023.

② 梁林，段世玉，李妍．数字经济背景下京津冀人力资源系统韧性评价与治理［J]．中国人力资源开发，2022，39（8）：71 - 83.

续表

序号	指标	2035 年目标
8	起步区骨干绿道总长度（%）	300

资料来源：中国（深圳）综合开发研究院智库研究与信息部．雄安新区与北上广深 2035 年规划指标全解析［EB/OL］．（2018－04－25）［2018－05－01］．https：//www.planning.org.cn/news/view？id=8 492．

雄安新区的绿色生态城市建设已经取得初步进展①。在城市植被环境方面，2022 年，容东、容西、雄东等重点安置区的自然地表植被覆盖较广，较 2021 年皆有所提升。在水环境方面，雄安新区通过生态补水、湿地改造、污染防治等多种方式，持续改善区内水域的生态环境，白洋淀生态环境治理基本实现阶段性目标，淀区的整体水质由 2017 年的劣Ⅴ类提升到 2021 年的Ⅳ类，核心区平均水质达到Ⅲ类标准。在空气治理方面，雄安新区坚持大气污染防治，建立绿色施工体系、“无煤区”和低排放控制区，空气质量逐年持续改善。2022 年，雄安新区加强了对秋冬季大气污染的防治，建立了县、乡、村三级网格化监督管理体系，综合采用人力巡查、无人机飞检、冒烟监控体系等手段，开展专项检查。2022 年 6 月—2023 年 5 月，秋冬季空气质量得到极大提高，空气优良天数达到 303 天，增加天数主要集中在冬季，优良天数占比超过了 83.0%。在污染治理方面，2022 年白洋淀地区已经实现生活垃圾收运处理体系覆盖率 100.0%，完成新建户厕 22 240 座、改建户厕 4 030 座、新建公厕 130 座，完成 12 个美丽乡村创建任务。

（二）全域城市化面临的挑战与机遇

1. 全域城市化的基本概念和定义

“全域城市化”是一个相对综合的概念，它不仅指向传统的城市空间拓展和人口聚集，而且涵盖多个层面的城市与农村的融合与协同发展。该概念的核心理念是在一个更宽泛的区域内实现经济、社会、环境、文化等多方面的均衡发展，从而实现城乡间的有机衔接、资源共享以及功能互补②。其强调的是城乡融合发展，核心是推动城市和乡村在功能、服务、基础设施等方面均

① 张贵，孙晨晨，刘秉镰．京津冀协同发展的历程、成效与推进策略［J］．改革，2023（5）：90－104．

② 蔡书凯，蔡荣．我国城市全域城市化竞争力评估及发展对策［J］．管理现代化，2014（2）：105－107．

衡发展，缩小传统城乡二元结构差距。即，通过新城和新市镇的优化布局，适应功能区和行政区融合发展的要求，经过一定时期的经济社会发展、市场扩张和政府推进，在中心和主城区增长极培育的基础上，在全域逐步形成科学合理、资源共享、优势互补、功能完善、城乡对接与协调发展的城镇网络体系。

全域城市化的内涵可以从以下几个方面理解：第一，强调全域谋划中的新城建设，其中不仅仅是从农村到城市中心区域的单一流动，更是对新城市区域（基于特定产业空间、具有完善的公共设施与服务）的开发与建设。新城可以围绕产业集群或工业、科技、大学等领域建立，通过产业结构的转变、功能定位的提升为区域经济发展注入新活力。第二，全域城乡一体化强调将城市与农村作为相互依存的空间经济体进行整体的系统规划与设计。通过构建一个协调、均衡、可持续的城市发展模式，描绘一幅层次分明、结构合理的发展蓝图，最终在全域形成一个可控且可实现的发展格局。第三，在全域农业产业化与现代化的理念中，农业的产业化经营成为关键，即用现代工业的管理方法组织现代农业的生产和经营。这样的农业将不再是纯农村的农业，而是城市体系中不可或缺的有机组成部分，通过优化组合各种生产要素，使农业产业的各个环节形成规模效益，进而满足高端市场的需求。第四，全域村镇社区化理念强调农村的社会意识、结构、运转方式向城市化过渡。全域城市化与新农村建设“双轮”驱动是城乡关系的重构与转变，新农村建设成为城市化战略的重要补充，确保农民在农村的生存及发展问题得到妥善解决。第五，农民市民化是指农民完成从农村到城市的身份转变的过程，其不仅仅是地理上的迁移，更是身份上的全面转变。在这一进程中，应充分考虑京津冀地区独特的人口状况，寻找一条既符合普遍规律也适应实际的农民市民化之路。

2. 雄安新区全域城市化面临的挑战

2023 年，北京、天津和河北的常住人口城镇化率分别为 87.8%、85.5% 和 62.8%。在京津冀城镇化战略实施的基础上，2022 年，雄安新区城建面积增长了 58.1%，内外路网体系基本形成，城市功能与城市活力逐步显现，2022 年启动区整体建设加快推进，相较 2021 年，建设面积增加了近 60.0%，城市地标性建筑群逐步凸显。但根据全域城市化的内涵，其推进过程中需要把握经济要点，合理规划空间，同时要保障人民群众的社会福利。因此，进一步推进雄安新区全域城市化仍面临绿色生态的平衡、合理的产业空间布局、行政管理体系的高效运行、农地保护和转移、资本流动和使用、文化的融入

和传承、科技与创新的协同等方面的挑战①。

第一，在绿色生态的平衡方面，鉴于雄安新区致力于建设“绿色生态宜居新城区”，需要在快速发展的同时确保生态保护和可持续发展的理念深入实施。在全域城市化的过程中平衡这些目标将是一项挑战。第二，在合理的产业空间布局方面，考虑到雄安新区的定位之一是创新驱动发展引领区，需要进行精准的产业引导和空间布局规划。合理分配产业和居住区，防止重复建设，并注重城镇边缘居民的生产生活方式改善和提升。第三，在行政管理体系的高效运行方面，雄安新区在合并和整合不同区域或进行产业园区划分时，需要细致考虑行政管理体系的运作方式，确保不同体系、机构的顺利融合和协同工作，以保证政务运行的效率和效能。第四，在农地保护和转移方面，要在城市扩张和农地保护之间找到平衡点。如何在扩大城市边界的同时，确保农用地合理利用，保护生态环境，并避免社会冲突等，将是雄安新区在全域城市化过程中需要重点关注的问题。第五，在资本流动和使用方面，雄安新区要确保资本的双向流动，促进城乡间资本的均衡分配，同时要严格防范腐败和资金滥用，使资本用于真正有益的城市建设项目和领域。第六，在文化的融入和传承方面，推进城乡一体化的过程中，文化融入也是不可忽视的一环。对于雄安新区来说，在京津冀协同发展中通过社区文化引导新的居民社群的形成和融合，同样也是一项重要的挑战。第七，在科技与创新的协同方面，将科技和创新整合到全域城市化中，不仅需要注重技术的引进和培育，还需要注意将科技创新与产业发展、城市建设、生态保护等多个方面进行有机结合，实现科技和创新在全域城市化中的广泛应用和深入融合。

3. 雄安新区全域城市化的机遇

京津冀协同发展是以习近平同志为核心的党中央在新的历史条件下做出的重大决策部署。随着以一般性制造业和物流市场为主体的非首都功能疏解渐渐进入尾声，非首都功能疏解进入 2.0 阶段，新一轮的疏解为雄安新区的全域城市化带来了新的机遇。

随着京津冀一体化战略的实施，区域内的交通互联互通、环境优化和生态建设保障了雄安新区的全域城市化建设。首先，随着京津冀一体化的推进，区域内的交通网络更加完善，尤其是高铁、快速道路等。截至 2023 年底，京津冀区域营运性铁路总里程达 9 400 公里，较 2014 年增加 25.3%，北京至 6 个毗邻区域全部实现 1 小时内通达。快速、便捷、高效、安全、大容量、低

① 李国平，宋昌耀．建设京津冀世界级城市群视野下的雄安新区发展方向［J］．河北学刊，2021，41（6）：133－140．

成本的互联互通的综合交通网络，使京津冀三地的生产要素能够迅速自由流动，为京津冀产业协同发展创造了有利条件，也为雄安新区带来了更多的经济资源和人才流动机遇。其次，京津冀协同发展强调生态环境的保护和建设。2022 年 1 月，京津冀三地生态环境保护主管部门联合印发《关于加强京津冀生态环境保护联建联防联治工作的通知》，成立京津冀生态环境联建联防联治工作协调小组，共同推进京津冀生态环境保护。京津冀地区“上下协同、共同协作”的生态环境保护格局逐步形成，协助雄安新区打造绿色宜居的现代化城市建设新格局。

在新一轮非首都功能疏解的背景下，区域间资源整合和共享、产业升级与合作成为雄安新区全域城市化的关键引擎。一方面，京津冀协同发展意味着三地的资源可以实现共享和优化配置，这为雄安新区的全域城市化提供了有利的资源环境，尤其是在人才、技术、资金等方面①。自 2014 年京津冀协同发展战略实施以来，三地在园区共建、产业链构建和项目落地等方面强化区域间资源整合，并相继出台了一系列政策文件，其中包括《京津冀产业转移指南》《加强京津冀产业转移承接重点平台建设的意见》《进一步加强产业协同发展备忘录》等。另一方面，雄安新区可以与京津两市在高新技术、现代服务业、文化创意等领域开展深度合作，推动产业升级和创新。三地科技部门签署了《关于共同推进京津冀协同创新共同体建设合作协议（2018—2020 年）》《关于共同推进京津冀基础研究合作协议（2018—2020 年）》等一系列协议，旨在通过创新驱动培育新的经济增长点，推动新产业和新业态的形成和发展。河北以雄安新区集中承载地为核心，精准打造“1＋5＋4＋33”② 重点承接平台体系。截至 2024 年 4 月，央企已在雄安累计设立各类机构达 200 多家。

此外，京津冀地区作为中国对外开放的重要窗口，具有丰富的国际交往和合作经验。《北京城市总体规划（2016 年—2035 年）》和《北京推进国际交往中心功能建设专项规划》都从顶层设计的高度强调了北京作为国际交往中心的战略定位。雄安新区可以借鉴京津冀对外开放的经验，加快国际化步伐，吸引更多的外资和国际合作项目。伴随着中国（河北）自由贸易试验区成功

① 孙久文，邢晓旭．现代化首都都市圈发展的基本特征与高质量发展路径［J］．北京社会科学，2023（6）：17－27.

② “1＋5＋4＋33 ”重点承接平台体系是以雄安新区为核心，以北京大兴国际机场临空经济区、廊坊北三县与通州区协同发展示范区、京冀曹妃甸协同发展示范区、沧州渤海新区、津冀芦台·汉沽协同发展示范区等 5 个协同协作平台为重点，以北戴河生命健康产业创新示范区、张家口冰雪产业基地、河北怀安工业园、唐山高新技术产业开发区等 4 个特色专业平台和 33 个个性化平台为支撑构成的一系列重点承接平台。

获批，雄安新区的建章立制、制度创新、招商推介、开放创新平台建设等工作取得积极进展，“大数据＋”船舶海上交通智能新模式等三批 42 项制度创新案例面向京津冀地区复制推广。通过重点发展新一代信息技术、现代生命科学和生物科技、高端现代服务业等产业，建设高端高新产业开放发展引领区、数字商务发展示范区、金融创新先行区，雄安新区迎来全域城市化的新机遇。

（三）全域城市化的实施路径

全域城市化要依托产业发展、人口迁移和管理制度的变革，主要是在发达的市域或者县域推行实施。雄安新区可以通过以下路径保障全域城市化的建设：一是通过产城融合来解决城市产业发展的空间问题和农村产业的匮乏问题，防止城市的产业空心化和农村产业失去城市的依托；二是依托京津冀交通一体化战略的深度推进，通过城郊的轨道交通，把雄安新区中心区与周边地区密切连为一体；三是伴随开发区的重组，发展中地价、劳动力价格上升，促使工业产业进一步向边缘区域扩展，城郊需要配给与产业发展相配套的基础设施，推进边缘性区域向产业新城转变，实现产城融合①。考虑到雄安新区作为京津冀协同发展战略中的重要组成部分，其全域城市化的路径和策略不能脱离整个大背景而单独考虑②，全域城市化可以通过落实产城融合战略、推动交通与物流网络整合、完善人口疏解与新型户籍政策、保障公共服务需求等实现。

1. 落实产城融合战略

产城融合是目前区域发展中的关键概念，强调产业和城市的密切结合，以促进经济发展和资源优化配置。雄安新区作为中国的战略性新区，位于京津两大经济、科技中心的环抱之中，具备与京津实现产城融合的独特地缘优势和产业优势。依托京津地区丰富的科技和产业资源，雄安新区有望成为国内领先的高技术产业集聚地。《河北雄安新区产业发展专项规划》中包括传统的高端制造、新材料和电子信息产业，还涵盖了新能源、人工智能、生物科技、大数据和云计算等前沿领域的发展方针。雄安将通过引进京津地区的研

---

① 孙久文，夏添，李建成．全域城市化：发达地区实现城乡一体化的新模式［J］．吉林大学社会科学学报，2018，58（5）：71－80.

② 孙久文，程芸倩．京津冀协同发展的内在逻辑、实践探索及展望：基于协同视角的分析［J］．天津社会科学，2023（1）：114－121.

发机构、大学和创业公司，打造高新技术产业园区和创新创业基地。与此同时，雄安新区与京津的产业互补也是一个不可忽视的优势。例如，京津的研发和设计能力可以与雄安的生产和制造基地相结合，共同推进产品研发和产业专业化进程。此外，雄安新区也可以为京津地区提供更加宽敞、绿色和智慧的生产和生活环境，吸引高端人才和企业入驻。

2. 推动交通与物流网络整合

对于任何地区，城市化不仅意味着高楼大厦的拔地而起和基础设施的建设完善，更重要的是加强不同城市之间的联系，使之成为联系密切、高效运转的整体。而交通与物流网络恰恰是这一要求的核心环节。在这一背景下，加强京津冀地区的交通网络建设，特别是与雄安新区的交通联动，显得尤为关键。雄安新区位于京津冀的地理中心，具有与京津两大都市无缝对接的地理优势。通过高速公路、城际铁路和高铁的完善，可以确保从雄安到京津的时间大大缩短。这种快速的交通连接不仅可为经济交流提供便捷条件，而且使得人力资源、资本、技术等要素能够在更大的范围内自由流动，从而推动整个地区的城市化建设。更为重要的是，雄安新区可以通过建设现代化的交通枢纽和物流中心，成为京津冀地区城市化建设的中心节点。这意味着，雄安新区不仅可以为京津两大都市提供支持，还可以吸引周边地区的人员、资本和技术流入，从而推动整个京津冀地区的城市化建设进入新的发展阶段，实现三地共同繁荣，共同推动全域城市化建设。

3. 完善人口疏解与新型户籍政策

雄安新区不仅可以吸纳北京、天津的部分非首都功能和过剩人口，缓解大都市的城市病，还可以通过推行更加开放的户籍政策，实现人口的自由流动和优化配置，确保公共资源的公平分配和高效利用。这一策略的实施，对于推动雄安新区的城市化进程、构建现代化经济体系具有重要意义。特别是在城市化建设方面，雄安新区通过引进人才和优化人口结构，不仅促进了区域内的经济社会发展，而且加快了自身的城市化进程。开放的户籍政策有利于吸引和留住更多的人才，为雄安新区的产业升级和经济发展提供强大的人力资源保障。同时，公平的资源分配机制也确保了各类人群享受城市公共服务的平等权利，推动了社会和谐与进步。因此，雄安新区的城市化并非仅仅是简单的人口增长和空间扩张，更是包括人的全面发展、社会公正与包容以及高质量的城市管理与服务在内的综合进程①。

---

① 孙久文，韩瑞姣．高标准、高质量推进雄安新区建设：学习《习近平关于城市工作论述摘编》[J]．城市问题，2023（3）：4－11.

4. 保障公共服务需求

公共服务的提供及其质量成为评判一个城市综合实力和吸引力的重要指标。为了与京津两大都市形成互补和协同，雄安新区在公共服务的配置和提供上应尽量与这两大都市保持相近的水平。特别是在教育、医疗、文化等基础公共服务领域，雄安新区需要投入大量资源，引入先进经验，确保服务的广覆盖和高质量①。教育是人才培养的根基，而优质的教育资源又是吸引和留住人才的关键因素。《河北雄安新区起步区教育专项规划》强调要加大对教育的投入，与顶尖学府建立合作关系，引入优质的师资力量，确保教育资源的均衡分布和教育质量的持续提升，同时通过与京津等地的学校建立交流与合作机制，为学生提供更多的学习和发展机会。医疗健康服务直接关系到居民的生命健康和生活质量。《河北雄安新区起步区医疗卫生服务体系专项规划》指出，雄安新区应建立现代化的医疗卫生体系，与京津等地的顶级医疗机构进行深度合作，引进先进的医疗技术和管理经验。文化是城市的灵魂，对于构建城市品牌和提升城市软实力具有重要作用。《河北雄安新区起步区公共文化服务体系专项规划》也强调要丰富公共文化服务的内容和形式，以满足居民多元化、个性化的文化需求。

5. 推进生态建设与绿色发展

面对全球环境问题和气候变化的挑战，雄安新区应该把握机遇，打造绿色发展的典范，为京津冀地区乃至全国提供可持续城市发展的范例。作为新兴城区，雄安新区具有规划和建设的先发优势，可以避免传统城市发展中的环境问题，引领绿色、低碳的发展趋势。首先，从城市规划阶段开始，《河北雄安新区绿色空间专项规划》以白洋淀为基础，注重绿色基础设施的布局和建设，确保公共绿地、水体与城市空间高度融合，形成生态、宜居的城市环境。城市绿化不仅能提高居民的生活质量，还可以为城市调节气温、保持湿度、净化空气提供有力支撑。其次，雄安新区在城市建设和管理中，应采纳绿色建筑技术和标准，鼓励节能减排、循环利用、绿色出行等，为城市运行提供良好环境。例如，鼓励使用太阳能、风能等清洁能源，推广绿色交通工具，如电动汽车，加强废物分类和回收处理等。此外，通过政策引导和市场机制，雄安新区可以吸引绿色产业和技术聚集，打造绿色经济产业园区，促进绿色技术的研发、应用和推广。同时，还应加强与高校、研究机构合作，推动绿色技术的应用与普及，提升全社会的绿色发展意识。

---

① 孙久文．雄安新区在京津冀协同发展中的定位［J］．甘肃社会科学，2019（2）：59－64.

6. 提升水资源管理与协同效率

水资源问题已经成为制约京津冀地区发展的重要瓶颈。雄安新区作为京津冀三地的重要组成部分，其水资源管理策略不仅关乎自身的可持续发展，更与整个地区的生态安全和经济稳定密切相关①。首先，雄安新区应深入实施最严格的水资源管理制度。《河北雄安新区水系专项规划》覆盖了对地下水的合理开采，对河流、湖泊和水库的整治与保护，以及对废水排放和再利用的严格监控。加强与京津的信息共享和协同监测，形成区域性的水资源管理网络，确保各方面的水资源需求得到满足，同时防范过度开采带来的生态环境风险。其次，推动雨水的收集与利用、污水处理与回用等技术在雄安新区的广泛应用。这不仅可以增加有效的水资源供给，还有助于降低城市内涝风险，提高水资源利用效率。再次，强化跨行政区域的水资源协同机制。针对京津冀地区的实际情况，建立统一的水资源调度和分配机制，确保在干旱、污染等异常情况下，各地都能够得到及时支持和援助。最后，雄安新区应积极推广节水文化，培育社区和企业的节水意识。通过教育、宣传、技术推广等方式，让全社会都认识到水资源的珍贵和保护的重要性，形成全民节水、保护水资源的良好习惯。

7. 产业转移与协同

尽管部分高端和高附加值的产业仍将在京津进一步集中和发展，但其上下游的相关产业会逐步向雄安转移②。这种有序的产业布局和分工策略旨在推动实现雄安新区的全域城市化目标。不同于常规的产业园区，雄安新区的产业策略并不局限于特定区域或园区内，而是融入在整体城市化蓝图中。《河北雄安新区科技创新专项规划》出台，意味着雄安新区将不仅仅成为产业的生产和制造中心，而且还要发展成为研发、市场营销和服务的重要节点，形成与京津紧密联结的完整创新链和产业链。通过深化与京津的产业合作，推进产业链的延伸和升级，雄安新区不仅可以加速自身的高质量发展，还能助推京津地区的产业转型和创新发展。这种全域的产业发展策略将确保雄安新区在京津冀区域内扮演独特而关键的角色，真正实现城乡一体、产业多元、功能完善的全域城市化。

---

① 《经济与管理》编辑部．推进京津冀区域高质量发展的新进展：京津冀协同发展八周年和雄安新区设立五周年座谈会专家发言摘编［J］．经济与管理，2022，36（4）：18-28.

② 郭园庚．雄安新区与京津冀协同创新共同体建设的互联共生［J］．河北学刊，2018，38（4）：221-226.

二、乡村振兴战略与行动

本节重点探讨乡村振兴战略与行动。首先，分析了乡村振兴的现状，涵盖农业生产、农村建设以及乡村服务三个方面。接着，讨论了乡村振兴在实施过程中可能面临的挑战。最后，详细阐述了乡村振兴战略的实施路径，其中包括脱贫攻坚与乡村振兴的衔接、农民的增收与职业技能培训、新型农村集体经济与农业生产的现代化，以及农村金融改革与支持等关键措施。

（一）乡村振兴的现状

雄安新区在乡村振兴方面取得了显著进展。在农业生产领域，保留了传统种植业，巩固了其在全省的农业地位。在农村建设方面，通过开发农业园区，培育种植大户和家庭农场，建立农民合作社和农业社会化服务组织，促进了现代农业的发展。此外，美丽乡村的创建和基础设施的改善，如生活垃圾处理系统的完善、户厕的新建和改建以及农村公路的扩建，都极大地提升了农村的生活品质。在乡村服务方面，通过推出电子证明系统和一体化政务服务平台，实现了政务服务的数字化，同时提高了农村社会保障标准，并在基础设施建设上取得了进一步进展。

1. 在农业生产方面

雄安新区在保持传统种植业的同时，已逐步发展并形成以甘薯为核心的综合产业链，巩固了其在全省农业生产中的重要地位。雄安新区下辖雄县、容城、安新三县，共 33 个乡镇、640 个行政村（社区）。在耕地类型上，规划总面积 1 770 平方公里（约 265.5 万亩），其中 2020 年耕地面积 90.76 万亩，分为水浇地、旱地、水田三种类型，水浇地占比约 91.50%，旱地零星分布，占比约 8.43%，水田分布极少，占比约 0.07%。在种植类型上，主要种植玉米、小麦、甘薯等传统作物，园地分布在大营镇、三台镇、苟各庄镇等乡镇，主要种植苹果、梨等。2023 年，雄安新区划定 26.6 万亩永久基本农田，2020 年小麦播种面积 60.48 万亩，夏播玉米 69.92 万亩。已经形成集育秧、栽种、贮藏、销售于一体的甘薯产业，全年种植面积达到 9.6 万余亩，带动周边种植 20 多万亩，种植规模占河北全省的 1/3 以上。

2. 在农村建设方面

雄安新区在农村建设方面已取得初步进展。雄县入选“2022 年国家现代

农业产业园创建名单”，安新县成功申创国家农业现代化示范区，容城县建成千亩无人农场并成功申报国家数字种植业创新应用基地。通过培育 962 家种植大户、101 家家庭农场和 835 家农民合作社，以及建立 10 个农业社会化服务组织，有力地推动了小农户与现代农业有机衔接并逐渐成为引领现代农业发展的主力军。2022 年，雄安新区成功完成了 12 个美丽乡村的创建任务，提升了农村的生活品质和环境美感，其中白洋淀地区生活垃圾收运处理体系的覆盖率达到了 100.0%，完成了新建户厕 22 240 座、改建户厕 4 030 座及新建公厕 130 座的目标。2022 年，雄安新区农村公路总里程达到了约 1 800 公里，不仅基本实现了乡镇三级及以上公路的完整覆盖，还确保了行政村硬化道路的广泛连通，为区域交通便利性注入了新的活力。

3. 在乡村服务方面

雄安新区在政务服务和社会保障方面取得了显著成果。首先，为提高办事效率，2022 年雄安新区成功上线了“河北省基层电子证明系统”，使得乡村证明可以在线上办理，至今已成功开具各类证明共 126 份。此外，为了提高政务服务的便捷性，四级政务服务体系实现了全面贯通，一体化政务服务平台已经向 593 个未拆迁的行政村（社区）全面扩展，439 台自助终端得到了广泛的部署，使得乡村事务可以 100.0%实现在线办理。与此同时，雄安新区的 33 个乡镇行政综合服务中心以及 622 个村（社区）综合服务站也已完成了标准化建设，进一步推动了区域内的服务便利化。在社会保障方面，2022 年雄安新区将农村低保标准提高至 6 600 元/(人·年)，并将农村特困的标准调整至8 580 元/(人·年)，为弱势群体提供了更多保障。在基础设施建设上，同期雄安新区已完成了 141 公里的“四好农村路”的建设任务，争取到了 17 个项目的立项资助，得到了总计 496 万元的项目资金支持。

（二）乡村振兴面临的挑战

农业生产方面仍存在供给结构不优、生产条件较弱、产业融合不充分、产品结构不合理等问题，与雄安新区高质量发展建设的要求还不匹配。首先，雄安新区粮食供给大于需求，果蔬供给仍有缺口。随着雄安新区的发展，人口增长将会加速，虽然粮食供给可以满足需求，但果蔬缺口将达到 15 万吨。其次，农田基础设施依然薄弱，农业抗风险能力还有待提升。农业生产经营方式还相对粗放，依靠资源消耗的粗放经营方式仍未根本改变，大水大肥大药现象仍然存在。此外，雄安新区农业产业仍以传统农业为主。由于加工业、休闲农业、电子商务等还处于起步阶段，科技服务能

力不强，科技与生产结合还不紧密，数字农业建设基本空白。另外，雄安新区现有白洋淀鸭蛋、白洋淀皮蛋、荷叶茶、河蟹、莲藕五种地理标志农产品，品牌小而不优、杂而不亮，有些产品还不符合环保要求，绿色转型任务繁重。

在农村建设方面，仍存在生产经营体系不健全和拆迁村庄治理不足的问题，人居环境仍需持续优化。首先，农业生产仍旧以传统的一家一户分散式经营为主，龙头企业、农民合作社、家庭农场等新型经营主体规模偏小、经济实力较弱，社会化服务组织缺乏。其次，雄安新区五年内拟拆迁的村庄，亟待开展乡村清洁行动，解决村庄环境“脏乱差”的问题，适度提升村庄治理水平。对于拟远期拆迁村和其他村庄，需要提升人居环境水平，依托起步区和小城镇，提升公共服务和基础设施的水平，增强乡村治理能力，并做好乡村安全和防灾减灾工作。此外，“五清三建一改”的村庄清洁行动仍需继续开展。农村黑臭水体排放，淀中村、淀边村和河流沿岸村庄污水处理、再生水利用，厕所粪污无害化处理、资源化利用或达标排放的目标距离规划目标仍存在较大差距。

在乡村服务方面，仍需要解决乡村医疗服务短缺、社会保障制度对老龄化进程的适应性较弱、乡村社会治理的复杂性逐渐显现等问题。2022年10月，人民日报客户端发布的《雄安：创新服务流程，政务服务高效高质》引发高度关注，对雄安新区的政务服务提出了新阶段的展望。就乡村服务而言，尽管雄安新区大力发展医疗卫生事业，但乡村医疗服务仍面临人才短缺、技术更新缓慢等问题。对农民来说，这可能意味着需要走更远的路寻求医疗服务。雄安新区一些乡村地区仍面临着严重的人口老龄化问题。而现有的社会保障制度可能尚未完全适应这一变化，导致老年人的生活保障存在隐患。此外，在乡村振兴的过程中，乡村社会治理的复杂性逐渐显现。例如，土地征收、村庄规划和乡村文化传承等问题可能导致社区内部的矛盾和冲突。

（三）乡村振兴战略的实施路径

随着中国乡村振兴战略的深入推进，雄安新区作为国家新区的建设典范，其乡村振兴战略和实施路径需要结合自身的特色和实际情况进行分析。《河北雄安新区乡村全面振兴实施意见》明确提出，到2025年雄安新区将取得乡村振兴的重要阶段性成果，现代乡村产业体系和治理体系将初步形成。2035年，雄安新区乡村全面振兴将取得决定性进展，城乡一体化、网格化建设将得以

实现，居民将共享新区建设发展的成果①。具体的实现路径包括脱贫攻坚与乡村振兴的衔接、农民的增收与职业技能培训、新型农村集体经济与农业生产的现代化、农村金融改革与支持等。

1. 脱贫攻坚与乡村振兴的衔接

在雄安新区的乡村发展策略中，确保脱贫攻坚成果的巩固与乡村振兴战略的有效融合被视为关键环节。为确保两者之间的有机连接，雄安新区已实施了一系列政策和措施。首先，从产业发展角度，鼓励农民参与到与乡村文化相关的特色农业和乡村旅游中，为其创造新的增收渠道。其次，基础设施的完善，如道路、饮水和通信等，都被看作提升农民生活品质的关键。在教育与培训方面，鼓励农村青年接受现代农业技能培训，提高在现代农业发展中的竞争力。为了应对可能的返贫风险，雄安新区应当实施动态监测与精准帮扶措施，包括利用现代信息技术进行数据收集，及时识别返贫风险，并与多方进行合作以提供综合帮助。持续的政策支持和严格的监管同样是其策略的核心部分，要确保政策的连续性与创新性，并对乡村振兴项目的实施进行严格的质量和效益监督。这一系列措施不仅可以为雄安新区自身提供一个乡村持续发展的模式，更可以为其他地区的乡村振兴提供有益参考。

2. 农民的增收与职业技能培训

雄安新区的乡村振兴战略中，农民收入的持续增长被放在核心地位。为实现这一目标，雄安新区已经采取了多种策略和措施。首先，深化农村改革被视为关键的推动力，特别是在土地使用权、集体资产权和生产关系上的创新，有助于优化资源配置，提高农业生产效率和农民收入。其次，雄安新区高度重视对农民的教育和培训，特别是大力推进高素质农民的培养。通过开展现代农业知识和技能培训，不仅能够使农民提高自己的农业生产能力，还可以使其获得与新区现代化发展相适应的多种职业技能。此外，为确保农民充分融入新区的现代化进程中，还可以鼓励他们参与到非农产业的生产发展中，如乡村旅游、手工艺品制作和绿色农产品加工等，不仅可以拓宽其收入来源，还可以增强农村的内生发展动力。通过这些策略的综合实施，雄安新区旨在为农民创造一个与时俱进、充满机会的发展环境，确保他们在区域现代化中能够获得更大的收益。

3. 新型农村集体经济与农业生产的现代化

雄安新区在乡村振兴的道路上，正积极探索并发展新型的农村集体经济，

---

① 马景文，彭秀良．都市风貌、田园趣味：雄安新区旅游文化特质的一种描述［J］．城市发展研究，2019，26（4）：33－36．

致力于推进农业生产的现代化。其中，集体土地资源的开发利用成为关键的研究方向，旨在通过有效的土地配置和合理的资源整合，实现土地增值收益，同时也满足城市化进程中的土地需求。而在农业生产托管服务方面，雄安新区不断提升其服务品质，如通过高科技和现代化管理，确保农作物种植的高产与高效，同时也保障了农民的权益。更为值得关注的是雄安新区正在实践的"四位一体"的农业生产经营模式。这一模式涵盖了生产、供应、加工及销售四大环节，旨在实现农产品的全链条管理和运营。通过此模式，可以确保农产品的品质和食品安全，同时也可以更好地满足市场需求。这一举措不仅可以增加农产品的附加值，还能提高农民的收入，进一步推动农村经济持续发展。

4. 农村金融改革与支持

在乡村振兴的全局中，金融支持的作用不容忽视。作为现代经济发展的重要支柱，金融机构与政策在助力农业和农村发展中发挥着关键作用。雄安新区充分认识到这一点，并已在金融支持方面展开一系列的创新行动。首先，为满足广大农户和农业企业的融资需求，雄安新区推出了一系列创新性的金融产品和服务。这些产品旨在提供灵活、低成本的融资途径，满足农户和农业企业在种植、养殖、加工等各个环节的资金需求。其次，为了解决农业企业在扩大生产、引进新技术和新设备时的资金难题，金融机构也提供了一系列专项贷款和信贷服务。在政策层面，雄安新区加强了政策性农业担保与财政补贴政策的联动。通过政策性农业担保，可以为农户和农业企业提供融资担保，降低金融机构的风险，从而进一步放宽贷款条件，提高贷款额度。同时，通过财政补贴政策，可以为农户和农业企业提供直接的资金支持，减轻其财务压力，促进其持续、健康发展。总的来说，通过金融支持和政策联动，雄安新区正为乡村振兴提供有力的资金保障，进一步推进农业和农村的现代化、市场化和规模化发展。

三、雄安新区城乡融合发展模式

本节深入探讨了雄安新区城乡融合发展的模式。首先，详述了现代城乡融合策略的四条主要发展路径，涵盖生产、分配、交换和消费环节，并深入分析了各环节如何助推城乡深度融合。其次，将雄安新区与其他新区及京津冀其他地区进行了对比分析。最后，突出了雄安新区城乡融合的特点以及其在全国范围内的示范效应。

（一）现代城乡融合策略的发展路径

城乡融合是多层次、多领域、全方位的融合，包括城乡要素融合、产业融合、居民融合、社会融合和生态融合等。城乡融合的本质是通过城乡开放和融合，推动城乡一体化发展。为实现更高质量、更有效率、更加公平、更可持续的发展，必须将技术创新作为先导，加快关键核心技术攻关，激发企业创新活力，助力基础前沿研究，通过提高国民经济运行效率，夯实国内大循环的主体地位。雄安新区城乡互动的生产、分配、交换、消费四大环节依然存在诸多堵点，城乡深度融合任重而道远。为畅通城乡分工大循环网络，就要把实施自主创新战略与深化供给侧结构性改革有机结合，通过技术创新重塑城乡供需体系①。

1. 生产环节重在畅通产业供应链，助推城乡深度融合

保障关键技术有效供给是畅通城乡产业供应链的重要前提。自改革开放以来，通过压低农产品价格为工业生产提供廉价原料，增强了工业产品的国际竞争力，在工农产业部门间形成了“剪刀差”效应，产业供应链重心明显向城市端倾斜，形成了“核心—边缘”式的城乡产业供应链体系。为保障工业与农业、城市与乡村协调发展，秉承“以工促农、以城带乡”的战略总方针，以技术创新为引擎深入践行农业工业化构想，推进农产品机械化生产，极大提升了农业全要素生产率。在农业技术创新的驱动下，乡村产业的比较优势得到充分释放，城乡产业供应链体系中的不对等现象渐趋消弭，生产环节的城乡深度融合障碍逐步消除。步入 21 世纪，随着新技术革命的到来，生物育种、农机装备、绿色增产等核心技术领域的攻关成为焦点，涌现出一批农产品自动化生产线、智能化车间，农业综合竞争力稳步提升，城乡产业供应链中的位势差被明显削弱，“核心—边缘”式的城乡产业分工模式被打破，构建一体化的城乡产业供应链体系成为可能。

2. 分配环节重在匹配技术创新前沿与人力资本供给，确保城乡深度融合

消除城乡要素流动壁垒是调控城乡收入分配差距的关键条件。受传统城乡二元分割体制的制约，城乡技术创新能力和创新效率之间存在着明显鸿沟，抑制了国内统一大市场的建设。加之农产品具有缺乏需求弹性的特征，农业技术革命将使作为消费者的城市技能型劳动力福利得到改善，进一步拉大城乡收入分配差距。伴随市场化改革的深入推进，为弱化技术创新的技能偏向

---

① 孙久文．新技术变革下的城乡融合发展前景展望［J］．国家治理，2021（Z4）：33－39．

性，国家在出台税收减免、延期纳税、盈亏相抵、信贷支持等一系列优惠政策调动农业部门技术创新积极性的同时，加强了对乡村劳动力的职业技术培训，乡村高素质劳动力供给增加，避免了农业技术创新与乡村人力资本之间的错配现象，有效缩小了城乡收入分配差距。值得一提的是，党的十八大以来，在“互联网+”新技术浪潮的冲击下，以包容、效率与创新为主要驱动力的数字普惠金融通过长尾效应提供了更为丰富的金融产品与服务，使得乡村居民的融资困境得到实质性改善，城乡收入分配差距正稳步朝着合理区间前进。

3. 交换环节重在健全城乡产品流通网络，促进城乡深度融合

盘活产品流通网络是城乡良性循环的重要基础，是衔接社会扩大再生产各个环节的中枢。在改革开放以来相当长的一段时间内，虽然交换环节的新业态新模式不断涌现，但城乡产品流通网络中依旧不乏堵点，物质流与信息流的“最后一公里”并未真正打通，高企的交换成本成为阻滞城乡良性循环的最大绊脚石。针对上述问题，近年来，国家开创性地将大数据、物联网、第五代移动通信等新兴技术广泛运用于城乡产品流通网络建设中，功能齐全的集成化物流管理平台升格为城乡物质流、信息流网络的核心单元，传统工农产品批发零售市场正面临前所未有的深刻变革。通过对配送中心与销售网点的有效整合，传统规模与地理分割所导致的产业区隔被新技术革命彻底颠覆，工农产品运输、储藏、加工、装卸、包装与流通等交换环节得以平稳运行，有效改善了城乡间商品与要素交换的外部环境。

4. 消费环节重在调动乡村消费潜能，加快城乡深度融合

作为物质资料生产总过程的终极目的和动力，消费既是终点也是新起点，是培育内需潜力的着眼点。虽然我国城市化率在 2019 年底已跨过 60.0%的门槛，但乡村人口依然较多，乡村消费市场蓄积着巨大动能，为从消费终端加速城乡深度融合步伐奠定了基础，契合“生活富裕”的乡村振兴总基调。近年来，在智能化、移动互联网和云计算等新一代信息技术的支撑下，乡村电商平台悄然发轫，不仅引致了新一轮产业革命，同时还显著缩小了城乡居民消费差距。2020 年，在新冠疫情的冲击下，乡村地区特别是偏远贫困地区普遍遭遇“买难卖难”的严峻挑战，以移动网络技术为核心支撑的乡村电商平台被推向前沿。在“大智移云”新技术的推动下，乡村居民不仅能顺利完成农产品的线上销售，还能通过电商平台足不出户购置来自全国各地的商品。消费产品高端化、消费结构服务化、消费渠道网络化成为大趋势，与城市消

费相呼应，在国民经济高质量发展中的基础性地位日益凸显[①]。

（二）与其他地区的比较

在与其他新区比较中，雄安新区的独特性表现在其平衡的发展视角、绿色生态导向、创新发展策略和综合规划视角上。相对于其他新区，雄安更强调城乡融合、绿色生态建设和高科技创新。特别是与京津冀其他地区相比，雄安新区展现了更先进的规划战略、产业布局和生态保护理念。此外，雄安新区在公共服务均等化、人才政策和城乡文化交融上的策略也突出了其前瞻性和创新性。

1. 与其他新区的比较

随着中国经济社会的迅速发展，城乡融合已成为重要的国家发展战略[②]。各新区作为国家战略的重要组成部分，应当在城乡融合中发挥引领作用[③]。通过与其他新区的比较，可以发现，雄安新区在城乡融合战略中的独特性主要表现在其平衡的发展视角、绿色生态导向、创新发展策略和综合规划视角上。

设立雄安新区是以习近平同志为核心的党中央为深入推进京津冀协同发展而做出的一项重大决策部署，其获批时间为 2017 年，相比其他新区较晚。雄安新区的起始规模约 100 平方公里，中期发展区面积约 200 平方公里，远期控制区面积约 2 000 平方公里（见表 7-3），显示了雄安新区的长远发展潜力和其重要的战略地位。（1）相比于其他新区，雄安新区更加强调城乡融合。例如，与经济导向明显的浦东新区、滨海新区不同，雄安新区的发展注重平衡城市与乡村、经济与生态。（2）雄安新区强调绿色生态建设，这一点与舟山群岛新区、西海岸新区有相似之处。虽然许多新区都提到了绿色发展，但雄安新区更加注重实际操作。例如，雄安新区的城乡规划中有大面积的绿地与水域，强调水生态修复和绿色交通建设，而非单纯的区域绿色生态保护。（3）雄安新区注重利用高科技，强调通过创新驱动等手段来促进城乡融合。截至 2022 年底，雄安新区“城市大脑”——雄安城市计算中心正式投入运

---

① 孙久文，张翱．数字经济时代的数字乡村建设：意义、挑战与对策［J］．西北师大学报（社会科学版），2023，60（1）：127-134.

② 张立群，孙久文，肖金成等．构建新发展格局促进高质量发展［J］．经济与管理，2023，37（2）：1-10.

③ 夏添，夏迎，刘晓宇，等．中国区域经济发展与政策体系演化：基于动力视角的三维分析框架［J］．地理学报，2023，78（8）：1904-1919.

营，各类数字基础设施初步搭建完成，雄安新区“云”上一座城初具规模，未来各类智能化场景将随着数据的汇聚逐步落地。与此相对，江北新区和金普新区更侧重于产业技术的引进和创新。(4) 雄安新区的规划独特之处在于，它特别注重与京津及其周边地区的联动发展，采用协同策略来确保整个区域实现均衡与和谐发展。这种思维模式与其他一些新区，如兰州新区和贵安新区，形成了鲜明对比，这些新区较难与邻近区域实现整体协同。雄安新区的这种策略不仅能带动自身的快速崛起，更能推动整个京津冀地区的共同繁荣，展现出一种全新的区域协同发展模式。

表 7-3　国家级新区的基本情况

新区名称	获批时间	主体城市	面积（平方公里）
上海浦东新区	1992 年 10 月	上海	1 210.41
天津滨海新区	2006 年 5 月	天津	2 270
重庆两江新区	2010 年 5 月	重庆	1 200
浙江舟山群岛新区	2011 年 6 月	舟山	陆地 1 440， 海域 20 800， 总面积 22 240
甘肃兰州新区	2012 年 8 月	兰州	1 700
广东广州南沙新区	2012 年 9 月	广州	803
陕西西咸新区	2014 年 1 月	西安、咸阳	882
贵州贵安新区	2014 年 1 月	贵阳、安顺	1 795
山东青岛西海岸新区	2014 年 6 月	青岛	陆地 2 096， 海域 5 000， 总面积 7 096
大连金普新区	2014 年 6 月	大连	2 299
四川天府新区	2014 年 10 月	成都、眉山	1 578
湖南湘江新区	2015 年 4 月	长沙	490
南京江北新区	2015 年 6 月	南京	2 451
福建福州新区	2015 年 8 月	福州	1 892
云南滇中新区	2015 年 9 月	昆明	482
黑龙江哈尔滨新区	2015 年 12 月	哈尔滨	493
吉林长春新区	2016 年 2 月	长春	499
江西赣江新区	2016 年 6 月	南昌、九江	465
河北雄安新区	2017 年 4 月	保定	起步约 100， 远期 2 000

资料来源：根据相关资料整理得到。

2. 与京津冀其他地区的比较

在京津冀协同发展的战略框架下，雄安新区不仅承担着减轻大城市发展压力的历史使命，更是为探索新型城乡融合模式提供了新的切入点。与京津冀其他地区相比较，雄安新区在规划战略、产业布局、生态保护等方面的先进理念使其城乡融合呈现出独特趋势。

首先，雄安新区在筹备之初就以“绿色、智能、现代”为其核心发展理念，注重城市规划的科学性和前瞻性。这意味着其不仅在硬件设施上追求现代化，更在软实力上注重城乡之间的融合与平衡。相较而言，京津冀其他地区由于其历史沉淀和早期的城市化进程，面临的问题则是如何在已有的框架中寻求调整与优化，这也使得其在城乡融合过程中可能存在更多的制约和挑战。其次，从产业布局来看，雄安更注重高端、绿色和创新导向的经济模式。这不仅代表了一种经济转型，更意味着对城乡差异的消弭和对产业升级的需求。而京津冀其他地区，虽然也努力进行产业结构调整，但鉴于其历史积累的产业链和已有的资源禀赋，调整的空间和速度相对有限。再次，雄安新区在生态环境保护和基础设施建设方面展现了较强的前瞻性。对生态与人居环境的和谐，雄安新区不仅在规划上有所体现，更在实际操作中投入了大量资源。这一点与京津冀其他地区存在明显对比，后者虽然也在生态建设上取得了一些成果，但面临的压力和挑战更大。最后，雄安新区在公共服务均等化、人才政策创新和城乡文化交融上更容易推进。尽管京津冀其他地区在交通、公共服务等方面正在协同推进，但受历史发展背景及实际条件的制约，例如资本、技术、资源等方面的不平衡，其在公共服务均等化和城乡文化交融等方面的进展尚显滞后①。

（三）雄安新区城乡融合的特点和示范效应

1. 雄安新区城乡融合的特点

雄安新区不仅有利于缓解北京非首都功能，还意味着京津冀城乡一体化发展的新起点②。根据现代城乡融合策略的发展路径，雄安新区坚持城乡统

① 孙久文，王邹．新时期京津冀协同发展的现状、难点与路径［J］．河北学刊，2022，42（3）：142－151．

② 孙久文，王邹，蒋治．中国式现代化视域下的区域协调发展［J］．北京行政学院学报，2023（3）：1－10．

筹、均衡发展、宜居宜业，规划形成“一主、五辅、多节点”的城乡空间格局，在生产、分配、交换和消费环节都呈现发展特色。

在生产环节，雄安新区注重建设绿色、高效、现代化的农业生产基地，利用自身的技术创新优势，如大数据、物联网等技术，加强农业的精细化管理，推动农业机械化和智能化生产。这种技术驱动的农业模式使得雄安新区的乡村产业供应链更为顺畅，提高了农业效率，实现了城乡之间的均衡发展。在分配环节，雄安新区的规划注重打破城乡间的技能和知识壁垒。通过设立各种职业技能培训中心，使乡村居民得以丰富知识、提高技能，与城市居民在就业市场上站在同一起跑线。这种人才培养和培训机制，有利于缩小城乡之间的知识和信息差距，使技术创新和人才资源在雄安新区充分对接。在交换环节，交通网络和物流体系在雄安新区的规划中得到了高度重视。通过建设现代化的交通网络，如高速公路、轨道交通等，确保产品、技术和信息在城乡之间能快速、便捷流通。同时，雄安新区还推广智慧物流和电子商务等新型业态，进一步加强城乡间的物质与信息交换，推动城乡深度融合。在消费环节，雄安新区重视乡村消费市场的潜力，通过推广数字经济，如乡村电商、数字支付等，激活了乡村的消费潜能，不仅提供了乡村居民更多的消费选择，还使得城乡消费结构日益趋于均衡。

2. 雄安新区城乡融合的示范效应

雄安新区在城乡融合发展上所展现的定位、规划、行政地位和教育资源优势，都为其赋予了典范和示范作用，旨在为中国乃至全球展示如何有效推进城乡融合、均衡发展的新模式。如表 7 - 4 所示，在区位与规划优势上，雄安新区距离北京和天津均约为 105 公里，三者形成了“1 小时交通圈”，能够充分发挥与国家级大都市的协同效应，推进区域均衡发展，实现城乡融合。它的远期规划面积高达 2 000 平方公里，大于马来西亚布城和韩国世宗新城，意味着有更大的空间实现城乡融合发展的愿景。在行政地位与功能上，作为副省级城市，雄安新区在行政地位上与韩国世宗新城相似。但不同于马来西亚布城的“行政中心”和东京都市圈的“特别行政区”的身份，雄安新区的副省级城市身份意味着它具有更为独立和全面的行政管理功能，能够更好地协调城乡关系，推进融合发展。在教育资源与人才引进上，雄安新区推进众多知名高等教育机构、科研院所和创新产业园区的建设。这意味着雄安新区拥有强大的知识和技术支撑，能够吸引和培育高素质人才，推进城乡间的技术与知识流动，加速城乡融合的进程。

表 7-4　国外新行政中心首都圈与雄安新区对比

对比项目	马来西亚布城	韩国世宗新城	东京都市圈	雄安新区
与首都的距离	25 公里	120 公里	以东京为中心，半径 80 公里	距北京 105 公里
面积	49 平方公里	465 平方公里	1.34 万平方公里	远期规划 2 000 平方公里
行政级别	行政中心	特别自治市	特别行政区	副省级城市
周边高校	—	高丽大学、汉南大学	东京大学、早稻田大学等	中国地质大学（北京）、北京交通大学、北京科技大学、北京林业大学等

资料来源：根据公开资料整理。

参考文献

[1] 孙久文，卢怡贤，易淑昶．高质量发展理念下的京津冀产业协同研究 [J]．北京行政学院学报，2020 (6)：20-29.

[2] 刘晓青，何睿．城市信息新基建规划：雄安实践与探索 [J]．城市规划学刊，2022 (5)：112-118.

[3] 宋朝丽．人本导向的雄安新区产城融合设计 [J]．西安财经学院学报，2019，32 (3)：38-44.

[4] 百度智能云，百度研究院商业智能实验室．未来之城 雄姿初显：雄安新区 2022 年大数据研究报告 [R]，2023.

[5] 梁林，段世玉，李妍．数字经济背景下京津冀人力资源系统韧性评价与治理 [J]．中国人力资源开发，2022，39 (8)：71-83.

[6] 张贵，孙晨晨，刘秉镰．京津冀协同发展的历程、成效与推进策略 [J]．改革，2023 (5)：90-104.

[7] 蔡书凯，蔡荣．我国城市全域城市化竞争力评估及发展对策 [J]．管理现代化，2014 (2)：105-107.

[8] 李国平，宋昌耀．建设京津冀世界级城市群视野下的雄安新区发展方向 [J]．河北学刊，2021，41 (6)：133-140.

[9] 孙久文，邢晓旭．现代化首都都市圈发展的基本特征与高质量发展路径 [J]．北京社会科学，2023 (6)：17-27.

[10] 孙久文，夏添，李建成．全域城市化：发达地区实现城乡一体化的新模式 [J].

吉林大学社会科学学报，2018，58（5）：71－80.

［11］孙久文，程芸倩．京津冀协同发展的内在逻辑、实践探索及展望：基于协同视角的分析［J］．天津社会科学，2023（1）：114－121.

［12］孙久文，韩瑞姣．高标准、高质量推进雄安新区建设：学习《习近平关于城市工作论述摘编》［J］．城市问题，2023（3）：4－11.

［13］孙久文．雄安新区在京津冀协同发展中的定位［J］．甘肃社会科学，2019（2）：59－64.

［14］《经济与管理》编辑部．推进京津冀区域高质量发展的新进展：京津冀协同发展八周年和雄安新区设立五周年座谈会专家发言摘编［J］．经济与管理，2022，36（4）：18－28.

［15］郭园庚．雄安新区与京津冀协同创新共同体建设的互联共生［J］．河北学刊，2018，38（4）：221－226.

［16］马景文，彭秀良．都市风貌、田园趣味：雄安新区旅游文化特质的一种描述［J］．城市发展研究，2019，26（4）：33－36.

［17］孙久文．新技术变革下的城乡融合发展前景展望［J］．国家治理，2021（Z4）：33－39.

［18］孙久文，张翱．数字经济时代的数字乡村建设：意义、挑战与对策［J］．西北师大学报（社会科学版），2023，60（1）：127－134.

［19］张立群，孙久文，肖金成，等．构建新发展格局促进高质量发展［J］．经济与管理，2023，37（2）：1－10.

［20］夏添，夏迎，刘晓宇，等．中国区域经济发展与政策体系演化：基于动力视角的三维分析框架［J］．地理学报，2023，78（8）：1904－1919.

［21］孙久文，王邹．新时期京津冀协同发展的现状、难点与路径［J］．河北学刊，2022，42（3）：142－151.

［22］孙久文，王邹，蒋治．中国式现代化视域下的区域协调发展［J］．北京行政学院学报，2023（3）：1－10.

第八章　建设通往世界的新门户

本章深入探讨了雄安新区在全球经济一体化中的角色与战略定位。首先，分析了雄安新区交通网络的现状和特点，强调现代化交通系统对于促进区域对外开放的重要性。随后，聚焦于雄安新区如何通过与北京的紧密合作，利用首都的经济、文化和交通优势，打造对外交往基地。此外，本章还详细讨论了雄安新区与天津之间的港口贸易合作，分析了天津港的战略重要性，以及雄安新区如何利用这一优势加强与国际市场的联系。通过这三个方面的综合分析，本章旨在探讨雄安新区如何通过内部发展和外部合作，成为连接中国与世界的重要门户。

一、雄安新区的交通一体化发展

本节探讨了雄安新区交通一体化的发展情况。首先，描述了雄安新区交通网络的现状，涉及内部路网密度、区域路网建设以及外部交通网络综合布局。其次，介绍了雄安新区交通网络的主要特点，特别是智能化技术在交通路网建设与管理中的应用和交通网络周边服务功能的完善。最后，突出了现代化交通与雄安新区对外交往的紧密融合，指出了现代化交通在助力对外交往中的关键作用。

（一）雄安交通网络的现状

1. *雄安新区内部路网密度变化*

在内部交通网络方面，雄安新区的主要路网已基本到位，城区外围路网基本闭环，并且基础设施如综合管廊也在逐步完善。截至 2022 年底，雄安新

区共新增道路573公里、地下管廊136公里，包括容西、雄东在内的关键管廊也已开始运营。起步区的基础框架“四梁八柱”已初见雏形，启动区北部的EB4道路接近完工，而南部的主次干道也已开工。截至2023年初，容东片区、容西片区、雄东片区A社区、昝岗高铁片区等地配套市政道路基本建成投入使用，总里程约200公里，雄安新区的城市框架全面拉开，承载能力进一步提升。随着这些关键连接点的建成，启动区内的主要交通网络已准备就绪，而连接各个组团的道路框架也已基本成型。

雄安新区的交通布局充分体现了其发展的战略眼光。良好的交通网络是区域经济、社会和文化发展的重要支撑，可以促进地区之间人才、产品、技术和信息的流动，增强区域经济的互补性和协同效应。从2021年第四季度到2022年第二季度，雄安新区的路网总里程稳步增长。雄安新区内外骨干路网已于2022年9月份基本完成，从2022年第三季度开始，雄安新区路网总里程基本保持不变（见图6-3）。雄安新区的路网建设保持了稳步增长，反映了其发展的连续性和持续性。这与其综合发展战略是一致的，强调了长期规划和短期行动之间的平衡。此外，外环路和内环路的建设，为雄安新区提供了一个有序、高效的交通系统。外环路的90公里路线串联起了雄安新区的主要节点，如郊野公园、容城、昝岗和雄县，不仅方便了居民出行，还促进了地区之间的经济和文化交流。而52公里的内环路则连接了启动区、高铁站枢纽等关键片区，确保了这些片区内部的快速流动和互联互通。

2. 雄安新区区域路网建设情况

在具体的区域交通发展上，容东片区和启动区进展迅速。一方面，容东片区以“六横七纵”主干道路网为基础，迅速推进了道路贯通。这种高效的交通骨干网络，为后续的“窄路密网”市政道路规划打下了坚实基础。容东片区路网按照每平方公里10～15公里的道路密度和150～200米的道路间距进行规划，这种密度和间距确保了容东片区的高效流动性，同时也符合城市现代化、人性化的设计理念。到2022年6月底，容东片区的综合路网系统已全面完成，主要包括主干道、支路和社区街道，为居民提供了便捷的出行方式。另一方面，启动区的交通建设也取得了显著进展。其“四梁八柱”骨干路网在短时间内基本完成，为启动区的内部和外部交通提供了强有力的支撑。更为重要的是，骨干路网不仅解决了交通问题，还连接了教育、文化、医疗等公共服务设施，使居民能够更加方便地获得公共服务。同时，与生态景观的连接也为居民提供了休闲和娱乐的空间，增强了城市的宜居性。此外，骨干路网为未来产业疏解和承接提供了坚实的基础，使得启动区能够更好地吸引和留住各种产业。

雄安新区在早期规划阶段就高度重视公共交通的建设。随着居民安置区的投入使用，公交服务逐渐成为雄安新区居民日常出行的主要选择。到2022年底，雄安新开通了10条公交路线，运营里程达190公里，为居民提供了更为便捷的出行服务。这些新线路不仅连接了雄安新区的主要片区，如容东片区、容西片区、容城县城和雄东片区A社区，还通过与其他交通方式的结合，形成了一个高效的交通网络。与此同时，雄安新区对农村地区的交通建设也同样重视。141公里的"四好农村路"不仅为农村地区带来了更好的通达性，还极大地提高了农民的生活质量。长达1 800公里的农村公路网络确保了乡镇和行政村之间的紧密联系，为农产品的流通和农民的出行提供了极大的便利。这些交通基础设施建设与雄安新区的整体发展目标是一致的，即建设一座人性化、绿色化、智能化的现代化城市。公共交通的快速发展有效减少了私家车的使用，进而减少了交通拥堵和环境污染。而农村地区的交通建设则有助于实现城乡融合发展的目标，确保雄安新区的每一个角落都能得到平衡、有序的发展。

3. 外部交通网络综合布局

2017—2021年的四年时间内，河北省交通运输系统紧紧围绕雄安新区的建设需求，制定了《河北雄安新区综合交通专项规划》及《雄安新区智能交通专项规划》。这些规划旨在建立一个"四纵两横"的高速铁路网络[①]，配合"四纵三横"的高速公路体系，并辅以网格化的普通干线公路和"一干多支"的水上交通结构。此外，还对雄安新区的通用机场规划进行了深入研究，并确立了以高铁站、城际站为主，白洋淀站、白沟站为辅的"两主两辅"的枢纽策略。

综合交通布局使雄安新区与京津实现了高效直达连接[②]。2018年2月，(天)津石(家庄)高速河北段的建设拉开序幕，紧接着，2019年8月，(北)京雄(安)高速、荣(成)乌(海)高速新线以及(北)京德(州)高速的河北段一期工程相继开工，至2021年，相关关键段落基本竣工，标志着雄安新区的主要对外交通网络全面贯通，展现了河北省在道路建设上的新速度。通过(北)京雄(安)高速公路和(天)津雄(安)高铁，雄安与北京和天

---

① 其中，"两横"指(天)津保(定)铁路、(天)津雄(安)城际—(北)京昆(明)高铁忻(州)雄(安)段；"四纵"指(北)京(香)港台(湾)高铁(北)京雄(安)—雄(安)商(丘)段、(北)京雄(安)—雄(安)石(家庄)城际、新区至北京新机场快线和现有的(北)京广(州)高铁。

② 薄文广．京津资源向雄安新区疏解的比较分析与天津应对[J]．天津师范大学学报(社会科学版)，2018(3)：65-72.

津都形成了便捷的交通通道。此外，（北）京雄（安）和（北）京德（州）高速公路也实现了与大兴国际机场的直通，而荣（成）乌（海）高速新线则与天津港和黄骅港形成了直接联系。（天）津石（家庄）高速进一步强化了天津、雄安新区与石家庄之间的交通连通性，分别实现了60分钟到京津和90分钟到石家庄的高效出行。这一多中心、网络化的交通策略展现了雄安新区在区域交通整合与优化方面的重要战略地位。

（二）雄安新区交通网络的特点

1. 智能化赋能交通路网的建设与管理

在智能交通出行领域，雄安新区作为中国的重点发展区域，已经采取了一系列前瞻性的策略①。基于河北省交通运输厅和雄安新区管理委员会规划建设局的规划方案，雄安新区的目标是搭建一个实时感知、瞬时响应并且能够进行智能决策的交通体系。为了实现这一目标，容东片区已经启动自动驾驶示范项目，并在整个雄安新区内大力推广共享化智能运载工具。这种推广不仅包括物理设备，还涉及数据驱动的策略，如利用先进算法实现公交和共享汽车资源的智能配置。同时，为了满足城市复杂环境下的交通需求，雄安新区正在构建全局动态的交通管理系统，并计划通过智能信号控制来提高交通流动性。预计在接下来的一至三年中，随着智能交通大脑的构建和交通数据监测体系的完善，雄安新区将为国内外的智能交通出行提供宝贵的参考和模板。

在这一新型城区的交通蓝图中，每一条重要的道路和高速公路都融合了当下最尖端的技术，确保交通流畅、安全且高效。（北）京雄（安）高速公路河北段的一期工程标志着“智慧高速”的新起点。它的“三集中”、“三智能”和“四新”技术为整个交通系统提供了强大的技术支持，确保了实时的信息反馈和精准的管理决策。BIM＋GIS管理平台为项目管理提供了空前的便利，将信息建模与地理信息系统相结合，使得项目进度、资源分配和成本控制更加明晰。此外，预制梁场的智能设备和创新的钢筋配送系统进一步优化了施工过程，提高了施工效率。再看荣（成）乌（海）高速新线河北段，它不是一条普通的高速公路，而是集技术、实用性和美学于一体的现代化道路。采用的A型混凝土景观护栏与多功能龙门架设计在满足交通功能的同时，提升

① 魏成，陈赛男，沈静．人工智能驱动下的城市空间演变趋势与规划响应［J］．城市发展研究，2022，29（7）：47－54.

了道路的美观性。而其中整合的 LED 屏幕、交通指示牌、道路监控设备等设施则进一步提升了用户的驾驶体验。而（北）京德（州）高速公路河北段的一期工程则全面应用了 BIM、大数据、云计算等尖端技术。这些技术的应用，使得项目的各个阶段，从设计、建设到运营，都能够实现数据的无缝整合、精准分析和智能应用，有效解决了公路信息化建设中的多重系统和建养脱节的问题。

2. 完善交通网络周边的服务功能

雄安站的建设并非仅仅是一个交通节点的创建，而是一个充分考虑了与周边地区一体化发展的前沿设计。此外，雄安新区所采用的开放式服务区模式更是进一步增强了区域内的流动性和互动性，为居民和企业提供了更加便利、高效的服务体验。

这种在交通枢纽设计中融入城市综合功能并结合开放式服务区模式的策略，为实现高效、绿色、人文的交通与城市化发展打下了坚实基础。与主要偏重于客运的传统的高铁站点不同的是，雄安站采用了前沿的城市化交通设计理念。该站通过与周边地区的一体化设计，成功地实施了站城紧邻式开发模式。这种模式的核心在于将交通接驳站、商务、商业和酒店等核心建筑紧凑地布置在一个五分钟的步行圈内，旨在打造真正的“站城一体”的综合交通枢纽。雄安站自 2020 年 12 月投入运营以来，周边布局了各类生活服务设施，如餐馆、汽车服务点、娱乐休闲场所、生活服务场所、医院、政府机构等便民设施。一个商铺、一栋房子、一个公交站等都可以看作一个 POI (Points of Interest)。站点周边 POI 总量的变化趋势可以反映各类服务设施的丰富程度和数量的变化趋势。总体来看，2021—2022 年，雄安站周边的 POI 种类逐渐丰富，说明各类便民设施逐渐齐全。具体来看，2022 年相较于 2021 年，POI 总量的增长率达到了 4.2%。值得注意的是，2022 年初，受到疫情的冲击，雄安站周边的经济活动和 POI 总量都遭受了短暂的打击。然而，随着疫情的控制和经济的恢复，从第二季度开始，POI 总量再次展现出了增长的势头。此外，与 2021 年相比，2022 年汽车服务类和政府机构类的 POI 总量显著增加，进一步证明了雄安站作为综合交通枢纽的强大聚集作用。

与此相辅相成的是，雄安新区沿着高速公路实施了开放式服务区模式。这种模式突破了传统服务区的单一功能定位，其不仅是车辆的临时停留点，而且还提供高级的综合服务。开放式服务区理念成功地将高速公路与沿线城镇有效衔接，同时还引导资源要素和现代服务业向高速公路节点聚集。与（北）京雄（安）、（天）津石（家庄）和大（庆）广（州）三条高速公路相比，（天）津雄（安）高速沿线的基础设施数量最为突出。这可以归因于

（天）津雄（安）高速的优越路况和其吸引的大量人流、车流。尽管在2022年，多条高速公路的基础设施总量相对2021年趋于稳定，但值得一提的是，由于（北）京雄（安）高速在2022年底才将雄安新区和北京连接起来，其潜在的聚集效应仍有待于未来发掘。

（三）现代化交通与对外交往的融合

1. 现代化交通与对外交往的融合机制

研究表明，现代化交通加深了国家间的联系，促进了文化、经济和政治的全球一体化。首先，根据Harvey的时间—空间压缩概念，现代化交通大幅弱化了物理空间的限制，使得远距离交流变得迅速且经济①。这一点在国际贸易、全球供应链管理以及文化交流的蓬勃发展中表现得尤为明显。通过缩短距离和旅行时间，现代化交通创造了前所未有的对外交往机会。其次，Wallerstein的世界系统理论指出，全球是由复杂的经济和政治关系网络构成的，这些关系定义了中心和边缘国家之间的互动②。现代交通，作为这一系统的关键组成部分，通过加快人员、商品和资本的流动，加强了这些国家之间的联系，促进了边缘国家与中心国家的经济和文化交流。再次，Giddens对去传统化的分析强调了全球流动性对社会实践的影响③。现代交通不仅改变了物质物品的流动，还促进了文化、社会习俗和制度的传播，这对于国际合作和全球一体化至关重要。此外，Levinson对集装箱运输的变革的分析揭示了现代化交通是如何彻底改变全球贸易图景的④。效率的提高不仅降低了国际贸易成本，加强了全球市场的互联互通，还促进了不同国家和地区间的经济交流。Aiello的流动性理论进一步强调了移动性在现代社会中的中心地位⑤。现代化交通提供的高度流动性促进了信息、资本、商品和人员的国际流动，为全球化提供了基础。最后，Castells的网络社会理论认为，现代社会的基础是其网

---

① Harvey D. The condition of postmodernity：an enquiry into the origins of cultural change［M］. Oxford（England）；Cambridge，Mass. USA：Blackwell，1990.

② Wallerstein I. The modern world-system I：capitalist agriculture and the origins of the European world-economy in the sixteenth century［M］. Berkeley：University of California Press，2011.

③ Giddens A. Modernity and self-identity：self and society in the late modern age［M］. Cambridge，U K：Polity Press in association with Basil Blackwell，1991.

④ Levinson M. The box：how the shipping container made the world smaller and the world economy bigger［M］. Princeton，N. J：Princeton University Press，2006：xi.

⑤ Aiello G. Book review：John Urry，Mobilities［M］. Cambridge：Polity Press，2007：336.

络结构，这种结构通过信息技术得以加强[①]。现代化交通在这一网络中扮演着重要角色，它连接了全球各地，使得对外交往更加频繁和复杂。

随着科技的飞速发展，现代化交通已经成为连接不同国家和地区、促进全球一体化的关键因素。它与对外交往之间的融合正在不断加深，为各国和地区提供了更为紧密和高效的连接方式。具体来说，现代化交通系统如高速铁路、航空和数字化物流网络，使得国际移动变得更加迅速和方便。这不仅意味着商品、资本和技术能够快速流动，还意味着文化、思想和信息能够在短时间内跨越国界、影响全球。这种融合机制对于文化交流尤为重要[②]。随着旅游和交流变得更加便捷，各国和地区文化之间的互相认知和理解加深，形成了一种跨文化的融合和互鉴。经济领域的交往也随之加强，全球供应链的构建和优化成为可能，从而加强了不同国家和地区间的经济合作和依赖关系。更重要的是，现代交通的进步为外交和政策协同提供了更多的机会。政策制定者能够更频繁地面对面交往，为解决国际争端、推进多边合作等提供了有力支撑。可以说，现代化交通与对外交往的融合为世界各国和地区提供了更为稳固和持久的合作基础，这种基础正在帮助全球形成更为和谐、公正和可持续的未来[③]。

2. 雄安新区现代化交通助力对外交往

高速公路和高铁是现代化交通的两大重要组成部分。对于一个正在崛起的新兴都市——雄安新区而言，高速、高效的交通方式不仅对其本地经济和社会发展起着积极推动作用，更在对外交往、开放层面对其有着深远影响。换句话说，高速公路和高铁等现代化交通工具对雄安新区的对外交往、开放产生了深远的促进作用。它们不仅是物理上的连接，更是经济、文化和社会交往的桥梁，为其快速发展和对外开放奠定了坚实的基础。

以下从六个角度探究这种助力作用：第一，加强与周边城市的联结。高速公路和高铁使雄安新区与北京、天津、石家庄等重要城市形成了紧密的“1小时经济圈”[④]。这种便捷的交通连接促进了人员、资本、信息和技术的高效

① Castells M. The rise of the network society [M]. Oxford, UK; Malden, MA: Blackwell Publishers, 2000.

② 何一民，刘杨，何永之．从边缘到中心：晚清民国西康行政地位变化对城市发展的影响[J]. 西南民族大学学报（人文社科版），2016，37（8）：209－220.

③ Fernandez-stark K, Gereffi G. Global value chain analysis: a primer (second edition) [M]. 2019: 54－76.

④ 刘李红，高辰颖，王文超，等．京津冀高质量协同发展：演化历程、动力机理与未来展望[J]. 北京行政学院学报，2023（5）：61－71.

流动，加强了区域内的合作与竞争。第二，吸引外来投资。现代化的交通网络使雄安新区成为外国投资者和企业的投资热土。快速、便捷的交通意味着更高效的物流和更广阔的市场，这都是企业定位和投资的重要考量因素①。第三，促进旅游业的发展。优质的交通网络为雄安新区带来了大量的国内和国际游客。特色的文化旅游资源、白洋淀等自然风光等得以被更多人知晓和欣赏。第四，推动人才流动。便捷的交通吸引了国内外众多高素质人才前来雄安新区工作、学习和生活，为雄安新区的创新发展注入了强大的智力支持。第五，加强国际交往。高铁和高速公路的网络化布局使得雄安新区与国内外多个重要城市和地区形成了快速连接，与首都大兴机场的对接更是为国际交往、文化交流、经贸合作提供了便捷的通道。第六，支撑产业转型。便捷的交通对于产业链的完善、产业转型升级具有重要作用，使雄安新区能够快速响应市场需求、高效地与上下游产业对接，为自身产业发展注入了活力。

二、雄安依托北京打造对外交往基地

本节深入探索了雄安新区如何依托北京，努力打造成为对外交往的重要基地。首先，详细分析了雄安新区与北京之间的经济合作，强调了地理和经济上的互补优势以及两者在不同经济板块的深度合作。接下来，阐述了雄安新区与北京在对外交往平台上的协同合作，尤其突出了在自由贸易试验区、对外基础设施服务平台及对外营商管理和政务服务平台上的合作。最后，探讨了雄安新区如何依托北京的政策、金融、交通、技术等资源，开辟与全球交往的新路径，从而进一步促进区域开放与国际合作。

（一）雄安新区与北京的经济合作

1. 雄安新区与北京合作的地理和经济优势

雄安新区在京津冀一体化进程中在地理与经济方面都占据着重要地位，不仅对北京的非首都功能疏解提供了有效支撑，还为北京和河北的经济与社会发展注入了新的活力。雄安新区位于京津冀经济圈的核心地带，处于北京、天津、河北三地的交界要地。雄安新区距北京、天津、石家庄分别约 105 公

① 陈洁琼，周鲁耀．基础设施建设的“中国式”路径：功能类国有企业作用的再考察［J］．地方财政研究，2022（6）：14－26.

里、105 公里、155 公里，这使得雄安新区在京津冀区域中呈现出显著的中心地带属性①。此外，现代化的交通基础设施，如（北）京雄（安）城际铁路，将这三大城市有效连接起来，其中从北京至雄安的快速通道仅 20 分钟左右的车程，不仅加强了区域内的交流与合作，还为区域的经济和社会发展提供了便捷的交通支撑。从人口结构的角度考虑，2023 年，京津冀地区常住人口达到 1.09 亿人，是我国重要的人口聚集区，人口呈现向北京、天津、石家庄和保定四城集中的态势，四市总人口达到 5 583.04 万人，占京津冀总人口的 51.0%以上。雄安新区的战略位置使其能够有效地服务这一巨大的人口群体，为区域内的产业、商业和居住需求提供坚实的支撑。

作为北京非首都功能疏解的重要承载地，雄安新区能够为北京提供有效的支撑。北京市面临着严峻的土地稀缺、资源环境压力和经济调整的挑战。2023 年末全市公路里程为 22 433.2 公里，比上年末增加 70.4 公里，但人均公路里程仍低于全国平均水平和国际大都市的水平。自 2017 年北京市全面开展"疏解整治促提升"专项行动至 2023 年，市民对疏整促的工作满意度连续六年稳步提升，但北京市在交通、生态、人口集聚、产业疏解等方面仍有优化空间。此外，2023 年，北京的地区生产总值达到了 43 760.7 亿元，雄安新区的建设可以有效吸引部分非核心产业流出北京，减轻北京的经济负担，促进区域经济平衡发展。雄安新区不同于一般意义上的新区，其定位首先是疏解北京非首都功能的集中承载地，重点承接北京疏解出的行政事业单位、总部企业、金融机构、高等院校、科研院所等，且其规划面积超过 1 000 平方公里，为非首都功能提供了广阔的空间，有望缓解北京的"大城市病"。

2. 关于北京与雄安新区经济板块深度合作潜力的探讨

雄安新区发展策略的提出正处于与京津冀一体化发展的关键时期，这为其与北京在多个经济板块中开展深度合作提供了宝贵机遇。本部分将从科技创新、环境保护与绿色发展、金融服务三个方面探索这两大经济主体的合作潜力。

科技创新领域的合作不仅能够加速雄安新区的科技创新步伐，而且有助于释放北京的发展潜力，达到 1＋1＞2 的协同效果。北京聚集了众多顶尖的科研机构和高等院校，其中包括北京大学、清华大学等知名学府以及中国科学院等权威研究机构。这些机构每年产出大量的科研成果，而雄安新区作为一个新兴的战略区域，正在探索高质量的发展路径，两者之间存在明显的协

---

① 赵新峰．京津冀协同发展背景下雄安新区新型合作治理架构探析［J］．中国行政管理，2017（10）：22－29.

同效应。一方面，雄安新区可以通过引入北京的创新团队，建立科技孵化器和创新实验室，进一步吸引创业者和投资者。截至 2022 年 3 月，在雄安新区本地注册的北京投资企业达 3 600 多家，占总量的八成多。另一方面，将部分高新技术产业研发基地放置在雄安新区，可以为北京的科研机构和高校提供更为优秀实验环境和更完善的实践平台。2023 年，中国地质大学（北京）、北京交通大学、北京科技大学、北京林业大学四所北京“双一流”高校雄安校区全部开工建设，预计 2025 年秋季开始对外招生，到 2035 年全部搬迁完毕。

在环境保护与绿色发展方面，雄安新区强调“绿色、智能”的生态城市建设，这为北京与雄安新区在环境保护领域提供了广阔的合作空间①。首先，雄安新区可以引入北京先进的低碳技术，如绿色建筑技术、可再生能源利用技术、智能交通系统等，建设低碳、节能、环保的基础设施。2023 年 3 月，中化新能源有限公司在雄安新区举行揭牌仪式，以充换电、光伏、氢能等业务为发展方向，持续开展上下游产业链探索。截至 2023 年 4 月，该公司已经在雄安新区建成清洁供暖供热站 100 余座，铺设供热管网近 600 公里，供暖能力超 1 000 万平方米，每年可替代标准煤 24 万吨。同时，通过与北京的合作，雄安新区可以吸引更多的绿色投资，加快低碳技术的产业化进程。此外，双方还可以在环境保护政策制定、绿色金融、环境教育等领域开展合作。例如，举办京雄环保合作论坛，分享经验、共同研究，制定区域性的环保策略和标准。

在金融服务方面，雄安新区与北京之间的交互具有巨大的增长潜力。作为中国的金融中枢，北京既是众多重要金融机构和投资公司的所在地，也是北京证券交易所的发源地，后者已成为国内重要的资本市场之一②。针对此，雄安新区能够从以下几个方面实现与北京的深度融合：首先，资本市场的资源共享将为雄安新区的企业提供关于上市、融资等方面的支持；其次，基于北京既有的金融技术，雄安可以推动金融科技创新，与北京共同开发新型交易平台、金融产品和风险管理工具，从而提升金融服务的效率和创新水平；再次，通过与北京的人才交流和培训，雄安新区有望吸引更多的金融行业专家，从而提高本地金融服务的专业性；最后，雄安新区还可以加强与北京金融机构的合作，探索金融服务领域的解决方案，推出新型金融产品和金融服

---

① 孙久文，王邹．新时期京津冀协同发展的现状、难点与路径［J］．河北学刊，2022，42（3）：142－151.

② 孙久文，邢晓旭．北交所赋能北京产业结构优化的作用渠道与战略构想［J］．经济与管理，2023，37（4）：20－28.

务，如绿色金融、数字货币和区块链应用等。

（二）雄安与北京对外交往平台的协同

1. 自贸试验区的协同

京津冀自贸试验区的协同发展成为新的区域经济增长动力①。作为这一区域的关键组成部分，雄安新区与北京自贸试验区之间的产业对接和协作显得尤为重要。2019 年，国务院印发《中国（河北）自由贸易试验区总体方案》。《中国（北京）自由贸易试验区总体方案》在 2020 年 9 月被提出，旨在支持北京建设全球有影响力的科技创新中心，推动服务业扩大开放和数字经济试验，助力打造京津冀高水平协同发展的对外开放平台。中国（河北）自贸试验区雄安片区与京津自贸试验区的产业协同发展策略应围绕产业、技术、对外交流等领域展开，确保双方能够实现真正的互利共赢。

第一，产业对接协作模式需以优势互补为核心，采用总部—生产基地、园区共建、资源共享等方式，确保各方在对接过程中能够实现错位发展，避免重复投资和资源浪费。雄安新区与京津自贸试验区建立了承接产业转移的合作机制，确保高附加值产业在雄安新区得到集聚和发展，同时在招商引资方面共享信息资源，进一步促进产业、技术和信息对接。第二，雄安新区积极与京津自贸试验区的创新链对接，在新一代信息技术、现代生命科学与生物技术等前沿领域快速布局产业链，确保京津地区的科技成果在雄安得到有效转化。截至 2023 年，已有中科院雄安创新研究院、雄安新区中关村科技园等产业合作平台和项目在雄安落地，为雄安提供了与京津开展技术创新和产业合作的有利条件。第三，借助京津两地的自贸试验区开放平台，雄安可以进一步吸引国际创新型企业和研发机构来此设立区域总部和研发中心，与此同时，利用“一带一路”、中日韩自由贸易区的共建机会，进一步扩展其在科技园区和海外孵化器方面的合作网络，构建真正的“走出去”产业合作集群。

2. 对外基础设施服务平台的协同

雄安新区与北京在对外基础设施服务平台方面的协同，是区域协同发展战略的关键组成部分②。这种协同不仅优化了资源配置，提高了服务效率，还

---

① 刘钒，向叙昭．自贸区建设对国家高新区创新效率的影响评估及机制分析［J］．科技进步与对策，2023，40（9）：22－32．

② 孙枭坤，陈宇．雄安新区公共服务精准管理的实践路径、内在逻辑及未来面向［J］．学术交流，2023（7）：29－42．

促进了区域之间的经济交流和技术合作。

雄安新区与北京在对外基础设施服务平台方面的协同主要体现在两个方面，即海空枢纽港的深度合作和京津雄物流一体化监管。一方面，以北京为核心的航空枢纽的作用不容忽视。例如，北京大兴国际机场作为亚洲最大的机场，为全球近150个国家和地区提供航班，其完备的航空网络使得雄安新区得以与世界各地建立紧密联系。这不仅促进了经济合作和贸易往来，还加强了文化、教育和科技的交流。此外，2021年，中共中央、国务院印发的《国家综合立体交通网规划纲要》进一步强调了京津冀地区的交通协作。其中，形成以北京、天津为中心，联动石家庄、雄安等城市的京津冀枢纽集群的目标，对于雄安新区意味着更高效的资源共享和物流流转。另一方面，京津雄物流一体化监管的深入推进，使得区域内的货物运输更为高效和经济。《关于进一步深化跨境贸易便利化改革优化口岸营商环境的通知》要求深化区域物流一体化监管，探索推进京津冀等重点区域跨境贸易货物物流运输一体化。物流一体化系统减少了行政壁垒，简化了监管流程，为企业提供了更加流畅的物流体验，降低了运营成本。实时的物流信息共享，提高了整个供应链的透明度，帮助企业更有效地进行决策和风险管理。在此基础上，雄安新区与北京之间的现代化物流中心和智能化仓储系统实现了货物的快速调度和分配，大大降低了物流成本、节约了时间。此举不仅为本地企业提供了优质的供应链服务，还吸引了更多外部企业在雄安新区设立分支机构或分销中心。

3. 对外营商管理和政务服务平台的协同

雄安新区与北京在对外营商管理和政务服务平台上的协同更是凸显出两地推动区域经济增长与贸易便利化的决心①。在全球经济一体化的背景下，优化和深化跨境贸易流程变得尤为重要，不仅关系到区域的竞争力，也影响到国家整体的经济健康与稳定。

在对外营商管理方面，为优化营商环境，雄安新区为北京注册企业开辟了绿色通道。通过绿色通道，可实现即来即办、一日办结。此外，北京与雄安新区实现政务“跨省通办”。通过减少行政障碍，为企业创造一个更加便捷和透明的营商环境。一体化监管系统所带来的效益，如监管流程的简化、运营成本的降低、供应链透明度的提高等，使企业在跨境贸易中节约了时间和成本、增强了竞争力。在政务服务方面，为深入贯彻落实京津冀协同发展战略，服务好雄安新区规划建设，雄安新区公共服务局会同京津冀政务服务部

① 薄文广，黄南．基于政府合作视角的京津冀协同创新共同体构建研究［J］．河北经贸大学学报，2023，44（3）：55－62.

门整合服务资源、创新服务模式，打造了“京津冀+雄安（3+1）”政务服务协同发展平台，实现了京津冀“一网通办”。此外，2023 年 2 月，京津冀三地税务机关发布的《京津冀地区不予实施行政强制措施事项清单》进一步展现了两地在优化税务执法方式上的共同决心，提供了更为人性化、公正和透明的税务管理方式，提升了公众的满意度。

（三）依托北京打开全球化窗口的路径

1. 依托政策支持与国际合作平台

在全球经济一体化的趋势下，政策支持和国际合作平台的作用日益凸显。北京作为我国的首都，不仅拥有得天独厚的政策资源，还经常承办各类国际性的高峰论坛、展览和商务会谈，这为雄安新区提供了与全球伙伴交往的机会。

北京与国际社会的交往日益深化，为雄安新区提供了获得国际资源的宝贵机会。作为一个国际化都市，截至 2022 年，北京拥有超过 50 家世界 500 强企业的总部和 3 万多家国际机构的办事处。知名企业带来的集聚效应，加上重大的国际活动，如 2022 年冬奥会和冬残奥会的成功举办，进一步巩固了北京作为国际交流中心的地位。更为值得注意的是，北京的营商环境在全国一直名列前茅。除了拥有王府井步行街、金融街和西单等历史悠久的商业区外，北京还成功地发展了华贸购物中心、国贸商城和北京 SKP 等现代化商业综合体，成为国际顶级品牌的聚集地。考虑到北京在国际化和商业领域的这些优势，雄安新区有机会通过深化与北京企业的合作，更加有效地引进外部投资和前沿技术，从而为其高速、高质量发展提供强大动力。

此外，雄安新区也可以与北京共同制定国际合作策略，针对特定领域或项目，与国际伙伴展开深度合作。许多国际组织、外国企业在北京设有办事处或代表处，这为雄安新区与国际伙伴建立联系提供了便利。截至 2023 年 6 月，共有 113 家国际组织在京落户，其中政府间国际组织及其驻华代表机构 32 家，非政府间国际组织总部 38 家，非政府间国际组织代表机构 43 家，各类国际组织总部和代表机构数量均居全国首位。北京累计认定跨国公司地区总部超 200 家，依托于此，雄安新区可以与其代表进行面对面沟通，加强了解、深化合作。雄安新区可以通过在北京举办的相关活动和相关国际合作平台，与潜在合作伙伴探讨合作的细节，签署合作协议，确保合作顺利进行。

2. 展开和北京金融街的合作

北京金融街在全球金融体系中占据举足轻重的地位，作为中国金融决策

和交易的核心，不仅汇集了国内的金融监管机构和各类金融企业，还吸引了多家国际金融机构的入驻。在此背景下，北京金融街已成为中国与全球金融市场交流互动的重要桥梁。随着中国经济的快速崛起和金融市场的逐步开放，金融街的国际影响力日益凸显。这为雄安新区与全球金融体系的对接提供了得天独厚的条件。

关于雄安新区如何借助北京金融街的资源开展国际金融合作，有几方面的策略值得关注。首先，通过引进国内外资本，雄安新区可以获取建设和发展所需的资金支持，加快区域经济发展和产业升级。其次，金融街的资源优势为雄安新区在金融产品创新和技术交流方面提供了宝贵经验，有助于金融科技的快速发展和应用。最后，通过与金融街的人才和机构交流，雄安新区能够培养和吸引更多的金融专业人才，为其金融业的长远发展奠定坚实基础。

然而，雄安新区与北京金融街的深度合作同时也面临不少挑战。一方面，国际金融合作的深入无疑会增加金融风险，这要求雄安新区必须提高金融风险管理和控制能力；另一方面，为适应国际金融市场的快速变化和北京金融街的高标准要求，雄安新区必须不断调整和完善其金融发展策略。总的来看，北京金融街不仅为雄安新区提供了国际化发展的重要窗口，还为其带来了金融发展的新机遇和挑战。这需要雄安新区在把握机遇的同时，也要做好充分的准备，以应对可能出现的风险。

3. 开展交通与物流合作

在经济全球化大背景下，交通与物流网络的优化成为区域发展不可或缺的支撑。北京不仅是中国的政治中心，还是重要的国际交往窗口和交通枢纽。其完善的航空、铁路和公路网络，构建了与世界各地的紧密联系。截至 2023 年 5 月，首都国际机场、大兴国际机场新增和恢复国际航线 18 条，海关监管验放进出境航班 4 912 架次，环比增长 19.8%。此外，北京稳步提升公共服务领域的外语便利化水平，各区外语标识准确率均高于 94.0%，全市综合准确率达到 98.2%。相比较之下，雄安新区作为国家级新区，虽然在地理位置、政策环境等方面具有独特优势，但在国际化进程、交通物流等方面发展相对滞后。因此，雄安新区亟须构建开放型经济新体制，而北京的外交、交通、物流网络则为雄安提供了重要的国际接轨平台。

首先，通过借鉴北京的航空物流中心模式，雄安新区可以快速建立起与国际标准对接的物流体系，不仅能提高本地区的物流效率，更能吸引更多的国际物流企业落户，从而加快雄安新区的国际化进程。其次，加强雄安新区与北京之间的铁路和公路连接，促进区域内外货物和人员快速流通。例如，以（北）京雄（安）高速为依托，更多的高速公路和铁路专线的建设，将为

两地之间的经济活动提供便利，促进区域一体化发展。最后，雄安商务服务中心、雄安国贸中心的建设，将进一步扩大其在国际贸易中的影响力。通过与北京紧密的交通连接，这些中心能有效吸引国际买家和参展商，推动雄安新区外向型经济发展。

4. 积累技术与创新经验

对于雄安新区而言，技术与创新不仅是推动其自身发展的核心动力，更是其与外界交流、合作和融合的关键桥梁。北京技术与创新的辐射作用对雄安新区积累技术与创新经验起着至关重要的作用，不仅推动雄安新区实现技术进步和产业升级，更有利于其在全球化进程中占据有利位置，展现雄安新区的前沿、开放和创新特性。

北京的技术与创新经验对雄安新区对外交流的作用主要体现在打造技术引领的形象、优化产业结构、汲取先进的管理经验、构建开放的创新生态系统、加速全球化步伐等几个方面。首先，通过与北京这样的科技创新高地建立紧密的合作关系，雄安新区可以快速地引入最新的技术成果和创新思维，从而塑造一个前沿、开放和创新的形象，吸引全球的目光。其次，雄安新区与北京等技术创新中心的合作，不仅可以引进先进技术，更能促使优化产业结构，赋能传统产业，孵化新兴产业，增强其在国内外的竞争力。此外，在进行技术引进时，引进的除了技术本身之外，还包括与其相匹配的管理经验和方法。北京的众多高等教育和科研机构积累了丰富的管理知识，这些经验可以助力雄安新区更加高效地管理和运营其创新生态。再次，与北京等地的高技术机构合作交流，可以帮助雄安新区构建一个开放、多元和活跃的创新生态，使其能够吸引和汇聚更多的技术人才、研发机构和创新企业。最后，技术与创新为雄安新区提供了与全球对接的通道。通过技术合作和创新交流，雄安新区能更快地融入全球价值链，与世界各地的先进区域形成紧密的合作关系。

三、雄安与天津的港口贸易合作

本节重点探讨了雄安与天津在港口贸易领域的深度合作。首先，描述了天津港的战略位置与功能，特别是其为京津冀地区注入了活力以及为雄安新区带来了机遇。其次，详细介绍了雄安新区与天津港的贸易合作情况，如水运通道的复航、服务中心的设立与绿色通道的开通及前端服务平台的布局等。最后，展望了两地未来的合作方向与策略，包括扩大贸易领域、深入创新服

务模式、推进资源共享与整合，以及深化交通互联互通与政策协调的策略，为两地的持续合作与发展奠定坚实基础。

（一）天津港的战略位置与功能

1. 天津港的基本情况

天津港坐落于中国北部海岸线上，已经逐渐成为国际交通和贸易关键枢纽。从其历史和现状来看，天津港不仅仅是一个物流中心，更是国家战略布局中的核心元素。首先，它被明确认定为国家的核心战略资源，这一地位源于其在京津冀及“三北”地区中的关键作用，尤其是随着雄安新区的崛起，天津港更是这一重要经济带的主要出海通道。此外，其在全球航线网络的深度布局更是凸显了其对外开放的策略导向。目前，天津港已经与全球 200 多个国家和地区的 800 多个港口建立了稳定的联系。这一广泛的网络为各方提供了无缝衔接的物流服务，从而促进了国际贸易的便利化。特别值得注意的是，2023 年天津港的集装箱吞吐量创下了 2 217 万标准箱的高峰，同比增长 5.5%，创历史新高。这一趋势标志着其在全球港口竞争格局中地位的稳固与提升。此外，“一带一路”倡议的推进为天津港提供了新的机遇和挑战。这一倡议旨在深化中国与共建国家的经贸合作，而天津港正是这一宏大计划中的物流核心，其在全球供应链中的战略位置也将得到显著强化。

天津港凭借其独特的地理位置、多功能性和绿色可持续的发展战略，在国内港口网络中占有独特地位。第一，天津港位于中国东北部的核心地带，为华北和东北地区提供了最方便的海上出入口，是中国与欧洲、北美和东北亚的主要交通要道。天津港这一地理优势不仅加强了其与亚洲其他地区的连接，还确保了其在“一带一路”倡议中的关键角色，连接起欧亚大陆的东西部。第二，如表 8－1 所示，天津港的多功能性是其竞争力的核心。它不仅是散货、滚装和邮轮的主要转运点，还调整了大宗货物的运输结构，实现了多元化的运输。这种多功能性不仅增加了天津港的吞吐量，还使得天津港能够为多种货物提供服务，满足了不同类型的客户需求①。第三，在全球日益关注环境可持续发展的背景下，天津港对绿色和可持续的运营采取了积极态度。天津港“公转铁＋散改集”的绿色策略强调了公路到铁路的转移和将散货转化为集装箱的重要性。这种策略不仅减少了碳排放，还提高了运输效率，展

① 徐滢，赵滨元．优化天津港口岸营商环境对策研究：基于京津冀协同发展视角［J］．中国流通经济，2019，33（5）：30－37.

现了天津港在未来可持续运营的能力。

表 8-1　京津冀地区主要港口的定位及发展方向

港口	定位	发展方向
秦皇岛港	国际知名旅游港、现代综合贸易港	西港区打造成集邮轮客运、旅游、商贸、金融等功能于一体的客运港区；东港区发展为以集装箱和煤炭、石油、矿石等散杂货运输为主的综合性港区
京唐港区	能源原材料主枢纽港、综合贸易大港、东北亚开放桥头堡	提升散杂货、集装箱、物流等板块运营质量
曹妃甸港区		发展原油、铁矿石、液化天然气、煤炭等大宗原材料运输
黄骅港	现代化综合服务港、国际贸易港、雄安新区便捷出海口	散货港区以铁矿石、原油等大宗散货物资运输为主，兼顾成品油、液化天然气等其他散货运输功能；综合港区以集装箱、粮食、滚装、成品油、液体化工品及其他散杂货运输为主。重点发展集装箱、滚装、邮轮运输。2025 年集装箱吞吐量达到 2 200 万标准箱
天津港	北方国际航运枢纽、京津冀出海口	优化调整大宗散货运输结构，积极发展滚装和邮轮等运输。打造“公转铁+散改集”双示范绿色港口

资料来源：根据 Wind 数据库、河北省政府和天津市政府官网资料整理得到。

2. 天津港为京津冀协同发展注入活力

天津港作为京津冀地区的海上门户，其发展战略与行动为该区域的经济融合注入了新的活力①。具体而言，我们从以下两个方面深入探讨天津港的战略重要性和未来的发展趋势。

一方面，天津港与河北港口集团的合作达到了一个新高度，已经从原先的竞争态势转向了现在的协同与共赢。这种合作关系的变迁，不仅标志着区域内港口间合作模式的转变，更凸显了在京津冀协同发展背景下，天津港所展现的战略远见和开放态度。未来，这种“一盘棋”的整合思维将进一步推动区域港口群共同优化与协同发展，从而为整体经济的稳健增长提供有力保障。另一方面，天津港集团的“四千行动”为其在京津冀及“三北”地区的

① 褚斌．天津港集团：“融入式”党建工程引领和保障世界一流港口建设［J］．党建，2021（12）：58-59．

物流网络建设提供了明确方向。虽然疫情的突发给全球经济带来了冲击，但天津港通过一系列降费提效措施，展现出了强大的危机应对能力和社会责任感。在“十四五”规划期内，这种深入腹地、紧密结合实际需求的物流网络，将为京津冀地区的经济发展提供更为稳固的后盾。

3. 天津港为雄安新区带来机遇

天津港的存在为雄安新区带来了众多机遇，与这座新兴城区的迅速崛起形成了互补。雄安新区与天津港这一北方重要的国际航运枢纽之间的合作，不仅加速了雄安新区的经济增长，更为其在国内和国际层面上的崛起创造了有利条件。

首先，天津港为雄安新区提供了一扇直接打开国际市场的大门。由于雄安新区的地理位置优越，天津港可以确保货物和服务在最短的时间内从雄安新区到达世界各地。这不仅为雄安新区的商品提供了一个巨大的市场，而且大大降低了进出口的物流成本，提高了区域内企业的竞争力。其次，有了天津港这一国际贸易通道，雄安新区的多个产业都得到了迅速发展。尤其是制造、物流和外贸等产业，都因为与天津港的紧密合作而蓬勃发展。天津港的国际地位也吸引了大量的外国直接投资进入雄安新区，不仅为雄安新区带来了资金，还引入了先进的技术和管理经验。此外，天津港的邮轮业务为雄安新区带来了新的旅游业机遇。随着邮轮旅游在中国的兴起，雄安新区有望成为新的旅游热点。这不仅为当地带来了旅游收入，更重要的是加强了雄安新区与世界各地的人文交流。最后，天津港作为京津冀地区的“出海口”确保了雄安新区与北京、天津之间的紧密合作，不仅促进了三地的经济互补，还为京津冀地区的协同发展提供了坚实基础。

（二）雄安新区与天津港的贸易合作

1. 雄津水运通道的复航

天津港作为北方重要的水路交通枢纽，与雄安新区的水路运输关系可追溯至明代中期，这种悠久的交通历史为未来的协同合作提供了坚实基础。2018 年 4 月，《纲要》提出要“加强新区与天津港、黄骅港的交通联系，畅通新区出海通道”。2020 年 7 月《国家发展改革委交通运输部关于加快天津北方国际航运枢纽建设的意见》提出“研究规划天津港至河北雄安新区的水运新通道”，在政策层面强调了增强两地水路联系的重要性，为两地的进一步合作提供了明确的政策导向。

随着全球对绿色发展和环境保护的重视程度逐渐提高，水路运输因其低

碳、环保的特点而逐渐受到关注。在京津冀区域，尤其是雄安新区与天津港之间，水路运输具有多方面的显著优势。首先，从经济角度看，水运作为一种低成本的运输方式，能显著降低物流成本，为区域经济带来实质性益处。其次，与其他运输方式相比，水运更具有绿色环保优势，符合当前的生态文明建设要求。此外，水运的大运能特点为雄安新区的高速建设提供了强有力的支撑，能够满足大量物资的快速运输需求。最后，多种交通方式的有效衔接使得水路运输可与其他运输方式形成互补，大大提高整体运输效率。这些优势都指向了一个结论：强化雄安新区与天津港的水路联系，对于推动京津冀协同发展具有重要价值①。

2. 服务中心的设立与绿色通道的开通

天津港与雄安新区之间的紧密合作是近年来京津冀一体化发展战略的重要组成部分。2019 年 8 月 21 日，天津港集团雄安新区服务中心正式揭牌成立。同时，天津港旗下企业还与保定港保国际航运有限公司、廊坊联荣贸易有限公司和河北隆基泰和供应链管理有限公司共同签署《服务雄安新区绿色通道共建协议》。未来各方将以天津港“智慧港口”建设为依托，开展无水港合作，为雄安新区商品通过天津港便捷出口提供便利。

基于京津冀一体化和雄安新区建设的发展策略，服务中心的设立与绿色通道的开通具有重大战略意义。一方面，天津港集团雄安新区服务中心的设立不仅加强了天津港与雄安新区的联系，更是将天津港的服务延伸到了雄安新区，从而更好地服务雄安新区的企业和居民。通过将资源、功能和窗口前置到雄安新区，企业和商家可以在本地完成原本需要到港口才能办理的各种进出口手续，大大提高了效率，节省了时间和物流成本。另一方面，天津港与雄安新区之间的绿色通道的开通，为雄安新区的商品提供了快速、高效的进出口服务。这不仅意味着更快的通关速度，更是对雄安新区货物的优先处理，确保货物安全、快捷地进出港口。

服务中心的设立实质上是一个实际合作平台的创设，从而深化了双方在多个领域（如贸易、物流、技术交流和人才培训等）的合作关系。这种合作不仅加强了双方的联系，而且促进了区域整体经济发展。首先，服务中心的设立有效地吸引了外部投资。雄安新区通过展示其对外部企业的开放和友好态度，成功吸引了更多的企业和投资者。这不仅为雄安新区带来了发展机遇，同时也为天津港带来了更大的货物吞吐量，预示着其未来的业务增长。其次，

① 李南，韩国玥，常文千．全面贯彻新发展理念 建设世界一流津冀港口群［J］．宏观经济管理，2022（6）：61－67.

物流服务得到了显著优化。新的服务模式为企业节省了大量的时间和物流成本，因为不再需要复杂的进出口手续。这种流程的简化和优化提高了整体工作效率，并为企业提供了更令人满意的服务体验。此外，随着物流服务的持续改进，众多企业可以不断调整和完善其供应链管理，使其更为高效和灵活。

3. 前端服务平台的布局

为进一步服务雄安新区并优化服务流程，天津港采用了“一中心三节点”的前端服务平台布局。此布局确立了天津港作为雄安新区直接的海上出入口的重要角色，同时也使得天津港在京津冀区域发展中的地位得到进一步巩固。具体来看，“一中心三节点”的模式意味着，以天津港为核心，通过在保定、胜芳和白沟等关键地点设立物流服务节点，实现对雄安新区的全方位、高效率的服务覆盖。

天津港采用的“一中心三节点”前端服务平台布局无疑是其服务升级和区域合作策略的成功体现。这种布局不仅巩固了天津港与雄安新区的合作关系，而且为京津冀协同发展提供了有力支撑。首先，这种布局显著地提高了运输效率。多个物流服务节点显著优化了货物运输路径，缩短了中转时间，降低了物流成本，为相关企业创造了实实在在的经济效益。其次，这种布局强化了合作。天津港不只是为雄安新区提供物流便利，双方在贸易流通、技术交流和人才互通等方面都实现了更为深入的合作。再次，该布局有助于优化资源分配。通过前置服务和资源，不仅确保了各节点的均衡发展，而且避免了单一节点的资源过度集中或产生瓶颈，从而保障了整个服务网络的流畅运作。最后，这种布局增强了雄安新区高效服务的竞争力，提升了雄安新区在国内外市场上的吸引力和整体竞争力。

（三）未来合作的展望与策略

1. 扩大贸易领域

贸易是任何区域经济增长的核心动力之一。对于雄安新区与天津港而言，两者均具备了良好的基础设施、地理位置和资源禀赋，为扩大贸易领域提供了天然条件。在现有的贸易领域基础上，双方可进一步拓宽合作范围，例如，引进更多国际贸易商、开展跨境电子商务、增设国际航线等，使贸易规模和领域都得到进一步扩大和拓展。

在引进更多国际贸易商方面，雄安新区和天津港均具有巨大的市场潜力。双方可以共同策划并组织国际贸易展览会、商务考察等活动，吸引更多国际贸易商进驻。此外，可以考虑为外国商家提供一系列优惠政策，如税收减免、

土地租赁优惠等，以鼓励其在辖区进行投资和经营。在开展跨境电子商务方面，随着数字化技术的迅速发展，跨境电子商务已成为国际贸易的新趋势。雄安新区与天津港可以利用各自的资源优势，如互联网基础设施、物流网络等，合作建设跨境电商平台，为消费者提供更为便捷的购物体验。在增设国际航线方面，天津港作为北方重要的国际航运枢纽，其与雄安新区之间的合作有助于扩大港口的国际航线覆盖范围。通过合作，双方可以开辟更多前往全球各大经济中心的航线，从而促进国际贸易往来。此外，除了传统的贸易方式，雄安新区与天津港还可以探索更多的创新贸易方式，如共建海外仓、组织贸易代表团进行海外考察等，提升和扩大贸易的服务效率和范围。

2. 深入创新服务模式

在经济全球化和技术快速发展的环境中，创新在服务模式中的作用日益凸显。对于雄安新区与天津港这样的重要贸易和物流节点，采用先进的服务模式不仅是提高竞争力的需要，而且是满足复杂经济需求的必然选择[①]。通过创新服务模式，雄安新区与天津港不仅能够提高自身的运营效率和服务质量，还能够为客户提供更高水平的服务，从而在激烈的全球竞争中占得先机。

深入创新服务模式可以以数字化、智能化、自动化、客户体验导向为主要切入点。首先，雄安新区和天津港可以引入更加先进的信息技术，构建全面的数字化交易和物流平台。通过这些平台，企业可以实时跟踪货物流转、管理库存、自动清关等流程，大大提高透明度和效率。同时，数字支付、数字签证等服务也可以整合到相关平台，为用户提供一站式的解决方案。其次，利用人工智能、大数据、物联网等技术，双方可以实现智能化的供应链管理。例如，通过大数据分析，可以准确预测市场需求和物流路径，优化库存；通过物联网技术，可以实现货物的实时定位和状态监控，提高货物运输的安全性。此外，在货物搬运、分拣、装卸等环节引入自动化设备，如自动导引车（AGV）、无人机、智能机器人等，可以大幅度减少人力成本、降低错误率，提高工作效率。在码头作业、仓储管理等环节也可以实现自动化，进一步提高整个物流系统的运行效率。最后，以客户为中心，通过上述技术手段，为客户提供更为快捷、精准、个性化的服务。例如，建立智能客服系统，实现“24/7”的在线服务；利用VR/AR技术，为客户提供沉浸式的购物或货物监控体验等。

3. 推进资源共享与整合

在当前全球经济一体化和区域合作的背景下，资源共享与整合已经成为

① 龚雪．区域物流效率测度及影响因素分析［J］．统计与决策，2022，38（12）：112－116.

各类主体提高效率、降低成本、增强竞争力的重要手段。对于雄安新区和天津港而言，有效整合与共享资源，以应对市场的复杂性和不确定性，显得尤为关键。资源共享与整合不仅可以实现雄安新区和天津港之间的互补和共赢，还可以为双方提供更强大的竞争力，确保在日益激烈的市场竞争中取得领先地位。

资源共享与整合包括资源配置优化、资本合作、技术共享、信息传递等方面。首先，考虑到雄安新区在城市规划、科技、产业布局等方面的优势与天津港在港口运营、物流服务、国际贸易等领域的丰富经验，双方可以进行资源配置的优化，确保双方的优势得到最大限度的发挥。其次，双方可以探索合资、合作投资、股权交换等多种方式，以整合各自的资本资源。例如，共同投资建设一些高效、现代化的物流中心、港口设施或交通网络，既可以提高资本使用效率，也有助于降低投资风险。此外，通过技术合作和交流，双方可以共享各自的技术成果和经验。例如，雄安新区在智慧城市建设、环境保护技术等方面的优势可以与天津港在港口自动化、物流技术等方面的经验进行整合，共同推进技术进步。最后，建立双方之间的信息共享平台，确保信息实时、准确流通。这不仅可以减少信息的冗余和失真，提高决策效率，还可以为双方提供更多的市场信息、供应链信息等，有助于双方在市场上做出更加精准的决策。

4. 深化交通互联互通与政策协调的策略

在区域经济一体化和协同发展的大背景下，交通互联互通与政策协调尤为关键。对于雄安新区和天津港而言，进一步提升交通互联互通水平与强化政策沟通，以满足日益增长的物流与贸易需求，显得至关重要。

在交通网络的整合方面，在确保交通安全和环保的前提下，双方可探索构建一系列直达快速路、专用道路，甚至轨道交通连接线。这将大大减少货物和人员流通的时间成本，加强雄安新区与天津港的日常互动。考虑到交通建设对资金和技术要求较高，双方可以引入私营资本、外资或甚至通过 PPP 模式进行合作，共同承担建设和运营风险。同时，应鼓励科研机构和企业研发更先进、环保、安全的交通技术和管理模式。在加强政策沟通和优化政策环境方面，雄安新区与天津港分属不同的行政区域，因此，双方政府在政策制定和实施过程中应确保沟通的及时性和透明性。此外，可以设立一个双方政府的常态化沟通机制，如定期召开政策协调会议，共同商议和解决两地合作中出现的问题。为促进双方的合作，应简化审批程序，为重大项目提供税收、土地等方面的优惠政策，并确保双方的法律法规、标准与规范的统一或兼容。

参考文献

[1] 薄文广．京津资源向雄安新区疏解的比较分析与天津应对 [J]. 天津师范大学学报（社会科学版），2018（3）：65-72.

[2] 魏成，陈赛男，沈静．人工智能驱动下的城市空间演变趋势与规划响应 [J]. 城市发展研究，2022，29（7）：47-54.

[3] Harvey D. The condition of postmodernity: an enquiry into the origins of cultural change [M]. Oxford (England); Cambridge, Mass. USA: Blackwell, 1990.

[4] Wallerstein I. The modern world-system I: capitalist agriculture and the origins of the European world-economy in the sixteenth century [M]. Berkeley: University of California Press, 2011.

[5] Giddens A. Modernity and self-identity: self and society in the late modern age [M]. Cambridge, U K: Polity Press in association with Basil Blackwell, 1991.

[6] Levinson M. The box: how the shipping container made the world smaller and the world economy bigger [M]. Princeton, N. J: Princeton University Press, 2006: xi-xi.

[7] Aiello G. Book review: John Urry, Mobilities [M]. Cambridge: Polity Press, 2007: 336.

[8] Castells M. The rise of the network society [M]. Oxford, UK; Malden, MA: Blackwell Publishers, 2000.

[9] 何一民，刘杨，何永之．从边缘到中心：晚清民国西康行政地位变化对城市发展的影响 [J]. 西南民族大学学报（人文社科版），2016，37（8）：209-220.

[10] Fernandez-stark K, Gereffi G. Global value chain analysis: a primer (second edition) [M]. 2019: 54-76.

[11] 刘李红，高辰颖，王文超，等．京津冀高质量协同发展：演化历程、动力机理与未来展望 [J]. 北京行政学院学报，2023（5）：61-71.

[12] 陈洁琼，周鲁耀．基础设施建设的“中国式”路径：功能类国有企业作用的再考察 [J]. 地方财政研究，2022（6）：14-26.

[13] 赵新峰．京津冀协同发展背景下雄安新区新型合作治理架构探析 [J]. 中国行政管理，2017（10）：22-29.

[14] 孙久文，王邹．新时期京津冀协同发展的现状、难点与路径 [J]. 河北学刊，2022，42（3）：142-151.

[15] 孙久文，邢晓旭．北交所赋能北京产业结构优化的作用渠道与战略构想 [J]. 经济与管理，2023，37（4）：20-28.

[16] 刘钒，向叙昭．自贸区建设对国家高新区创新效率的影响评估及机制分析 [J]. 科技进步与对策，2023，40（9）：22-32.

［17］孙枭坤，陈宇．雄安新区公共服务精准管理的实践路径、内在逻辑及未来面向［J］．学术交流，2023（7）：29－42．

［18］薄文广，黄南．基于政府合作视角的京津冀协同创新共同体构建研究［J］．河北经贸大学学报，2023，44（3）：55－62．

［19］徐滢，赵滨元．优化天津港口岸营商环境对策研究：基于京津冀协同发展视角［J］．中国流通经济，2019，33（5）：30－37．

［20］褚斌．天津港集团："融入式"党建工程引领和保障世界一流港口建设［J］．党建，2021（12）：58－59．

［21］李南，韩国玥，常文千．全面贯彻新发展理念 建设世界一流津冀港口群［J］．宏观经济管理，2022（6）：61－67．

［22］龚雪．区域物流效率测度及影响因素分析［J］．统计与决策，2022，38（12）：112－116．

第九章 雄安新区发展的动力机制

改革是雄安新区发展的基础，创新是雄安新区发展的动力之源。踏上全面建设社会主义现代化国家的新征程，雄安新区要不断强化自身发展动能，紧抓机遇，迎接挑战，为实现中华民族伟大复兴贡献力量。本章主要从改革和创新的角度分析雄安新区发展的动力机制。

一、改革是雄安新区发展的基础

习近平总书记在庆祝改革开放 40 周年大会上指出，改革开放是党和人民大踏步赶上时代的重要法宝，是坚持和发展中国特色社会主义的必由之路。雄安新区因改革而生，因改革而兴，也必将在改革开放的时代浪潮中茁壮成长。

（一）实施空间供给侧结构性改革是雄安新区设立的基本目的

雄安新区设立的本质是空间层面的供给侧结构性改革，即通过设立新的政策空间，以最小的阻力寻找高质量发展的全新方案。

1. 空间供给侧结构性改革的含义

2017 年 4 月 1 日，中共中央、国务院印发通知，决定设立河北雄安新区。雄安新区设立之时正值由海向经济主导转向海向经济与陆向经济并重、由集中发展型经济向全面发展型经济转变、由要素投入型经济向创新型经济转变、由跟随经济向领先经济转变、由污染型经济向生态环境友好型经济转变的“大转折”时期。世界经济的发展形势与国内发展阶段的转型特征共同决定了雄安新区的设立目的。雄安新区的设立，一是为陆向经济发展提供新思路；

二是在由经济大国向经济强国迈进的过程中探索推进共同富裕的新路子；三是培育新发展理念的新发展范式；四是寻找产业发展新方向与经济发展新模式；五是探索创新发展、协调发展与绿色发展相融合的新方法。毫不夸张地说，雄安新区正是锚定我国传统发展模式转型这一问题而设立的，其设立初衷在于为其他地区乃至整个国家的发展模式转型提供样板。因此，雄安新区设立的基本目的就是实施空间层面的供给侧结构性改革。

推进供给侧结构性改革是党中央和国务院综合国际国内形势变革、科学把握社会主要矛盾、依据经济发展“新常态”而做出的开创性、全局性、长远性的重大决策部署，其核心在于以改革推进供给结构调整，矫正要素配置扭曲，提高供给结构对需求变化的适应性和灵活性，促进经济社会持续健康发展。空间是经济活动发生的地点，是影响经济发展的重要因素，众多理论从多方面阐述了空间要素在区域发展中的作用。经济地理学强调空间因素尤其是自然地理因素是经济发展的“启动资金”，是区域发展的初始环境，深刻影响区域发展方向与发展速度。区域经济学理论认为各空间之间的关系会直接影响区域的经济发展，经济发展的失衡往往是空间失衡的具象体现。新经济地理学指出，规模经济将引致空间自身的极化，进而扩大空间结构对空间经济的影响，并以溢出效应（虹吸效应）影响周边区域的发展。以上理论为空间供给侧结构性改革提供了理论基础，雄安新区以此为基础，通过实施空间优化布局来推进改革。

因此，空间供给侧结构性改革的最终目的在于缓解、改善空间失衡情况，进而协调区域间的发展关系，实现各区域的“普遍沸腾”。其主要手段有两种：一是从空间关系入手，通过实施区域政策来改善要素在空间的分布状况，进而促进不同空间之间实现协同化、和谐化和规模化发展；二是直接锚定空间结构本身，以行政区划调整来促进空间的“破而后立”。对于雄安新区而言，既要实现空间结构的调整，也要促进空间关系体制机制的创新。

2. 雄安新区空间供给侧结构性改革的意图

雄安新区设立的根本目的是推进空间供给侧结构性改革。作为“千年大计、国之大事”，雄安新区的空间供给侧结构性改革不仅意在为京津冀协同发展培育新的增长极，更意在为全面深化改革提供空间动力源、为高质量发展提供全国样板。

第一，雄安新区空间供给侧结构性改革的意图在于为京津冀协同发展培育新增长极。随着经济发展进入新阶段，以培育新增长极带动区域发展逐渐成为地区发展的新方法。雄安新区在经历了要素资源快速集聚后，已经转入促进自身长期可持续发展并带动区域整体繁荣的深入探索期。作为京津冀协

同发展的未来空间支点，雄安新区同北京、天津和石家庄三大城市距离大致相当，地理位置大致处于三大城市的中心，这一空间结构能够有效改变河北省在京津冀协同发展中空间关系上相对弱势的局面，在为北京提供疏解非首都功能承载地的同时支撑京津冀世界级城市群建设。

第二，雄安新区空间供给侧结构性改革的意图在于为全面深化改革提供空间动力源。雄安新区、深圳经济特区、上海浦东新区是我国的三个国家级新区，雄安新区是国家在经济社会面临大变革、大转折、大调整时期，通过建立新经济增长极来带动京津冀协同发展的一次尝试。1980 年是改革开放实施的第三年，深圳经济特区的设立标志着改革开放战略的确立与全面实施。1992 年是市场经济与计划经济抉择的关键时期，上海浦东新区的设立意味着我国逐渐走上中国特色社会主义市场经济的道路。两个新区的设立都面临着巨大的压力，既是改革的需要，也是改革的内容，更是改革的成果，是国家发展动能转变的标志。与之相似，雄安新区设立时面临着前所未有的复杂国际环境、经济社会发展阻力与全面深化改革的巨大压力。雄安新区的设立是全面深化改革时期转变国家发展动能的新尝试，是为发展提供空间动力的新方案。

第三，雄安新区空间供给侧结构性改革的意图在于为高质量发展提供全国样板。雄安新区起步区面积为 100 平方公里，中期发展区为 200 平方公里，远期控制区是 2 000 平方公里。从空间范围看，100 平方公里稍大于香港岛面积，200 平方公里略小于北京四环内面积，而 2 000 平方公里则相当于深圳全市的面积。可以说，雄安新区的建设是循序渐进、行稳致远的，各个阶段的发展能够为不同大小的区域提供参考。当前，传统的发展模式已出现诸多弊端，如经济发展的动力结构失衡、居民收入差距和区域差距拉大、人民幸福感有待进一步提升、少数官员腐败严重、既得利益集团阻碍改革等，以上问题的出现对经济社会发展产生了巨大的负面影响。如何顺应时代发展潮流，结合自身条件、回应人民诉求，创造出贯彻新发展理念的高质量发展新模式，是雄安新区要回答的历史命题。

（二）推进体制机制改革是雄安新区建设的基本方法

设立河北雄安新区是重大的历史性战略选择，其蓬勃发展的关键在于破除不合时宜的思想观念、条条框框和利益藩篱，以体制机制改革推动治理体系和治理能力现代化。

推进国家治理体系和治理能力现代化是全面深化改革的总目标，而体制

机制改革则是实现这一目标的唯一方法。雄安新区作为新征程上高质量发展的全国样板，是各领域改革开放前沿政策措施和具有前瞻性的创新试点示范项目的第一选择，更是党和国家治理体系和治理能力现代化改革的最前沿。雄安新区作为平地而起的新城新区，其规划与建设是在河北省较为落后的农业地区进行的，发展基础较为薄弱。与在改革开放高速增长期发展壮大的深圳经济特区与上海浦东新区不同的是，雄安新区的建设处在全新的历史时期。这一时期，倚重国外制造业转移和人口红利的传统区域发展模式已难以为继，而传统发展模式所引致的价格扭曲、产业趋同、重复建设、市场分割、管理分治与地方分立等问题又深刻制约着区域发展。因此，雄安新区的建设与体制机制改革处于同一时期，二者必然紧密相连，突出的一点就是综合多种举措将区域发展方式和目标取向转为向区域协同要红利。

向区域协同要红利要求不同层级的政府、市场与社会之间建立相互联结、共同合作的协同关系。对雄安新区而言，一是要协调自身起步区、中期发展区与远期控制区内各村庄、城市间的关系，建设区域共赢协同发展机制。二是要协调京津冀三地间的关系。北京的“大城市病”与环京津贫困带的长期共存是客观事实，雄安新区作为撬动区域发展格局的关键，必然要着力于缩小区域发展差距，打造更加公平的区域利益分配模式。三是要协调“看得见的手”与“看不见的手”之间的关系，理顺市场与政府的关系，充分发挥政府的引导能力与市场在资源配置中的决定性功能，使二者相互结合，培育更为科学的市场机制。

（三）坚持改革开放是雄安新区发展的不竭动力

回望过去，雄安新区是新常态下深化经济体制改革、探索新经济增长动力的改革试验田。展望新征程，雄安新区也将在改革开放的进程中茁壮成长。

1. 雄安新区设立以来的发展成效

从理论意义上讲，雄安新区的设立是区域经济理论中增长极的具象呈现，是国家区域战略实施的伟大实践。从战略意义上讲，雄安新区要承担解决北京“大城市病”、培养区域经济新增长极、加快构建京津冀世界级城市群的历史重任。从历史责任上讲，雄安新区旨在打造经济高质量发展的全国样板以及新发展理念下的创新发展示范区，对于我国经济结构的深层次转型战略意义突出，对于当下中国经济发展和现代化城市建设影响深远。回望过去，雄安新区建设取得了显著成效。雄安新区注重城市社区管理，各片区配套服务设施功能全、标准高，除了社区卫生服务站、社区党群服务中心、警务室等

必备配套功能外，还有凸显品质生活的高端配套设施，比如以促进邻里交往和互助共享为理念的共享厨房等。以品质为先、全时导向为理念，以满足居民需求为导向，配置了尽可能完善且体现更高品质的社区配套公共服务。北京的北海幼儿园、史家胡同小学、北京四中等在雄安新区建设学校，通过合作办学、组团式帮扶等举措提升雄安新区的教育水平。北京的宣武医院、儿童医院、301 医院等 48 家三甲医院以及 65 所京津冀知名医疗卫生机构为雄安新区提供医疗帮扶，从医院建设、运营到科室设置和人才培养，将先进的办医理念、医疗技术植入雄安新区，在为雄安新区人民的身体健康提供保障的同时，助力雄安新区医疗卫生事业蓬勃发展。

2. 新征程雄安新区的发展方向

《纲要》将雄安新区定位为绿色生态宜居新城区、创新驱动发展引领区、协调发展示范区和开放发展先行区。雄安绝非一座区域性新城市，亦不仅仅是京津冀协同发展的新支点，还是改革开放的重要组成部分与新标志。

党的二十大报告将高标准、高质量建设雄安新区作为促进区域协调发展的重要举措之一。正如习近平总书记在雄安新区考察时所强调的，“雄安新区已进入大规模建设与承接北京非首都功能疏解并重阶段，工作重心已转向高质量建设、高水平管理、高质量疏解发展并举”，新征程上雄安新区建设也进入了新的阶段，面临着新的历史性抉择。

第一，雄安新区发展要因时因势利导，不能走深圳经济特区和上海浦东新区的老路。必须清醒认识到国家经济社会发展阶段与发展动能的历史性转变，不能一味照搬以上两个新区的经验，更不能以前两者的发展速度苛责雄安新区，要综合国内外形势与建设实际探索出一条行稳致远的发展道路。

第二，雄安新区发展要寻求更为多元的动力。一个地区的发展壮大必须拥有自我造血机制，依赖单一地区产业转移的发展难以为继。雄安新区要承接北京非首都功能疏解，绝不能就地照搬北京转移出来的制造业，而应在搬迁的同时进行技术升级改造，进而增强造血能力，塑造自身的发展动力。

第三，雄安新区发展要尊重城市发展的客观规律。城市归根结底是服务于人的，一个城市发展依赖高精尖行业，但也离不开低端服务业。从城市发展客观规律来看，城市需要兼顾经济规模导向型产业与就业导向型产业。

二、创新是雄安新区发展的动力之源

雄安新区之“新”，核心要义在创新。定位于创新驱动发展引领区的雄安

新区，其高质量发展的根本在于创新。制度创新和科技创新是雄安新区发展动力的“鸟之两翼、车之两轮”，是雄安新区行稳致远的关键保障。

（一）制度创新孕育发展动力

雄安新区的建设不同于一般城市或新区的建设，它是要开创国家新区和城市发展的全新模式，为未来的城市建设提供一套全新的范式。这也是雄安新区发展的根本动力。

回望过去，1980 年设立的深圳经济特区乘着改革开放的东风创造了“深圳速度”，1992 年设立的上海浦东新区顺应市场化改革的浪潮交出了“浦东奇迹”的答卷。二者的成功不仅源于时代洪流，更离不开国家积极推进的制度创新。面对以改革促开放的历史使命，党和国家在深圳经济特区开展“先行先试”，以工资制度、住房制度和用工制度等为突破口冲破传统计划经济体制的束缚，随后更是对资本市场进行探索试验，加快市场化体制转型。上海浦东新区是法律主导模式国家级新区的典型代表，创造性地探索建设了土地一二级市场、发行债券与组建股份公司等社会化融资渠道，构建了区域性要素交易市场体系，是中国特色社会主义市场道路上的开路先锋。二者是改革开放的领头雁，其以要素和需求驱动为特征的发展模式为众多后来者所模仿。各级政府通过设立各类政策功能区来打造优惠政策洼地，促进各种经济要素流入，进而形成要素—企业—产业的集聚链条，并最终促进经济快速发展。

随着国家经济社会发展进入新阶段，要素驱动的传统发展模式所诱发的产业竞争乏力、创新动能不足、生态环境恶化等弊端逐渐显现，以国家级新区为代表的政策功能区所存在的权能失衡亦愈加引人关注。同时，全球经济下行、逆全球化风潮愈演愈烈的国际大背景更是将政策洼地阻碍周边地区发展的“虹吸效应”暴露无遗。当前，国内国外形势风云变幻，雄安新区作为改革开放的时代“新地标”，承担着以制度创新打造新征程发展新模板的时代使命。

不同于深圳经济特区与上海浦东新区，雄安新区的建立位于全新的历史坐标之上，其所处的发展环境、开发模式、自身资源禀赋都存在特殊性。从发展环境来看，深圳经济特区与上海浦东新区的发展正值全球化进程深入推进、国际产业转移加快的有利时机，而雄安新区当前却面临着后疫情时代逆全球化与民粹主义升温的浪潮。此外，雄安新区建设过程中，过去实践中大放异彩的土地财政工具、打造政策洼地与要素驱动等手段的“耐药性”逐渐

增强，甚至引发了如地方债台高筑、重复建设、市场分割严重等负面问题。从开发模式来看，深圳经济特区与上海浦东新区初创时社会主义市场经济体制尚不成熟，二者是“摸着石头过河”，其开发建设很大程度上是自下而上推动的。雄安新区是“千年大计、国之大事”，是顶层设计理念的直接体现，其开发模式是自上而下的。从自身资源禀赋来看，深圳经济特区与上海浦东新区均位于沿海地区，具备良好的港口条件，其腹地拥有良好的产业发展条件；而雄安新区并不临海，外贸与进出口与以上两个新区相比存在天然劣势，同时，河北省主导产业仍以电气、煤炭等高能耗高污染产业为主，对雄安新区的支持有限。

雄安新区与深圳经济特区、上海浦东新区的差异，正是国家经济社会发展时代变迁的缩影。一代人有一代人的使命，一个阶段有一个阶段的需求，时代呼唤新的发展范式，雄安新区的发展动力也来源于此。当前，雄安新区的制度改革主要集中在以下三个方面：一是推进行政管理体制改革。首先，雄安新区锚定“疏解北京非首都功能”的定位，构建指挥部＋管委会＋工作专班＋综合服务中心的疏解服务机制，为各疏解单位和疏解项目提供“一站式”“一条龙”全方位服务。其次，雄安新区根据自身实际情况对行政管理体制进行了调整与优化，将管理体系扁平化、精干化，通过党政合设与大部门制来避免行政架构的过度冗余。再次，雄安新区创新基层治理方式，不断完善基层管理体制，稳妥推进县乡两级改革，在乡镇推行“一枚印章管到底”“一支队伍管执法”的新办法，打造智慧社区治理的新样本，探索“人民城市人民建”的发展新模式。二是优化营商环境。雄安新区以行政审批制度改革为突破口，围绕“一窗受理、一网通办、办事不求人、审批零障碍、最多跑一次”的总目标，推动各部门从“重许可”向“重服务”转变，促进项目审批效率和质量有效提升。三是推进司法体制机制创新。雄安新区始终注重新区建设的法治保障，尝试为一些长期以来难以解决的问题寻求解决方案。如环境保护，雄安新区在下属县人民法院与检察院分别设立白洋淀环境资源法庭与生态环境保护检察室，尝试将刑事、民事、行政三者有机融合，打造三位一体的生态环境保护监察体系。

（二）科技创新注入产业活力

科技创新是传统产业转型升级和新兴产业培育壮大的根本动力，雄安新区把握新一轮科技革命和产业变革趋势，利用新技术、新业态和新模式优化基础设施建设、改造提升传统产业，为产业发展注入活力。

1. 科技创新助力基础设施建设

雄安新区在基础设施建设方面最突出的特点在于数字化城市与实体城市的结合，也即“地上一座城、地下一座城、云上一座城”。雄安新区的每一座实体建筑乃至电力、通信、燃气等地下综合管廊都在网络平台形成了与之孪生的数字化模型，通过与之相配的实时监测设备完成了对城市整体建设与运行的实时监控，进而为产业发展提供了一个高科技、高效率、高容错的发展环境。

与此同时，雄安新区作为“未来之城”的数字经济基础设施也正逐渐形成。《河北省数字经济发展规划（2020—2025年）》明确提出要建设雄安新区数字经济创新发展试验区。当前，雄安新区的城市计算中心、块数据平台、物联网平台、视频一张网平台、CIM平台业已基本建成，适用于政务、民生、交通、医疗、旅游等多方面的网络基础设施与城市数字平台也正在逐步推进中。2020年4月，国务院批复雄安新区设立跨境电子商务综合试验区，雄安新区的数字贸易生态正茁壮成长。未来，雄安新区将是我国数字经济建设的新高地与新标杆。

2. 科技创新助推产业改造升级

雄安新区自设立以来，始终将传统产业改造升级摆在突出位置，立足新发展阶段，贯彻新发展理念，以科技创新促进产业数字化、智能化、绿色化发展，积极构建产业高质量发展的新格局。

第一，坚持创新驱动，推进产业转型升级。雄安新区科学把握自身产业结构调整要求，立足产业发展实际，在对重点行业、重点企业坚持分类施策，精准统筹传统产业转移外迁和改造升级时序的同时，强调以产研融合实现产业转型升级，努力将传统产业打造为本土特色产业和优势产业。产研融合的一个典型案例是河北大学与河北依丽兰家具有限公司共同创建的雄安新区研究院创新科技园。该科技园致力于建设凝聚高端智慧的新平台、探索推动校企发展的新动能，努力打造高校服务地方经济建设、服务传统产业转型升级的样板。此外，雄安新区依托北京四所首批疏解高校成立了雄安高校协同创新联盟，为与各高校特色优势紧密相关的企业牵线搭桥，并同150所高校签订了共建引才工作站合作意向书，签约了多个校企、校地产学研项目，还通过发布创新应用场景需求与打造雄安大学生实习基地等，为产业转型发展提供人才保障。

第二，赋能企业发展，培育工业诊断力量。针对企业“向哪转”“怎么转”“想转不会转”的问题，雄安新区着力支持工业诊断力量培育工作。依托院士工作站、博士后工作站、工业设计机构、咨询服务机构、与企业已建立

服务支撑关系的科研院所或大专院校等现有的服务支撑机构积极打造“工业大夫—工业诊所—工业医院”的工业诊断体系，孕育一支能帮助企业发现问题并开展咨询论证、进行系统规划设计、提供完善解决方案的工业诊断力量。通过为企业提供科技创新服务、绿色低碳服务、制造提升服务、品牌设计服务、质量管理服务、投资营销服务，推进企业降本增效和智能化、绿色化、服务化、协同化转型发展，赋能企业高质量发展。

第三，把握时代浪潮，以数字技术促进产业转型升级。雄安新区注重产业数字化、智能化提升，鼓励企业依托雄安新区产业互联网平台，整合惠企政策、金融产品、工业设计、跨境电商服务等资源，支持企业将人工智能、大数据、云计算、物联网、区块链等技术融入研发、设计、生产、管理和服务等环节，分行业分领域实施传统产业“智能＋”提升专项行动，建设数字化车间和智能工厂，开发智能创意产品，加速企业“上云用数赋智”进程。雄安新区正努力通过5G、云计算和大数据等新一代数字技术连接设备、产品和企业，进而实现对传统产业的全方位、全链条升级改造。

3. 科技创新促进把握统一大市场

习近平总书记在主持中央全面深化改革委员会第二十三次会议时强调“要结合区域重大战略、区域协调发展战略实施，优先开展统一大市场建设工作”。国家“十四五”规划纲要提出“加快构建国内统一大市场，对标国际先进规则和最佳实践优化市场环境，促进不同地区和行业标准、规则、政策协调统一，有效破除地方保护、行业垄断和市场分割”。党的二十大报告也指出“依托我国超大规模市场优势，以国内大循环吸引全球资源要素，增强国内国际两个市场两种资源联动效应”。超大规模市场是我国区域协调发展的重要推手，也是经济社会发展的新型竞争优势，这一优势是我国自改革开放以来长期积累、不断培育的空间需求红利，源于市场一体化所产生的规模经济效应，通过突破传统行政区划限制、整合全国范围资源禀赋、强化区域间经济协作来优化经济发展动力。

从国家层面上说，我国经济具有生产率持续提高、产业体系完整、高水平创新创业创造、孕育世界级都市圈和城市群、在全球范围内配置资源五大突出优势，具有鲜明的超大规模性。在国家层面上把握并发挥超大规模市场优势，就必须统一基础制度以夯实市场根基、统一市场设施以保障循环畅通、统一市场监管以确保公平公正、统一市场准入以规范不当行为，建立全国统一大市场。全国统一大市场是对马克思、恩格斯关于分工发展与市场扩展之间累积循环效应的直接应用，是从计划经济体制走向社会主义市场经济体制实践的必然历史选择，是从客场全球化转向主场全球化大背景下构建新发展

格局的基础支撑与内在要求。

全国统一大市场是通过充分竞争与社会分工形成的，具体到区域个体，要把握超大规模市场优势，在积极主动融入大局之余，更要以科技创新提升竞争力。创新是引领发展的第一动力，是现代化持续推进的不竭动力。雄安新区始终将科技创新视为高质量发展的核心，通过吸引国内外科研优势力量和高端人才，积极打造自主创新与原始创新的策源地，通过设立科技成果转化基地，将前沿科学技术落实落地，进而促进产业升级和发展，实现区域竞争力的飞跃。雄安新区高度重视空天信息与卫星互联网技术、新一代信息与软件技术、生物与人口健康技术、新材料与高端制造技术、清洁能源与生态环保技术、前沿交叉和颠覆性技术、智能建造技术等关键科技领域，并围绕自身规划建设中的科技需求，以征集科技创新专项储备项目等多种方式切实调动优势创新资源向新区集聚，共同支撑高质量发展。1912 年，奥地利经济学家熊彼特在《经济发展理论》一书中提出了创新理论，之后创新便一直被视为经济发展的内生动力。在数字化、信息化的时代浪潮中，科技创新激发企业能动性、强化发展溢出效应、推动要素流动的作用将会进一步增强，进而通过提升生产效率帮助地区把握超大规模市场优势。

参考文献

[1] Young A. The razor's edge: distortions and incremental reform in the People's Republic of China [J]. The Quarterly Journal of Economics, 2000, 115 (4): 1091 - 1135.

[2] 蔡之兵. 雄安新区的战略意图、历史意义与成败关键 [J]. 中国发展观察，2017 (8): 9 - 13.

[3] 曹清峰. 国家级新区对区域经济增长的带动效应：基于 70 大中城市的经验证据 [J]. 中国工业经济，2020 (7): 43 - 60.

[4] 崔民选，阎志. 基于供给侧结构性改革的京津冀空间发展战略研究 [J]. 区域经济评论，2016 (5): 60 - 68，2.

[5] 国务院发展研究中心课题组. 充分发挥“超大规模性”优势推动我国经济实现从“超大”到“超强”的转变 [J]. 管理世界，2020，36 (1): 1 - 7，44，229.

[6] 贾康. 中国供给侧结构性改革中创新制度供给的思考 [J]. 区域经济评论，2016 (3): 5 - 7.

[7] 刘秉镰，孙哲. 京津冀区域协同的路径与雄安新区改革 [J]. 南开学报（哲学社会科学版），2017 (4): 12 - 21.

[8] 刘志彪. 全国统一大市场 [J]. 经济研究，2022，57 (5): 13 - 22.

[9] 柳天恩. 雄安新区规划建设的示范价值、理论创新与未来展望 [J]. 区域经济评论，2021 (2)：17-24.

[10] 柳卸林，高雨辰，丁雪辰. 寻找创新驱动发展的新理论思维：基于新熊彼特增长理论的思考 [J]. 管理世界，2017 (12)：8-19.

[11] 石敏俊. 雄安新区产业转型升级发展面临的挑战及应对思考 [J]. 金融理论探索，2023 (1)：28-30.

[12] 孙长学. 深圳经济特区的体制改革探索及其示范价值 [J]. 改革，2018 (5)：18-26.

[13] 向国成，刘晶晶，罗曼怡. 马克思恩格斯的分工与市场思想及其当代价值 [J]. 经济学动态，2021 (9)：61-76.

[14] 徐燕飞，秦鹏. 国家级新区赋权增能的理论逻辑、实践样态与规范进路 [J]. 中国行政管理，2023 (2)：12-21.

[15] 张可云，蔡之兵. 京津冀协同发展历程、制约因素及未来方向 [J]. 河北学刊，2014 (6)：101-105.

[16] 张可云，蔡之兵. "大转型"背景下的空间供给侧结构性改革：雄安新区的时空背景、战略谋划与政策支撑 [J]. 贵州省党校学报，2017 (4)：5-11.

第十章 雄安新区高质量发展的政策保障

踏上新征程，雄安新区建设的工作重心已转向高质量建设、高水平管理、高质量疏解发展并举，正式进入滚石上山、爬坡过坎、攻坚克难的全新阶段。展望“十四五”以及更长远阶段，雄安新区要坚持绿色生态宜居新城区、创新驱动发展引领区、协调发展示范区和开放发展先行区的定位，以先行先试的勇气在承接中促提升、在改革发展中谋创新，打造“雄安质量”标准体系，总结可以在全国范围内推广的建设经验。

一、顶层设计引领雄安新区建设

雄安新区的“新”在于顶层战略上的革故鼎新。雄安新区的设立，是以习近平同志为核心的党中央做出的一项重大历史性战略决策；雄安新区的建设是一项重大的历史性战略工程。作为“千年大计、国之大事”，雄安新区高点定位、高起点布局，是党中央顶层设计理念的直接体现。

（一）雄安新区的目标定位

2018 年 4 月发布的《纲要》旗帜鲜明地指出“雄安新区作为北京非首都功能疏解的集中承载地，要建设成为高水平社会主义现代化城市、京津冀世界级城市群的重要一极、现代化经济体系的新引擎、推动高质量发展的全国样板”，强调要将雄安新区打造为绿色生态宜居新城区、创新驱动发展引领区、协调发展示范区、开放发展先行区。目前，雄安新区建设在各方面均取得了显著进展，但离实现上述目标仍有较大差距。未来一段时期，雄安新区

仍要锚定既定目标，奋勇前行。

（二）雄安新区的空间骨架

雄安新区地处北京、天津、河北保定腹地，距北京、天津均为105公里，距石家庄155公里，大致位于北京、天津、石家庄三大城市的中心。在经济社会发展方面，京津冀呈现明显的三级结构，雄安新区作为新的空间支点，其经济发展水平弱于北京，但强于河北省其他地级市。雄安新区在京津冀协同发展中的空间支撑作用体现在以下三个方面：一是向北承接北京非首都功能；二是向东与天津滨海新区同频共振；三是向南引领冀中南地区发展。下面展开详细阐述。

1. 向北承接北京非首都功能

雄安新区是北京非首都功能疏解的集中承载地，与北京城市副中心形成北京发展新的两翼，共同承担起解决北京"大城市病"的历史重任。向北承接北京非首都功能是过去一个阶段雄安新区发展的主要动力源。在过去七年间，雄安新区积极推进疏解制度建设，出台疏解实施意见，围绕用地、住房、户籍、人才、教育、医疗卫生、社保、医保、金融、企业创新发展等十个方面制定配套实施方案，通过保障落实疏解转移人员的人才奖励、住房补贴、子女就学政策、社保政策等为新区发展积聚人气，以面向疏解企业的开办补贴、办公用房补贴、经营奖励、科研支持等引导产业集聚。截至2023年11月，雄安新区内共有中央企业设立的各类机构200余家，央企二、三级子公司34家，北京首批疏解高校4所，北京援建的幼儿园、小学、中学、医院业已陆续开学开诊。站在新的历史起点上，向北承接北京非首都功能仍将是雄安新区发展的动力源与主要任务，但在实践中要处理好雄安新区与北京主城区、雄安新区与北京城市副中心之间的关系。

一是要处理好雄安新区与北京主城区的关系。雄安新区是北京非首都功能疏解的集中承载地，是缓解北京交通拥堵、环境污染、住房紧张等"大城市病"的药方。从这一角度来说，雄安是北京的战略后方，但并不能仅仅将其视为北京的战略后方。"授人以鱼，不如授人以渔"。历史已经多次证明，一个地区靠单一地区单方面输血所维系的发展是难以为继的，只有通过前期扶持形成区域内生增长动力才能帮助区域摆脱"贫困陷阱"。因此，应努力将雄安新区打造为京津冀新的空间支点。当前，雄安新区已经进入集中承接北京非首都功能和大规模建设同步推进的新阶段。大规模的疏解与承接正式拉开序幕，从规模性质来看，随着基础设施建设与公共服务网络的逐步完善，未来的疏解将由现在的

分散性疏解变为集中性疏解；从疏散产业来看，未来高端高新产业和以学校、医院、文化事业单位为代表的优质公共文化服务机构也将逐渐开始疏解；从疏解形式来看，当前疏解单位多为事业单位与国有企业，未来非首都功能疏解需要由行政命令驱动转向市场主体自愿迁移。单纯以行政命令促进国有企业总部迁移是相对容易的，但是推动产业链在本地落地生根却绝非易事。要真正实现非首都功能疏解，从根上解决北京的“大城市病”，雄安新区必须在承接非首都功能之余培育自我造血机制，通过自身政策优势、基础设施实力、公共服务水平吸引市场主体自发选择，进而支持与反哺北京城市发展。

二是厘清雄安新区与北京城市副中心的关系。“城市副中心”这一概念由2012年6月北京市第十一次党代会首次提出，具体表述为“落实聚焦通州战略，分类推进重点新城建设，打造功能完备的城市副中心，尽快发挥新城对区域经济社会发展的带动作用”。回顾历次北京城市总体规划，发现通州在北京市城市规划中有着特殊定位。1983年《北京城市建设总体规划方案》提出“积极发展远郊，着重发展卫星城镇”，彼时重点规划的卫星城主要是黄村、昌平、通县和燕山。1993年公开的《北京城市总体规划（1991—2010年）》强调“城市建设重点要逐步从市区向远郊区作战略转移”，并指出“东部和南部是北京未来发展重点”，将通州镇、亦庄和黄村列为全市重点发展的卫星城。步入21世纪，北京城市规划提出构建“两轴—两带—多中心”的城市空间新格局，主张突出发展通州、顺义和亦庄三大“承接中心城人口、职能疏解和新的产业集聚的主要地区”。2005年，国务院批复的《北京城市总体规划（2004—2020年）》正式提出了新城发展战略，明确将通州定位为“北京未来发展的新城区和城市综合服务中心”。2014年习近平总书记视察北京时提出“结合功能疏解，集中力量打造城市副中心，做强新城核心产业功能区，做优新城公共服务中心区，构建功能清晰、分工合理、主副结合的格局”。2017年，北京城市空间结构调整为“一核一主一副、两轴多点一区”，提出“有序推进城市副中心规划建设，带动中心城区功能和人口疏解”，强调打造“国际一流的和谐宜居之都示范区、新型城镇”。

通过以上分析，可以发现通州的定位随着经济社会的发展与北京的城市发展不断调整，从最开始的远郊区县变为卫星城，再转型为重点新城，最后确定为城市副中心，其渐进发展脉络清晰明了。因而，尽管北京城市副中心与河北雄安新区二者提出时间相对接近、主要功能定位看似重合，但二者仍存在巨大的错位发展空间。从发展基础来看，北京城市副中心规划建设时间较长、发展基础相对较好，其发展以原有城镇上的城市更新为主。雄安新区下辖各县发展基础薄弱，属于“一张白纸好作画”，可以视作城市蔓延的新模

式。从转移单位来看，北京城市副中心的首要功能是承接北京市政府及市属行政单位的转移，此外还是宋庄文化创意产业集聚区与北京环球主题公园及度假区的承载地。尽管也有公共服务文化机构向雄安新区疏解，但这种疏解更多地属于偏向“文化扶贫”性质的扶持，雄安新区更多地还是制造业与服务业等产业的转移承载地。从功能定位来看，北京城市副中心源起于北京建设“副中心”以应对“大城市病”的努力，是对首尔、东京、巴黎和伦敦等超大城市和综合性首都发展经验的借鉴，更多地从北京自身发展的特殊性出发解决北京自身的问题。雄安新区是顶层设计的直接产物，其不仅要解决北京乃至京津冀地区发展的问题，更是新发展阶段对区域发展新模式的探索，旨在以空间供给侧结构性改革解决发展中出现的普遍问题，为经济社会发展提供可复制的新的解决方案。综上所述，雄安新区与北京城市副中心并不存在“重复建设”的问题，二者是齐头并进、错位发展的关系，共同服务于疏解北京非首都功能。

2. 向东与天津滨海新区同频共振

天津滨海新区的发展可大致分为三个阶段：第一阶段是草创期（1984—1994 年）。从天津经济技术开发区到天津保税港，天津滨海新区雏形初现，却在曲折探索中寻找经济发展之路。第二阶段是开拓期（1994—2005 年）。滨海新区屹立在时代发展的潮头之上，带动天津乃至整个北方产业结构、业态布局与发展动能变化，初步形成以外向型经济为引领的经济结构。第三阶段是蓬勃发展期（2005 年之后）。2005 年，滨海新区被写入“十一五”规划，正式成为国家区域经济整体布局的重要组成部分；2009 年天津滨海新区得到中央批复，标志着滨海新区发展进入全新的历史方位；2015 年天津自由贸易试验区正式挂牌成立，滨海新区再次成为开放高地。滨海新区的地理条件与雄安新区存在较大差异。滨海新区位于天津市东部，背靠三北（东北、华北、西北）腹地，面朝渤海湾，远眺太平洋，其所辖的天津港是我国北方第一大港，航运条件优良，是典型的沿海地区，而从亚洲范围看，滨海新区处于东北亚的中心位置，毗邻日本、韩国、朝鲜，具有良好的对外开放优势。雄安新区位于河北省内陆地区，其规划范围内的白洋淀水域并不具备航运条件，经济社会发展是典型的内陆地区模式。二者在投资条件上亦大有不同：天津滨海新区是北方外商投资的集聚区，而雄安新区当前社会化融资渠道尚不健全。

雄安新区与滨海新区是经济社会发展不同阶段解决不同发展问题的产物，其发展条件存在很大差异，但二者也存在诸多共同点：一是二者都是改革开放浪潮中先行先试的弄潮儿，滨海新区集经济技术开发区、高新技术产业园区、出口加工区和保税区于一体，是 21 世纪北方经济逐渐式微的情形下激发

经济发展活力的创新举措，后续更是成为国家综合配套改革试验区、自由贸易试验区与国家自主创新示范区，是北方经济发展的新蓝图。雄安新区则立足于国内外条件大变迁的时代背景，争当全面深化改革的新地标。二是两个新区都是京津冀协同发展新的空间动力源。习近平总书记在考察滨海新区时指出“要志在万里，努力打造世界一流的智慧港口、绿色港口，更好服务京津冀协同发展和共建‘一带一路’”。滨海新区作为天津经济发展的领头羊，坚持以智能制造、高端装备制造引领转型升级和动能转换，为京津冀协同发展提供新动力源。雄安新区以承接北京非首都功能为出发点，矢志打造京津冀区域协同发展的新动力。三是二者发展产业相近。天津滨海新区依托滨海—中关村科技园、中欧先进制造产业园、未来科技城京津合作示范区、北方航空物流基地、南港化工新材料基地等五大重点载体平台，聚焦生物医药、新能源、新材料、海洋经济等新经济、新业态，围绕智能科技、信创产业、新能源、新材料、生物医药、海洋经济等战略性新兴产业集群打造产业集聚高地，发展以智能科技产业为引领、以先进制造业为核心、以高端服务业为支撑的现代化产业体系。雄安新区坚持以科技创新为核心，吸纳国内外创新要素，在引导传统产业改造升级的同时着力发展新一代信息技术产业、现代生命科学和生物技术产业、新材料产业、高端现代服务业与绿色生态农业。四是二者发展环境相近。滨海新区距北京约两小时车程，与雄安新区至北京的时间大体相同。二者均处于北京这一超大城市的集聚阴影之下，单独一方的发展都难以同北京相提并论。在此情形下，若要充分发挥雄安新区的影响力与带动作用，则可以尝试向东延展同天津滨海新区同频共振。

雄安新区与滨海新区同频共振是一个帕累托改进方案。对于滨海新区而言，雄安新区可以弥补其体量规模不足、产业韧性不强、企业能级不高的短板。雄安新区同样聚焦新能源汽车、生物医药、航天航空等战略性新兴产业，二者合作能够推动共建产业链群与完善补充产业图谱，增强区域发展的内生动力。对于雄安新区而言，滨海新区是一同推动京津冀世界级城市群崛起的伙伴，二者之间多领域、多层次的合作可以优化协同发展机制，打造区域合作新样板。滨海新区的主导产业与雄安新区有所重叠，区域间的有序竞争能够促进产业的发展，同时，异地的产业合作也可以形成集聚优势。此外，滨海新区相比雄安新区开发程度更高，可以通过主动对接、深度融合等方式助推雄安新区开发建设。

3. 向南引领冀中南地区发展

雄安新区的设立对河北省、京津冀地区、北方地区乃至全国发展都具有重要影响。冀中南地区作为雄安新区的腹地，是雄安新区影响力的天然受众，

因此雄安新区的空间溢出效应必然呈现出向南引领冀中南地区发展的趋势。

河北省的行政区划整体上呈“空心拳头”状，冀中南地区作为河北省的主体部分，地势平坦、人口众多，其传统的发展思路是打造以“微中心”为主体的城市结构。理论上，“微中心”可追溯到德国著名经济学家克里斯塔勒提出的中心地理论。中心地理论认为城市会依照交通原则、市场原则与行政原则形成不同等级的序列，微中心是中心地等级体系的底层，其蓬勃发展是中心地等级完善的具象支撑。在实践中，冀中南地区构建微中心的实践方向主要有三点：一是“藁晋无”区域内的微中心空间布局，也即藁城区、晋州市、无极县三者相整合，通过区域内合作与分工，整合区域内乡镇中心地与县级中心地，为县级行政腹地边缘发展提供动力。二是以黑城乡与鸭鸽营乡为中心的“六点”微中心，通过地理邻近性整合连接周边县级中心地与城市链，实现区域协同。三是“平灵组团”“两心＋七微”的微中心空间布局。“平灵组团”即“平山县＋灵寿县”组团；“两心”即灵寿县主城区和平山县主城区；“七微”即南甸镇、西柏坡镇、小觉镇、蛟潭庄镇、陈庄镇、南燕川乡、青铜镇等，其思路是在县级腹地内构建微中心，促进微中心发展为副中心，从而实现区域发展。

不难看出，冀中南地区长期以来存在“小马拉大车”的问题，缺乏强力增长极的引领，导致其发展局限于县域层面，难以实现整体发展的跃迁。作为京津冀内部一个巨大的经济低谷，冀中南地区地域面积是北京的 5.5 倍，但人均地区生产总值不及北京的一半，这一环京津贫困带的存在呼唤河北地区出现一个新的增长极。雄安新区是京津冀内部新的空间支点，天然承担着向南引领冀中南地区高质量发展的使命。

依据新经济地理学的观点，集聚是城市发展的基本条件之一，各类生产要素的集聚是城市形成的具象呈现，而集聚往往是特定外部推动力突发产生的结果。依照藤田昌久（M. Fujita）的观点，集聚的发生建立在突破阈值的基础上，也即区域内主体的规模（禀赋）需要突破一定临界点，才能进入自我积累与强化阶段，并最终形成核心—外围结构，也即形成一个相对稳定的均衡。雄安新区作为一座顶层设计、建设推动的大国新城，其所受的外部推动力是独一无二的，其要素集聚的速度也是前所未有的。雄安新区完成初步集聚后，冀中南地区将受益于其溢出效应。值得注意的是，雄安新区对于冀中南地区而言是北京与天津之外一个新的“磁力中心”，其发展所产生的吸引力显著高于冀中南地区，将改变地区内原有的要素流动方向，这也将为冀中南地区发展带来新的隐患。对于雄安新区而言，其向南发展，不能简单地参考过往部分大城市建设的经验，不能一味向其余地区攫取，而要探索建立可

持续的发展模式。

（三）新征程雄安新区发展的重点任务

雄安新区应坚持在承接中促提升、在改革发展中谋创新，把握有序疏解非首都功能进入集中疏解新阶段的历史机遇，探索全新的管理体制，打造“雄安质量”标准体系，总结可以在全国范围推广的建设经验。站在全新的历史节点，雄安新区发展面临着以下几个重点任务。

1. 推动新区向城市管理体制过渡

依照行政管理体系类型，国家级新区可分为政府型、管委会型与政区一体型三类（见表 10－1）。第一类是以上海浦东新区与天津滨海新区为代表的政府型新区，其管理机构为设区党委、人民政府、人大与政协的一级行政区。这两个新区成立最早、发展最成熟，在经历了“领导小组（开发办公室）—管委会体制”后，其城市面积、管辖人口不断增加，迫切需要进一步承担城市建设、社会管理与服务职能，故中央政府批准成立新区政府。第二类是管委会型，当前绝大多数新区都为管委会型。其管理机构为地方政府的派出机构，也即管委会。管委会代表上级政府行使区内开发建设管理权限，兼顾新区规划实施、经济发展与社会建设等多方面。第三类介于上述二者之间，为政区一体型，典型代表是浙江舟山群岛新区、广东南沙新区与山东青岛西海岸新区，三者的典型特征是规划区范围与现有行政区划相重合，因此新区管委会与地方政府为“一套人马、两块牌子”。具体而言，浙江舟山群岛新区与舟山市行政辖区重合，故管委会与舟山市政府在人员架构与设置上相同；广东广州南沙新区与山东青岛西海岸新区的规划范围分别同广州市南沙区与青岛市黄岛区行政辖区重合，其对应管委会同相应区政府合署办公。

表 10－1　国家级新区行政管理体系类型

新区名称	获批时间	主体城市	类型
上海浦东新区	1992 年 10 月	上海	政府型
天津滨海新区	2006 年 5 月	天津	政府型
重庆两江新区	2010 年 5 月	重庆	管委会型
浙江舟山群岛新区	2011 年 6 月	舟山	政区一体型
甘肃兰州新区	2012 年 8 月	兰州	管委会型
广东广州南沙新区	2012 年 9 月	广州	政区一体型
陕西西咸新区	2014 年 1 月	西安、咸阳	管委会型

续表

新区名称	获批时间	主体城市	类型
贵州贵安新区	2014 年 1 月	贵阳、安顺	管委会型
青岛西海岸新区	2014 年 6 月	青岛	政区一体型
大连金普新区	2014 年 6 月	大连	管委会型
四川天府新区	2014 年 10 月	成都、眉山	管委会型
湖南湘江新区	2015 年 4 月	长沙	管委会型
南京江北新区	2015 年 6 月	南京	管委会型
福州新区	2015 年 8 月	福州	管委会型
云南滇中新区	2015 年 9 月	昆明	管委会型
哈尔滨新区	2015 年 12 月	哈尔滨	管委会型
长春新区	2016 年 2 月	长春	管委会型
江西赣江新区	2016 年 6 月	南昌、九江	管委会型
河北雄安新区	2017 年 4 月	保定	管委会型

资料来源：根据相关资料整理得到。

管委会治理模式是政府主导开发区的主要手段，这种治理模式下的开发区本质上是一种结构简化、只有部分行政权的“准行政功能区”，主要目的可以总结为“一心一意谋发展、聚精会神搞建设”（即聚焦于经济发展相关事务，提升开发区整体运行效率）。管委会的主要手段为“纵向协调”与“集中管理”。前者基于管委会为上级政府派出机构的特定事实，其较之人民政府体制更容易协调上级行政区的相关资源，统筹相关部门工作，形成最大合力。后者强调管委会在经济、行政管理等方面的相对独立性，通过管委会行政权限的特殊性集中力量攻克特定领域难题。

当前，河北雄安新区采取的仍是管委会型的行政体系架构。不可否认，管委会治理模式较之人民政府体制存在其独特优势：一是管委会的结构更为灵活，能够快速适应市场变化和新兴产业的发展，在决策和执行过程中能够快速调整策略；二是管委会通常由特定领域的专业人士组成，在对应领域的项目管理上更具优势；三是管委会的目标更为单一，能够提供更具试验性、领域性的政策与环境，促进目标领域的快速发展。这有助于雄安新区的发展，但雄安新区的目的在于打造“推动高质量发展的全国样板”，其建设经验是需要向全国范围推广的，倘若雄安新区一直保持管委会型特殊行政架构，则对于全国绝大多数地区而言其借鉴意义将会大大降低。

那么，当前阶段推进雄安新区行政体系架构转型操之过急吗？上海浦东

新区从管委会模式转向人民政府体制转型耗时7年（上海浦东新区管委会于1993年在浦东大道挂牌成立，而2000年浦东新区人民政府成立后浦东新区管委会不再行使其职能）。天津滨海新区则花费了约9年时间完成转型（2000年天津成立滨海新区工委和管委会，2009年国务院批复同意天津市行政区划调整，撤销天津市塘沽区、汉沽区、大港区，设立滨海新区，以原三个区的行政区域为滨海新区的行政区域）。从这一纵向对比来看，在雄安新区发展的第七个年头开展行政体系架构转型是瓜熟蒂落、水到渠成的事。从雄安新区自身的发展来看，雄安新区建设的工作重心已转向高质量建设、高水平管理、高质量疏解、高质量发展并举，面临的问题从起初的如何发展、如何建设转向如何发展好、如何建设好，城市建设、社会管理、服务职能与法律保障正逐步提上建设日程。由管委会向人民政府转型，可以强化自身的权威性和法律地位，提升区域内部资源整合与协调能力，综合考量社会管理与经济发展，保障区域全面可持续发展。因此，雄安新区推行城市管理机制改革，既是其发展阶段的紧迫需要，也是国家级新区发展规律的客观要求，更是自身使命的具象呈现。雄安新区应以《河北雄安新区条例》实施为契机，积极推动新区向城市管理体制过渡，参照行使设区市政府行政管理职权，行使国家和省赋予的省级经济社会管理权限，成立人大政协工作联络机构，厘清部门职责边界，明确对口联系省直部门，建立与县直部门工作指导和对接机制，积极划转保定市代管事项，指导三县印发部门权责清单，实现“雄安事，雄安办”，让企业、群众少跑路。

2. 规划全域化，统筹发展齐头并进

现有19个国家级新区中，河北雄安新区的起步区面积仅100平方公里，尚不足倒数第二的江西赣江新区面积的四分之一（见表7-3），而其远期规划面积却超2 000平方公里，居所有新区（不含海域）规划面积前列。因此，如何由100平方公里延展至2 000平方公里，是雄安新区未来建设与发展过程中必须解决的关键问题。

过去七年的建设中，地处容城、安新两县交界处的起步区已取得显著成效，前文已进行了详细介绍，此处不再赘述。主城区之外，“五辅”（即雄县、容城、安新县城及寨里、昝岗）与多节点（即若干特色小城镇和美丽乡村）则在一定程度上被忽视，主要是受新冠疫情冲击，此外也是前期建设重心过度倾向起步区的体现。以雄安新区展览馆为例，其内容高度聚焦于起步区和白洋淀地区，对外围城镇的描述几近于无。起步区作为一张白纸，与外围城镇相比较，发展基础最为薄弱，但承担的任务却最为繁重，需要在建设发展中有所侧重，但过度忽视外围城镇发展也会造成“环起步区贫困带”的形成。

因此，新征程雄安新区实现高质量发展的重点任务之一，就是实现规划全域化，统筹全区域发展齐头并进。这需要明确以雄县、容城和安新为代表的典型区域在雄安新区中的定位。就目前来看，综合考虑生态环境与经济发展因素，周边县城更应倾向于成为起步区的协作者而非跟随者。鉴于雄安新区的发展阶段，当前的协作可以体现在以下三个方面：一是生态保护。在起步区与周边县城建立层级相近、架构相似的区域性生态治理机构，执行统一的生态保护标准与污染治理政策，形成环境监测数据、治理经验与技术资源的地区性共享平台，进而实现大范围的生态系统保护。二是公共服务。起步区目前已经承接了部分文化公共服务机构，同时北京援建的医院、学校等也已经逐步投入使用，而周边县城则较少受益，因而下一阶段要注重周边县城在公共服务层面的协同，可先从公共设施的共享着手，建立周边县城居民跨区就学就医机制，进一步实现学校、医院等公共设施的点对点支援建设。三是文化交流。雄安新区作为实现中国式现代化的重要区域，承担着传承弘扬中华优秀传统文化、挖掘展示地方特色文化的历史使命。从无到有的起步区在文化领域的发展更倚重图书馆、博物馆、文化中心与艺术展览馆等现代化文化设施的建设。周边县城虽小，但其历史底蕴却十分雄厚。以雄县和容城为例，雄县设县史可上溯至汉代（汉置易县，属涿郡），五代十国时期周世祖收复瓦桥关置雄州，"雄"之名由此而来，明太祖洪武七年（1374 年）雄州改名为雄县，该名遂沿用至今。容城自秦置县，唐圣历二年（699 年）因抵御契丹入侵改名全忠县，唐天宝元年（742 年）改名为容城县，辖区内含上坡遗址、晾马台遗址、南阳遗址、北庄遗址与黑龙口燕长城等历史遗迹，并有明月禅寺、玉井甘泉和白塔鸦鸣等名胜古迹。因而周边县城的文化发展将更侧重于对现有历史文化的传承与发扬。起步区与周边县城在文化交流上的协作，是新与旧的协作、现代与传统的协作、发扬与传承的协作。

3. 推动发展由行政驱动转向市场驱动

雄安新区目前蓬勃发展的动力很大程度上来自行政强制命令的驱动，不论是央企的转移还是首都高校的搬迁，都是政府行政命令的结果，而非市场主体自主决策的结果。新发展阶段，雄安新区要着力推动自身发展由政府主导向市场驱动转变。

当前各类主体对搬迁至雄安新区心存抗拒的原因各有不同，大致可总结为两种：一是雄安新区与北京之间落差较大。北京是中国的首都，是全国政治中心、文化中心、国际交往中心、科技创新中心，在营商环境、发展条件与政策支持等方面均具有独特优势，雄安新区作为平地而起的新城，基础薄弱，各大央企、学校在转移时难免存在恐难畏难心理。因此，推动雄安新区

发展由行政驱动转向市场驱动，首先就要寻找雄安新区自身发展的独特优势。建设雄安新区不是打造第二个北京，雄安新区的优势是其从头规划所带来的巨大发展空间、京津冀中心地理位置带来的广阔协同发展空间和大量支持可持续发展的现代基础设施。二是对雄安新区高定位下改革目标不确定。雄安新区是顶层设计引领的大国新城，不同于其他国家级新区，其肩负着打造高质量发展新样板的历史责任，这也导致部分市场主体对雄安新区的未来缺乏明确信息与准确认识，进而对迁入雄安新区产生天然的抗拒心理。事实上，这种抗拒心理在国家发展史上并非第一次出现。改革开放初期，众多市场主体担忧国家发展道路，甚至引起了多次国家范围内所谓“姓资”“姓社”的大讨论，直到邓小平在南方谈话中做出了“计划多一点还是市场多一点，不是社会主义与资本主义的本质区别。……社会主义的本质，是解放生产力，发展生产力，消灭剥削，消除两极分化，最终达到共同富裕”的论述，指出“不管黑猫白猫，捉到老鼠就是好猫”，为当时中国的发展指明了道路，也为众多市场主体喂下了定心丸。因而，推动雄安新区发展由行政驱动转向市场驱动，需要国家领导层以高瞻远瞩的眼光、排除万难的气魄给出雄安新区发展的目标，消除市场主体的犹疑心理。当然，目前的中国已经不需要以往昔的手段来提升市场主体信心，可以通过完善市场机制、强化法治环境、推动公私（PPP）合作模式等多种手段来侧面展现综合改革目标。

4. 明晰数字雄安建设方向

进入新发展阶段，国家发展动能转换适逢世界进入数字化时代，推动我国数字经济健康发展成为把握科技革命和产业变革新机遇的战略决策。数字经济推动区域发展的内在逻辑是质量变革、效率变革与动力变革。质量变革方面，数字经济以数字技术为核心，以先进技术助力地区提升产品与服务质量。对于雄安新区而言，数字经济是其加速传统产业转型升级，以数字化技术提高产品质量，并最终实现高质量发展的关键支撑。此外，数字经济还能够优化生产要素配置，以数据要素提供的规模经济和范围经济效应纾解新区优质资源投入不足的问题。

效率变革方面，数字经济既可以同实体经济相融合，推进产业数字化、自动化和智能化，也可以以模糊地理边界的形式进一步突破地理限制。目前，雄安新区发展的一大困扰在于各类市场主体不愿意由北京迁至雄安新区，数字经济的存在可以让部分市场主体以远程医疗、在线教育等形式实现资源共享，进而吸引市场主体进行迁移，提升地区生产效率。

动力变革方面，作为新型生产要素，数据可以重塑要素组合、优化要素结构、平衡要素分配，快速推动地区现代化与经济社会发展。与北京、天津

相比较，雄安新区的劳动力与资本要素并不充裕，数字经济可以为建设高质量、高效率的现代化经济体系提供新动力。

综上所述，发展数字经济、建设数字雄安是新征程上雄安新区实现高质量发展的重点任务，其关键在于以数字技术改造传统模式、缩小地区数字经济差距。下一阶段，数字雄安建设的重点在于以下几个方面：一是加快数字基础设施建设。数字经济发展需要先进完善的数字经济基础设施作为支撑。当前，雄安新区数字基础设施建设已颇见成效，但在智能网联化城市道路、标准化智能数字路口与数字城市管廊等方面仍有改善余地。二是加强数字素质培养。数字基础素质与能力是数字经济运行的重要驱动力，雄安新区应以社区教育、文化宣传等多种形式提升居民数字文化素养与技能水平，防止数字鸿沟的形成。三是推进数字乡村建设。雄安新区规划范围内多属农村，而从京津冀整体来看，雄安新区城镇化进程缓慢，让村民摆脱手机只是看新闻、打游戏的工具的固有逻辑思维是下一步雄安新区发展数字经济的关键。当前，数字经济突出表现为城市依附性行业，雄安新区提升农村数字经济需求、改善农村数字经济环境、释放农村数字经济潜力的尝试也将成为全国样板。

5. 把握自身发展阶段，保持战略定力与初心使命

以历史的眼光来看，七年在雄安新区千年大计的历史长河中只是沧海一粟，当前必须清晰地认识到雄安新区仍然处在打地基、强基础的阶段，要保持高度的战略定力，把握雄安新区自身的发展阶段。

首先，坚持初心和使命。依照习近平总书记 2016 年在中央政治局会议上的讲话精神，“雄安新区是党中央批准的首都功能拓展区”。雄安新区自设立之日起，就肩负着承接北京疏解的行政事业单位、央企总部、高等院校与科研院所的责任与义务，这是雄安新区发展的基点。展望新征程，雄安新区的发展仍要坚持初心与使命，锚定集中承接北京非首都功能、解决北京的“大城市病”，推动落实京津冀协同发展，避免陷入建设一个单纯经济意义上新区新城的陷阱。

其次，准确把握自身发展阶段。雄安新区的建设是“千年大计、国之大事”，需要参与者、建设者们坚持以“功成不必在我”的精神境界与“功成必定有我”的历史担当稳步推进。新征程上，雄安新区不仅仅是一个区域性的新城市，还是一个新的空间动力源，更是国家改革开放的重要组成部分，需要综合考量内外环境审慎发展。

最后，加强社会舆论引导与宣传工作。自凯恩斯将预期纳入经济学框架后，预期已然成为行为经济学等现代经济理论的基础性支柱。作为连接经济学宏微观研究的重要纽带，预期所反馈的是普罗大众对未来经济走势的理解

与判断。这一判断尽管往往并不准确，却能够通过影响个体消费投资决策来影响宏观经济运行。恰当的预期管理能够助力经济运行，而错误预期的形成则将迟滞社会发展。当前，社会上对雄安新区的一大错误预期在于希望雄安新区同深圳经济特区、上海浦东新区一样，在短时间内完成要素集聚，创造新的中国发展奇迹，预期与现实的错位更一度引发了“雄安新区建设是否雷声大雨点小”的质疑。这一预期的初衷自然是好的，却忽略了时代的变迁与发展阶段的演进。在逆全球化逐渐盛行、全球经济运行受到巨大冲击的当下，雄安新区固然不再面对一穷二白的局面，却需要在民粹主义与经济下行周期的夹缝中求发展。因而，下一阶段雄安新区建设应当加强社会舆论引导与宣传工作，强调雄安新区与深圳经济特区、上海浦东新区的并列仅在于均为改革开放阶段的标志性地标，雄安新区并非对前述两个新区建设奇迹的简单复刻，对于雄安新区的宣传重点不应仅仅局限于高定位、高标准，更要强调其建设的复杂性、全面性与综合性。

二、政策创新赋能雄安新区发展

雄安新区的“新”在于发展战略上的推陈出新。坚持大胆探索、先行先试是雄安新区发展的基本原则之一。未来雄安新区应尝试解决全国其他地方久攻不破或没有实质性突破的问题，创造新征程上的“雄安模式”。本节从社会较为关切、社会影响较大的土地政策、人口政策与财政政策三方面展开论述。

（一）探索土地政策新模式

土地作为一个极具中国特色的政策工具，是我国区域发展战略的重要抓手、地方经济发展的重要支撑与产业发展的重要保障，但土地工具的过度运用也为经济高质量发展带来了一些问题，如地方债务规模过大、房价过高等。雄安新区不能也不会再走土地财政的老路，将在推进土地管理制度改革方面，探索出让、划拨、作价出资（或入股）、租赁或先租后让、租让结合的多元化土地供应模式，建立土地政策新模式，形成长期稳定的土地财政收益。

1. 土地工具的得与失

土地是农业经济发展的基础，是一切生产和存在的源泉。在改革开放的浪潮中，土地要素因其制度的特殊性而成为极具中国特色的空间政策工具、

财政政策工具与产业政策工具。土地要素作为空间政策工具的基础在于土地制度赋予了政府调控地方供地数量的能力。通过在东中西三大地带、大中小城市、各类特殊类型区域倾斜土地供应政策，政府能够有效平衡区域间的发展。

土地财政是土地要素作为财政政策工具的最典型形态。土地财政的形式通常有两种：一是地方政府在农村集体土地转为城镇用地过程中通过“低买高卖”的形式获得大量土地出让收入；二是将储备土地作为抵押品在金融市场上进行融资（亦称作“以地融资”）。作为财政政策工具的土地也是助力经济发展的重要力量。一方面，以土地作为财政工具可以为地方发展提供资金支持，而地方发展也将反过来推升地价，形成“以地生财，以财养地”的中国特色城市建设投融资模式；另一方面，土地财政增强了地方政府加强基础设施建设与营造招商引资环境的能力，能够有效推动区域发展。

土地要素也常常是产业政策的重要工具。制造业需要大量工业用地的特征使得政府可以通过调整工业用地数量引导产业转移。同时，在区域经济学传统理论中，土地价格是企业选址时首先考虑的成本要素，在企业投资时常有土地引资的说法，而土地价格的抬升也有助于倒逼产业转型升级。

土地是改革开放四十余年来支撑我国产业发展、基础设施建设与城镇化支出的关键力量。但在长期的发展过程中，土地工具也带来了诸多不利影响。第一，土地工具的实施效果与土地价格息息相关，土地总量的控制和供给方垄断、需求端竞争的土地市场结构给了政府推高土地价格的能力，而价格的上涨必然会被转嫁给弹性更小的土地需求方，直接导致企业运营成本的上升与房地产价格的居高不下，在加大民众消费压力的同时加剧收入不平等。第二，对土地财政的过度依赖带来了地方政府债务危机。基于官员晋升锦标赛机制，地方官员倾向于在自己任期内大举发债集资以实现短期内的经济增长。大量的债务挤出了制造业的投资，并逐步向企业和居民部门传导，提高了经济运行的系统性风险。第三，土地工具的滥用导致了资源配置不当。地方政府的土地引资策略往往伴随着土地利用率不高的弊病，同时低价出让工业用地也扭曲了企业的运营成本，最终导致产业失衡。

2. 雄安新区土地政策的实践方向

“前车之覆，后车之鉴。”现有的土地政策在取得巨大成效的同时也带来了诸多问题，有些问题甚至是妨碍实现经济高质量发展的病症所在。雄安新区作为推动高质量发展的全国样板，不能也不会再次走上滥用土地工具的老路。面向全面建设社会主义现代化国家，雄安新区的土地政策应注重以下几个方面：

第一，重视土地工具在经济发展中的特殊作用。经济学家早已认识到土地在生产中的重要作用。马歇尔在其著作《经济学原理》中将土地作为生产的四个要素之一，而区位论更是将土地作为实现区域分工的关键。作为一个高效率、低成本的政策工具，土地在过去四十余年改革与发展中发挥了关键作用。因而首先要明确，探索土地政策新模式并不意味着对土地工具弃之不用，而是要更科学、更高效地利用。

第二，完善土地政策工具的使用机制。土地工具引发的问题有很多，但归根结底大多数来源于对土地政策的过分使用与过分依赖，故而要制定更有效的土地利用机制，合理管控雄安新区土地出让和土地抵押行为。

第三，关注土地及其衍生品价格。土地价格过高及其衍生出的房价过高是经济运行系统性风险的重要来源，土地价格的失衡将扰乱市场主体的正常经营、削弱经济运行的长期动力。《纲要》旗帜鲜明地指出“坚持房子是用来住的、不是用来炒的”，这就需要雄安新区积极改革创新住房制度及其背后的土地制度，尝试建立多主体供给、多渠道保障、租购并举的住房制度与出让、划拨、租赁并存的土地供给制度。

（二）引领人口发展新方向

2022 年，中国人口发展进入了增长率由正转负的历史性节点。雄安新区在建设过程中应将人口因素考虑在内，为人口集聚提供完善的制度支撑。一是要着力发展老龄化人口的保障体系，探索居家养老、机构养老、社区养老等因人而异的多种养老模式；二是尝试建立生育、养育、教育全链条引导的政策激励机制；三是创新人才入口，积极探索制定有利于激发新区创新活力的人事、薪酬、住房、税收、养老等政策。

1. 积极面对人口发展新常态

第七次全国人口普查全面揭示了我国人口方面存在生育率低、老龄化严重两大特征，这表明我国人口发展正式走向负增长。人口负增长是人口发展的客观规律。我国人口内生性负增长的趋势早在 20 世纪 90 年代便初见端倪，随着计划生育政策的严格实施与经济社会的高速发展，我国总和生育率长期维持在较低水平，而一个国家只要总和生育率长期维持于更替水平之下，或早或晚就会进入人口负增长阶段。可以说，本次人口负增长是 30 多年来负增长惯性酝酿下的“水到渠成”。但是也存在一些出人意料的情况：一是由正转负的转折速度快。出生人口在 2017—2022 年间出现了腰斩，比其余国家迅速得多。二是出门即低点。与我国人口负增长相伴随的是极低的总和生育率

（仅 1.08），与此形成鲜明对比的是，俄罗斯进入人口负增长阶段时总和生育率为 1.40，日本为 1.39，意大利则为 1.37。三是未发达先转负。世界上绝大多数人口负增长国家都是发达国家，而我国在城镇化率与人均国内生产总值上均同发达国家存在较大差距。

雄安新区第七次人口普查数据显示，2020 年，雄安新区常住人口为 1 205 440 人，雄县常住人口为 478 553 人，容城县常住人口为 273 164 人，安新县常住人口为 453 723 人。得益于承接北京非首都功能疏解，雄安新区在短期内不会面对人口负增长的情况。但是，要意识到人口机械迁移之下内生增长动力可能逐步衰减，把握人口负增长新常态"持续时间长、发展速度快、缩减规模大、回弹难度大"的特征，洞悉传统人口红利难以维持的现实。据测算，依照现有人口增长规律，约 20 年后人口负增长的速度与水平都将快速提高，雄安新区要抓住这一宝贵的缓冲期与反应期，积极面对人口发展新常态，探索建立相应的政策体系与保障制度，努力减轻人口负增长带来的负面影响。

2. 强化社会保障体系

人口发展新常态的突出表现是人口负增长与老龄化社会交叠。妥善实现"老有所终"是雄安新区面临的历史性命题。当前我国的社会保障体系的突出问题主要有以下两点：一是社会保险制度"碎片化"。基本养老保险制度在不同区域间差异极大，且城乡间养老保险待遇存在巨大落差。二是基础养老设施缺位。商业化养老机构数量较少，且大多仅仅是照搬西方模式对老年人进行统一安置，并未考虑中国国情与传统文化的特殊性，与现实需求相脱节。有鉴于此，雄安新区应积极探索城乡统一的养老保险体系，将生态保护与养老设施建设相结合、将传统文化传承与养老文化相结合、将新城建设与社区养老相结合，推动老龄工作向主动应对转变、向统筹协调转变、向加强全生命周期养老准备转变、向同时注重老年人物质文化需求和全面提升老年人生活质量转变。通过居家养老、机构养老、社区养老等因人而异的多种模式充分响应广大人民群众的诉求。

3. 优化生育支持政策

区域人口的变动是机械迁移与自然增长两种力量共同作用的结果。尽管机械迁移可以在一定程度上抵消自然增长率的下降，但我国人口规模巨大的现实国情决定了机械迁移是难以为继的。对于我国来说，提高生育率水平才是应对人口负增长最直接、最有效、最可行的策略。

当前，雄安新区尚可以依靠机械迁移维持人口增长，但随着国家总人口的不断减少，这一做法将难以为继，最终还是要回到鼓励生育、优化生育支持政策上来。生育率的低迷并不是计划生育政策单方面作用的结果，它同经

济高速发展带来的家庭经济负担增大、性别不平等加剧、社会文化氛围趋紧密切相关。因此，雄安新区应从以下三个方面对症施策，优化生育支持政策：第一，全面降低家庭养育成本，在就业、税收、医疗、就学等领域提供支持，通过加大公共投资力度减轻家庭压力；第二，完善性别平等制度，女性在求职时常因性别而受到用人单位的不公正对待，更是面临着“升职”与“生育”的两难决策，因而要努力消除性别不平等，积极落实男性陪产假和育儿假，建立多层级的托育体系；第三，营造生育友好型社会，降低社会内卷风气、落实教育部“双减”政策、提高职业声望，通过提升社会整体包容度来切实降低生育成本。

4. 激发人口质量潜力

正如李强总理在答中外记者问时强调的，“可以说，我们的‘人口红利’没有消失，‘人才红利’正在形成，发展动力依旧强劲”。人口数量与人口质量共同决定了人力资源总量，在人口负增长的新常态下，激发人口质量潜力，以“质变”应对“量变”，成为维系人力资源总量的关键。

雄安新区发展要从注重人口数量优势转向注重人口质量优势。一是要在区内率先推行弹性退休制度，释放长寿时代的新红利。雄安新区承接了众多来自北京的高技能人才与专业技术工作者。高技能人才受教育时间往往较长，进入劳动力市场相对较晚，而专业技术工作者则可以为行业发展提供宝贵经验。因而，可以在尊重劳动者个人意愿的基础上，适当延长高技能人才与专业技术工作者的工作年限，为新区发展注入动力。二是在区内积极推进教育改革，提高区域受教育水平。目前我国实施的是9年义务教育制度，雄安新区可尝试在此基础上将义务教育年限延长至12年，探索“9＋3”的义务教育模式，即在原9年义务教育的基础上，再增加3年的高中或职校学习要求，在防止产生童工的同时提高人均受教育水平。此外，雄安新区还应尝试推进以职业培训、技能培训为代表的全民教育。三是要加大公共卫生医疗投入，提升全民健康水平。当前众多城市正推进家庭医生“包干到户”的工作，但这一制度尚有待落实。雄安新区起步区设计时已经考虑了医疗卫生服务对于居民的可达性，存在社区医疗监测的基础，可以尝试建立家庭医生—社区诊所—大型医院的三级诊疗结构。

（三）开创财政发展新形态

雄安新区已进入大规模建设期，需要大量建设资金，而且需要在空间上和时间上统筹做出安排。这就需要在城投集团与中央财政支持之外另开新路，

发挥社会资本的作用。

1. 创新投融资模式

雄安新区的发展需要全社会形成最大合力，自然离不开金融业的支持。雄安新区投融资模式改革的目标在于建立长期稳定的资金准入机制，充分发挥社会资本的主观能动性，形成市场化、层次化、广覆盖和可持续的金融支持体系。构建这一金融支持体系可以从以下三个方面进行尝试：第一，积极运用 PPP 模式。不同于传统政府以行政管理手段提供公共服务，PPP 模式下政府以平等参与者的身份同社会资本一道参与公共服务与产品的生产与供给。雄安新区可以以雄安建设投资公司为主体，同市场化机构一道设立产业发展基金，构建协调机制，保障社会资本的合法权益与正常运行。第二，打造以 REITs 为代表的公租房运行模式。REITs，即房地产信托投资基金。当前我国公募 REITs 为契约制形式（也即基金委托投资），此模式可有效解决市场融资渠道受限、政府融资压力大、代理方资金管理缺乏内生驱动等难题。为充分发挥此模式的优势，雄安新区应在区内建立规范的二级市场，以流动性保障融资项目的健康长期运作；健全信息披露机制，融合政府监管与现代化信息技术，以完善的信息交流平台吸引社会资本参与投资。第三，尝试土地证券化、社会证券等融资新渠道。

2. 构建具有雄安特色的绿色金融体系

绿色发展是高质量发展的必然要求，是解决污染问题的根本之策。绿色金融作为金融发展与社会可持续发展的有机统一，其通过金融手段为社会提供多种绿色金融产品与金融服务，从而提高配置效率、优化配置方式，是绿色发展的重要支撑。

现阶段雄安新区绿色金融发展尚处于初期，面临政策导向不清晰、产品创新不足、机构数量不多、绿色发展理念不充分等诸多限制因素。下一阶段，雄安新区在构建具有雄安特色的绿色金融体系时应注重以下几点：

第一，加强绿色金融政策保障。绿色金融体系建设需要顶层设计、政策激励与市场监管三方面相结合，要从国家高度加强统筹谋划与保障体系建设，以相应法律法规支撑监管体系、统一监管标准。具体到新区层面，管委会应加快绿色 GDP 核算体系建设，为监管体系、交易市场建设提供数据支撑，寻找实践中法律尚不明确之处，为政策体系构建提供微观支撑。

第二，健全绿色金融市场体系。首先，扩大绿色金融市场主体，鼓励金融机构（尤其是疏解至雄安新区的金融机构）积极投身于雄安新区绿色金融市场建设，尤其是要引导保险、证券等非银行金融机构逐步开展绿色金融业务。其次，要完善新区绿色金融组织架构体系，强化绿色产业基金、绿色金

融信用担保服务、绿色金融中介服务等梯队建设，完善区域内金融市场。再次，鼓励参与机构创新绿色金融产品，发展如排污权抵押贷款、合同能源管理融资、效能融资等创新工具。最后，撬动绿色基础设施建设投资，可尝试建立新区绿色资本市场，鼓励绿色金融企业以多种方式融资并投资新区基础设施建设。

第三，吸收绿色金融国际经验。“他山之石，可以攻玉。”雄安新区可参考借鉴英美政府出资建立公有绿色银行的经验，建立新区绿色银行，为绿色项目提供资金支持，为绿色金融提供目标领航，为绿色建设提供前进方向。

第四，坚定绿色金融雄安特色。雄安新区矢志全面提升生态环境质量，建成新时代的生态文明典范城市，绿色金融也应坚持以此为目标，在现阶段优先着力推进白洋淀生态修复工程，打造绿色金融雄安模板。

三、城市治理保障雄安新区活力

雄安新区的“新”还在于城市治理上的焕然一新。展望“十四五”乃至更长时期，雄安新区需要完成向绿色低碳的生态城市、科技智能的智慧城市、人文宜居的现代城市的蝶变。

（一）建设绿色低碳的生态城市

绿色是雄安新区发展的主色调，雄安新区的城市建设与治理要充分体现生态文明建设要求，坚持生态优先、绿色发展，贯彻绿水青山就是金山银山的理念，在保留原有自然人文要素本底的基础上，搭建绿色交通网络，全面启动绿色新城建设系统工程。

1. 保留城市自然人文要素环境本底

白洋淀淀区面积达到336平方公里，有九河下梢之称，是华北地区最大的淡水湖湿地。目前，雄安新区尚存传统风貌肌理保留状况良好的传统聚落近20个，这些聚落多居于宽阔的堤堰上或淀中地势较高处，内部多根据地形搭建了池沼和沟渠，在空间形态上形成了以聚落为核心，以水道为纽带，淀泊、苇田、农田、沟壕环绕其间的圈层式空间单元。从历史的角度看，这些聚落是在堤堰修筑、渔苇生产和内河航运的漫长作用下人与自然和谐共生的写照，是对原有河流、淀泊、堤堰、聚落、苇田、农田、沟壕等自然人文要素构成的环境本底的保留与发扬。

《纲要》指出要“塑造中华风范、淀泊风光、创新风尚的城市风貌”，因而不宜将这些传统聚落统一迁移整合，而应当尊重历史发展客观规律，保留城市自然人文要素环境本底，展现人与自然和谐共生的古今方案。以“千年秀林”绿化工程的实施与白洋淀良好的自然湿地生态环境维护作为绿色城市构建的生态保障、人工与天然完美结合的得天独厚的优势推动新区开展蓝绿交织、人与自然和谐共生的绿色城市建设实践。摒弃“摊大饼”式的建设模式，集中展现雄安新区“绿草为本，碧水为魂”的人民城市特色。

2. 搭建绿色低碳交通网络

绿色出行是实现“双碳”目标、保障城市绿色发展的重要途径。雄安新区搭建绿色低碳交通网络，首先，在“地上一座城”的建设中，结合自身现有水系与绿地系统，以“窄马路、密路网”的技术规格，设计绿色优先的交通组织方案，建立多层级、全覆盖的非机动车网络，打造包括区域绿道、城市绿道、社区绿道的三级网络架构。其次，在“地下一座城”的建设中，建设换乘便捷的公共交通系统，构建互联互通、灵活共享的专用接驳系统，以“快线＋干线＋支线”的三级公交网络支撑区域内部人员出行，尽可能减少私家车的使用。最后，遵循以人为先的设计理念，采取安全无障碍的过街设计，服务全龄友好出行，同时在居住区、学校、医院等人流量较大场所的周边使用减速路拱、凸起型交叉口、小型环岛等设施，提高道路交通安全水平。

3. 治污减排，全面启动实施绿色新城建设系统工程

打造绿色新城需要依托雄安新区天然地理水文条件和经济发展情况。雄县地热水资源丰富，容城三面环流，安新下辖白洋淀与冲积洼地平原，绿色新城建设要将上述三者纳入系统考量之中，各水域间适当点缀以园林、园区和绿化带，保障居民绿色资源的可得性与可达性。

打造绿色新城需要淘汰原有落后产能，实现腾笼换鸟的跃迁。雄安新区要综合排查三县既有落后高污染产业，依据起步区建设的经验对三县未来绿色发展进行布局，划定基本时间表，尽快拟定三县原县城地上地下改造方案，同时严控边郊的工厂建设，最大限度地减少新城空气污染。

建设绿色宜居城市，既要实施淘汰落后产能的“节流”，更要推广使用新能源的“开源”。雄安新区的新设施、新建筑顶层应广泛安装太阳能电池板，推广绿色建筑和“零能耗”建筑。

（二）打造科技智能的智慧城市

数字化信息化时代浪潮下，知识社会环境孕育的城市开放创新生态和以

物联网、云计算、移动互联网为代表的新一代信息技术正呼唤智慧城市的到来。大数据时代，智慧城市建设将会深刻影响人民的生活质量，其具有的开放性、高效性与统一性等特点能够推动城市实现可持续发展、把握信息技术行业中的发展机遇，赋能城市管理与社会变革，其建设的关键在于实现物理城市与数字化和智能化城市的有效融合。具体到雄安新区而言，打造科技智能的智慧城市便是要努力发挥好“云上一座城”的功能。首先，依托“云上雄安”，明确新区整体建设方向。“云上雄安”可以清晰明了地反映出城市发展各环节所出现的纰漏，进而对症施策，推动城市品质升级。其次，强化“云上雄安”，提高新区发展水平。大数据时代，数据是提高生产效率、促进产业发展、规范城市治理的关键要素，“云上雄安”是数据要素的直观体现，应加大对智慧产业的关注力度，为其发展提供技术支持，加强对智能设备的重视以提供物质保障，提高数据搜集与分析水平，不断强化“云上雄安”。再次，保护“云上雄安”。目前，全球智慧城市建设都处于滚石上山的攻坚克难阶段，相对应的网络信息安全建设也多处于起步阶段。考虑到“云上雄安”所含信息的多样性、全面性与重要性，必须从国家安全的高度设置信息安全保障系统以加强对相应数据的运用和保护。最后，发展“云上雄安”。“云上雄安”脱胎于现实雄安，服务于现实雄安，也终将因现实雄安的进步而进步。不论是城市建设中大数据的进一步应用、专业技能人才梯队的培养、管理人员数字技术的增强，都将助力“云上雄安”发展，形成良性循环。

（三）塑造人文宜居的现代城市

人民城市人民建，人民城市为人民。雄安新区建设要坚持“世界眼光”与“中国特色”，结合传统文化与时代潮流，打破“千城一面”的束缚，塑造人文宜居的现代城市。

1. 把道路还给人民

雄安新区起步于小县城和大农村之间，其建设过程中一以贯之的就是坚持以人为本的理念，坚持以建设人民城市为目标。塑造人文宜居的现代城市，首先要以人为本、让人宜居。当前，雄安新区坚持“把道路还给人民”，尽可能减少陆地交通面积，以慢步走廊、绿地空间取而代之，积极打造 15 分钟步行生活圈，有效避免了大城市道路过宽、行人过街不易的难题。面向未来，雄安新区建设仍需坚持“把道路还给人民”的基本原则，聚焦于住宅区周边配套设施的搭建与居民生活舒适度的整体提升。